DUFEP

21世纪

新概念教材
产学结合型

教育部职业教育与成人教育司行业规划教材
中等职业教育财经类专业基础课教材新系
教育部商业职业教育教学指导委员会 推荐

公共关系学

GONGGONG GUANXIXUE

（第六版）

张丽威 黄荣生 主编

东北财经大学出版社
Dongbei University of Finance & Economics Press
大连

图书在版编目（CIP）数据

公共关系学 / 张丽威，黄荣生主编. —6版. —大连：东北财经大学出版社，2021.3（2023.2重印）
（中等职业教育财经类专业基础课教材新系）
ISBN 978-7-5654-4083-0

Ⅰ. 公…　Ⅱ. ①张…②黄　Ⅲ. 公共关系学-中等专业学校-教材
Ⅳ. C912.3

中国版本图书馆CIP数据核字（2021）第030599号

东北财经大学出版社出版
（大连市黑石礁尖山街217号　邮政编码　116025）
网　　址：http：//www.dufep.cn
读者信箱：dufep@dufe.edu.cn
大连日升彩色印刷有限公司印刷　东北财经大学出版社发行

幅面尺寸：185mm×260mm　字数：327千字　印张：15.5
2021年3月第6版　2023年2月第2次印刷
责任编辑：郭海雷　责任校对：周　晗　孙　越
封面设计：张智波　版式设计：原　皓

定价：32.00元

教学支持　售后服务　联系电话：（0411）84710309

如有印装质量问题，请联系营销部：（0411）84710711

推荐说明

本书是全国中等专业（职业）学校通用教材，经审定，同意作为我会推荐教材出版。书中不足之处，欢迎读者批评指正。

教育部商业职业教育教学指导委员会

第六版前言

今天，公共关系已经进入一个快速的发展时期。传播技术的突飞猛进，特别是互联网技术应用的飞速发展，给公共关系带来了全新的服务方式和手段；政府职能部门改革的不断深化，经济全球化与社会生产方式的转变，也给公共关系的发展带来了前所未有的机遇。同时，各种新情况、新问题、新矛盾的不断涌现，危机事件的频繁发生，又给公共关系带来了新的挑战。在这种情况下，公共关系传播沟通、舆论引导、协调矛盾、危机处理的职能越来越受到社会各界的普遍关注。

自第一版问世以来，本书以精准的定位和富有特色的内容编排得到了全国各地中等职业学校较为普遍的认可和广泛使用，深受广大师生的好评，一直畅销不衰。为了适应社会经济的发展以及教育改革的不断深入，我们对本书的内容也适时进行了修订、调整和优化，更加突出了时代性、可读性和科学性。

1.本书从职业岗位出发，以职业能力培养为核心，贴近中等职业学校教学的特点，注重学生技能培养，突出科学性、适应性、实践性和可操作性的特点，特别注重理论联系实际。根据理论“必需、够用”的原则，用简练、通俗的语言阐述公关理论，用充足的篇幅介绍操作方法和技巧，通过大量案例印证有关知识，通过综合训练提高学生的动手能力。

2.坚持按照先进、实用的原则选择教材内容，进一步优化教材的功能性栏目设置，如增设了“知识链接”、“问题与思考”和“职业观念”等栏目，加大了教材案例化程度。同时，为考核学生对所学知识的掌握程度和应用能力，我们对上一版教材章后的各种题型进行了梳理整合，设置了“综合练习”栏目。

3.为方便教学，我们为本书配套了PPT电子教学课件，使用本书的任课教师可登录东北财经大学出版社网站（www.dufep.cn）免费下载使用。

本书由张丽威、黄荣生任主编，赵会岚任副主编。负责本书修订工作的有：安徽理工学校张勤飞（第1章、第2章），广西财经学院黄荣生（第4章），沈阳师范大学国际商学院赵会岚（第5章、第6章、第8章、第9章），福建工贸学校林自煊（第7章），沈阳师范大学职业技术学院张丽威（第3章、综合案例、综合实训）。

编　者

2021年1月

目　录

第1章

公共关系概述

学习目标

知识目标：了解公共关系的概念、发展历程和基本原则等基础知识，熟练掌握有关公共关系的职能和作用。

技能目标：能够以智能方式为标准，准确掌握公共关系现象与庸俗关系、人际关系、广告和促销、宣传活动的区别；能够在微观层面优化个人行为。

能力目标：能够运用公共关系基本原则、职能与作用的知识和技能，创造性地分析和解决公共关系实务中的实际问题。

引例

"公共关系之父"——艾维·李

社会生产方式的变革必然导致新的社会关系的产生，公共关系作为一种新的社会关系，在历史的长河里孕育而生。在历史的发展中，总会必然或偶然地出现某些能为历史所记载的人物，我们无法肯定艾维·李的出现到底是必然的还是偶然的，无法肯定他不出现是否会有类似的人物出现。但无论如何，他作为一个时代的人物为历史所记载必然有其意义所在。他适应了那个时代发展的需要，艾维·李时期属于公关关系萌芽或兴起的时期。

在艾维·李所处的时代，社会生产结构由"生产为中心"向"市场为中心"过渡，同时由于传播媒介的介入，迫使社会组织从"象牙之塔"改变为"玻璃之屋"，即完成了从门户关闭到门户开放的过程。此外，现代管理理论也实现了"以物为中心"向"以人为中心"的转变。这一切都为艾维·李的大展身手提供了良好的社会背景。

艾维·李刚开始工作时曾在《纽约日报》、《纽约时报》以及《纽约世界报》当记者。但是他很快发现，记者这份工作并不能为他带来自己所想要的东西，不安于现状的心让他渴望改变。

艾维·李从1903年开始投身公共关系方面的工作。1904年，他与资深记者乔治·帕克一起，创立了美国第一家宣传事务顾问所，为一些企业家和政治家进行形象方面的宣传，成为公共关系历史上第一位向顾客提供公共关系咨询服务并收取报酬的职业公共关系人员，首创了公共关系这一专门职业。

艾维·李认为，解决企业形象危机最好的办法是把事实的真相告诉新闻界，采取信息公开的办法，这样不仅可以消除误会，还可以促进企业完善自身。艾维·李坚持自己的信念开展公众工作，这使他的宣传事务顾问所成为公共关系公司的前身，公共关系从此进入了职业化时期。

1906年，在处理美国无烟煤矿业劳资冲突时，艾维·李公布了《原则宣言》，提出了处理企业与公众关系的“公开管理原则”。他说：“这不是一个秘密的新闻处，我们的全部工作都是开诚布公的，我们的目标是提供新闻。这不是一个广告公司，如果你认为我们送到你们企业办公室的文件资料有任何不准确的话，请不要用它。我们的文件资料务求准确。我们将尽快提供有关任何受到处理的主题的进一步细节，而且，任何主编在直接核对任何事实的陈述方面都将愉快地得到我们的帮助等。简而言之，我们的计划是代表企业、公司和公共机构坦率并且公开地向美利坚合众国的新闻界和公众提供迅速和准确的信息，这些信息涉及公众认为有价值和有兴趣知晓的有关主题。”这一原则的提出，彻底改变了过去企业宣传愚弄公众、欺骗新闻界的传统，为日后公共关系的进一步发展奠定了良好的基础。他一改过去企业界蔑视公众、回避记者的工作方法，积极向新闻界提供各种有关的资料，以便公众能够获得和他们利益有关的情报，通过沟通来改变企业在公众心目中的形象。

艾维·李在处理许多劳资冲突时运用了这一新的做法，缓和了劳资关系，缓和了当事人与媒介的关系。《原则宣言》既明确论述了公共关系的职业目标，又倡导公关工作进入企业的高级管理层，以实现企业人性化的管理，其精神得到了肯定。《原则宣言》的提出标志着公共关系进入了一个新的阶段，是现代公共关系真正的开端。

《原则宣言》的精神被概括为“公众必须迅速被告知”和“向公众说真话”两个公共关系工作的基本原则。艾维·李的公关实践为日后公共关系的发展奠定了基础，他从事公关工作的原则使公共关系走上了一条正确的道路。

艾维·李的公关思想不仅在当时帮助企业摆脱了困境，在社会上引起了巨大的反响，而且成为公共关系的基本原则，指导着现代企业家们的行动。

艾维·李的重要功绩，表现为他对公关所做出的四大贡献：第一，提出商业应把自己的利益同公众利益联系起来，而不是对立起来的观念；第二，提出与最高决策者和管理人员打交道，并且只有在管理人员积极支持和亲自处理的情况下才实施计划；第三，指出与新闻媒介要保持公开、畅通的信息交流；第四，强调使工商业具有人情味的重要性，并把公关工作做到雇员、顾客和邻居中去。

艾维·李为公共关系的发展做出了杰出贡献，被誉为“公共关系之父”。

资料来源　张芹. 公共关系学［M］. 武汉：华中科技大学出版社，2014.

1.1 公共关系的定义和界定

“公共关系”一词来源于英文的public relations，简称PR。它起源于美国，被区分为静态的“公共关系状态”和动态的“公共关系活动”。由于公共关系的一词多义，关系现象又错综复杂，国内外研究者给公共关系所下的定义达千余种，其中虽不乏具有权威性的定义并在一定范围内推动了公共关系的传播与发展，但是目前仍没有统一的定义。

给公共关系下定义可以从多个角度进行，公共关系没有统一的概念。不同民族有不同的文化背景，不同时代有不同的生产力发展水平，这在客观上决定了公共关系内涵上的变化性与发展性。

1.1.1 公共关系的定义

1）关系分析是认识公共关系的起点

关系指的是人和人或人和事物之间的某种性质的联系，构成要素是主体、媒介、客体。我们通常所说的关系，一般指的是人和人之间的社会关系。凡是有人群的地方，就有关系的存在，这是不以人的意志为转移的。社会关系可以按不同标准进行分类：按关系的性质来划分，有经济关系、道德关系、法律关系等；按关系的角色来划分，有父子关系、夫妻关系、同学关系、师生关系、朋友关系、企业和消费者的关系等（如图1-1所示）。

- 社会关系
  - 以关系的性质划分
    - 经济关系(金钱性质)
    - 道德关系(伦理性质)
    - 法律关系(强制性质)
  - 以关系的角色划分
    - 父子关系、夫妻关系
    - 同学关系、师生关系、朋友关系
    - 企业和消费者的关系等

图1-1 社会关系的分类

很显然，公共关系来自于社会实践活动，属于社会关系范畴，这是学术界已经取得的共识，但是在社会关系中，公共关系到底是哪一种关系呢？许多研究者从涉及的角色角度来研究并一致认为，公共关系就是社会组织和公众之间的关系。其理由是，大量的公共关系实践都发生于社会组织和公众之间。

职业观念1-1

李明和王芳中专时是同班同学，毕业后在同一城市、同一公司工作并结为夫妻。婚后第二年两人有了一个女儿，家庭经济负担很重，为此他们经常因为彼此收入的多少而发生争执，感情出现裂痕。两人刚开始没有离婚，后因矛盾激化，甚至为经济问题大打出手，最终协议离婚。

请对李明和王芳的社会关系进行分析。

分析提示：这里要求我们针对李明和王芳的社会关系在婚前婚后的变化，按照教材上提示的分类标准来进行分析，可以从关系的角色和关系的性质两方面进行分析。

从关系的角色来看，李明和王芳婚前是同学关系，婚后是同事关系。

从关系的性质来看，李明和王芳婚后因家庭经济问题产生了经济关系；后因经济问题大打出手，产生了暴力关系；最终协议离婚，产生了法律关系。

2）公共关系是一种智能关系

在人类关系中，任何一种角色关系，如父子关系、夫妻关系、社会组织与公众的关系等，都存在相互作用。如果关系的一方主动施加影响力，它就是关系的主体，另一方则是客体。当主体以不同方式向客体施加影响时，这种关系就具有不同的性质。

那么，公共关系是什么性质的社会关系呢？我们已经知道，公共关系的宗旨就是把关系搞好，究竟怎样才能把关系搞好呢？

我们先看暴力方式，这是一种通过强制或限制而产生的关系影响力。就社会意义而言，它具有充分的重要性和必要性，但暴力在关系中只具有低“品质”的影响力，正所谓“强扭的瓜不甜”。从国家角度来说，历史上但凡施行暴政的政府，其寿命都很短暂；从企业角度来说，如果企业推行“强买强卖”的营销策略，不但可能失去所有的顾客，而且可能遇到更为蛮横的对手。

金钱方式比较多样，也比暴力方式更有弹性，“有钱能使鬼推磨”，许多关系都因为金钱而发生变化，但金钱总是有限的。按照经济学的观点，金钱代表有限的社会资源。“金山”“银山”也有用尽的一天，但人类的欲望无穷无尽。事实上，金钱也不能买到所有的东西，尤其是以金钱方式处理关系，还会因为它的功利性而使关系蒙上阴影，形成“庸俗关系”。

伦理方式促进了社会道德关系的发展。它是以社会约定俗成的行为规范来施加关系的影响力的。这种方式没有暴力的强制性，也没有金钱的局限性，在一定程度上可以优化各种社会关系。然而，伦理也具有两面性，真、善、美是其一面，假、恶、丑是其另一面。从关系的主体（如社会组织或个人）来看，是非标准存乎一心，极难把握；从关系的客体（如公众）来看，伦理只能影响那些遵守行为规范的公众，而对那些不遵守行为规范的公众，或者处在这种行为规范范围之外的公众，其影响力就难以发挥。

由此可见，运用暴力、金钱、伦理等方式来处理关系，都不能真正把关系处理好。

唯有智能方式具有高“品质”的关系影响力。智能，简单地解释，就是智商能力和情商能力的结合。**以智能方式处理关系**是指主体以理性的知识行为（IQ）和感性的情感行为（EQ）对客体产生影响。通俗地讲，就是“动之以情，晓之以理”。

公共关系指的是关系主体以智能方式发挥影响力的一种社会关系。在公共关系“public relation”的英文原意中，翻译过来的“公共的关系”可以理解为“关系的公共性”。也就是说，关系好不好，要看主体与客体之间的“公共性”如何。因此，只要我们真正理解了“关系的公共性”，就能拨开各种定义纷争的“迷雾”，从而窥见公共关系的本质，即公共关系是一种智能关系。

问题与思考 1-1

夫妻之间是否也存在“公共关系”？

分析提示：不存在。虽然夫妻之间经常会采用智能方式相互影响，但在一夫一妻制的规范社会环境下，夫妻关系的两端均为个体，不存在公众问题，因而也就不存在公共关系。

3）公共关系的定义

现代公共关系研究先驱者之一——美国学者爱德华·伯内斯（Edward Bernays）最早从理论上说明了公共关系。他认为：公共关系是“投公众所好”，应是组织单方面的诱导宣传。他关于公共关系的见解，已注意到知识传播在人类关系中的作用。但是，由于宣传具有主观性和强制性，不是真正意义上的知识传播，而“单方面”的宣传，也没有涉及公共关系双向交流的特征，因此，若干年后，另一个美国学者哈伍德·蔡尔兹（Hawood L.Childs）提出了反对意见。哈伍德·蔡尔兹指出：“公共关系是对我们社会中个体或组织的具有社会意义的行为在公众利益方面的协调和调整。”哈伍德·蔡尔兹的定义把不完整的单方面知识传播更正为主客体相互利益的交流，“具有社会意义的行为”实际上指的就是“关系的公共性”问题，已经触及了公共关系的本质。

1976年，美国的R.哈罗博士给出了一个著名的定义。该定义把公共关系看成“一种特殊的管理功能”“早期的报警系统”。1978年，《墨西哥声明》中关于公共关系的定义以超出R.哈罗定义的新内容而得到人们的广泛重视。它不但确认了公共关系是“一门艺术”和“社会科学”，而且强调公共关系具有“参谋职能”。其突出之处在于，从管理甚至参谋的角度解释了公共关系。管理、参谋是一种高智能的专业化劳动，这说明人们对公共关系的认识已由传统的知识交流转变到智能策划的新阶段。

1997年，世界上最大的跨国公共关系公司之一——博雅公共关系有限公司更明确地指出：公共关系即认知管理。该定义从管理心理学的角度解释了公共关系，很有意义。认知是公众态度形成与转变的基础。认知管理的过程，既是一个复杂的智能策划过程，又是主体形象形成与发展的过程。由此，我们可以更深入地领会公共关系学科的综合性以及实践活动的智能性。

综合以上的分析，我们可以得出结论：**公共关系**是人类以智能方式处理公众关系的实践活动，它以搞好关系为宗旨，借助有效的传播工具，通过调查、策划、实施和评估等一系列工作，为关系的主体塑造良好的形象。

1.1.2　公共关系的界定

公共关系作为一个崭新的学科，在理论上、实务中，人们的认识还有模糊的地方，我们应该把公共关系同其他关系区别开来。

1）公共关系与庸俗关系

庸俗关系是一种约定俗成的说法，指人际交往活动中的违法乱纪行为和非道德行为。公共关系虽有人际交往的行为，但与庸俗关系有着本质上的区别。

（1）两者发展的背景不同。公共关系虽然在人类社会早期就萌发了“幼芽”，但只有在商品经济高度发展、市场经济走向繁荣和竞争日益加剧的背景下，其才有了发展空间，得以茁壮成长。庸俗关系在封建社会的经济条件下拥有很大市场，它是在血缘关系、等级关系的保护和影响下形成的陋习。

（2）两者的目的不同。公共关系以建立良好的主体形象、维护主体与公众双方的合法利益为目标。庸俗关系往往只是以维护关系一方的利益为目标，如损人利己、损公肥私等。

（3）两者的着眼点不同。公共关系首先从整体出发，考虑双方的长远利益，以获得长久生存和可持续发展。庸俗关系则急功近利，有明显的短期行为特征。

（4）两者所运用的方式不同。公共关系运用智能方式，借助有效的传播工具在主体和客体之间进行双向交流。其行为以科学的理论为依据，有严格的工作准则和道德准则。庸俗关系则运用金钱、权术甚至暴力等手段进行活动。

（5）两者表现的形式不同。公共关系主体不论是社会组织还是个人，都以塑造形象为明确目标，其表现形式光明正大、公正诚实。庸俗关系由于其不可告人的目的，必然是私下交往、偷偷摸摸、以利交往、利尽则散的，是一种典型的“尔虞我诈”关系。

职业观念 1-2

一家宾馆新设了一个公共关系部，配备了豪华的办公室、漂亮的公关小姐、现代化的通信设备……但该部的部长很快就发现无事可做。后来，这个部长请来了一位公共关系顾问，向他请教该怎样开展工作。这个顾问一连问了以下几个问题：本地共有多少家宾馆？总床位有多少？旅游旺季时，本地的外国游客和国内的外地游客有多少？贵宾馆的知名度如何？贵宾馆潜在的竞争对手是谁？贵宾馆过去三年内在宣传上的经费有多少？贵宾馆过去一年内因服务不周引起顾客不满的事件有多少起？服务不周的原因是什么？对这些极其简单但又极为重要的问题，这位公共关系部部长竟然张口结舌，无言以对。于是，那位公共关系顾问这样说道：“先搞清这些问题，然后开始你们的公共关系工作。”

你如何理解公共关系顾问的这席话？

分析提示：设立公共关系部的做法是好的，但是这家宾馆事先并没搞清楚该部门是干什么的，所以才出现了部门、人员、设备都到位了之后不知如何开展工作的状况。公关工作不是“花瓶”，也不是摆设，更不能将其庸俗化。需要明确的是，公关工作是社会组织现代科学管理的重要组成部分。

2）公共关系与人际交往

人际交往是发生在个人和个人之间的社会联系活动。公共关系与人际交往既有联系又有区别。

两者的联系是：

（1）人际交往是自古有之的最基本的社会行为，公共关系则是从人际交往的母体中孕育、发展起来的。

（2）公共关系本身就具有人际交往的各种特点，其本质仍然是处理人与人之间关系的社会性活动。

（3）公共关系运用智能方式处理各种社会关系时，也必须遵循人际交往的基本原则和方法。

两者的区别是：

（1）从形式上看，由于公共关系致力于把关系搞好，简单的人际交往已不能满足这种需要，公共关系必须充分发挥主观能动性，对简单的人际交往进行形式上的扬弃。

（2）人际关系的主体是个人，所面对的客体也是有所选择的，涉及领域和影响范围都是有限的。公共关系的主体主要是社会组织，也包括个人，但都是从主体的社会行为角度考虑问题。公共关系面对的是可能存在的公众，所要解决的问题和任务比人际关系复杂得多。

（3）人际交往主要依赖人的自然行为去协调人际关系，它所采用的基本手段是人际间的、直接的人际传播（包括言语传播和非言语传播）。公共关系的方式要复杂得多，往往需要借助现代传播媒介、传播技术、策划等各种专门活动才能产生效果。

3）公共关系与宣传活动

宣传活动是社会组织或个人根据一定的目的，借助各种传播媒介来说服或鼓励受众的一种社会活动。公共关系从传播形式上看近似于宣传活动，例如，它们都借助一定的媒介进行传达，都属于传播活动的范畴，但是两者有明显的区别：

（1）从活动性质上看，宣传活动多属于政治工作、思想工作的范畴，有一定的主观性、诱导性，甚至是强制性，而公共关系传播是以知识为基础进行理性传达，主客体是在平等的情况下进行双向交流、双向沟通。

（2）从活动内容看，宣传活动侧重于“说”，而公共关系传播则是“90%靠自己做得对+10%靠宣传”。

（3）从活动对象看，宣传活动以一般的“大众”“群众”为对象，没有明确的指向，而公共关系传播则在公众细分的基础上，对目标公众进行有针对性的信息输出，有明确的指向性。

4）公共关系与促销

促销是市场营销的一个重要部分。它通过人员和非人员方式，运用各种策略和手段，说服现实的或潜在的顾客产生消费行为。企业良好的公共关系状态有助于促销活动的开展，但公共关系不是促销活动，更不是促销的一个部分。我国目前的市场营销学类图书，几乎都将公共关系列入促销组合的内容，有些公司也将公共关系的开展单位定位于销售部门。这种安排，使我们在理解和运用公共关系时受到了很大的限制，所以必须把公共关系与促销区别开来。两者的区别是：

（1）两者的任务不同。促销的任务旨在销售产品和服务。公共关系的任务是协调企业内外公众的关系，主要是为了“推销”企业形象。

（2）两者的范围不同。促销只是工商企业的一种营销行为，主要面向市场及消费者。公共关系运用协调关系的智能方式，适用于各种类型的组织乃至个人，可以在各个领域、各种交往中开展。

（3）两者的着眼点不同。促销追求的是企业的经济效益和近期利益。公共关系侧重追求社会组织的社会效益和长远利益。

（4）两者的效果检测标准不同。促销效果的检测标准是产品销量或服务项目的增减。公共关系效果的检测标准是组织的知名度和美誉度高低。

5）公共关系与广告

广告是通过付费购买或使用传播媒介，以实现对产品、服务或某些观念的推销。公共关系需要广告作为工具，而有效的广告也需要以公共关系思想来指导，两者存在很多联系，但也有本质的区别。

（1）行为导向不同。广告以推销产品、服务或某些观念引起购买行动为导向，注重商品、商标的介绍和宣传。公共关系以实现主客体双向沟通为导向，注重的是主体形象的介绍和宣传。

（2）范围不同。广告属于工商企业促销组合的局部策略。公共关系对所有的社会组织都适用，并在社会组织的各个环节发挥作用。

（3）传播信息的原则和特征不同。广告虽然强调信息的真实性，但大多注重艺术渲染和夸张效果，追求轰动效应。公共关系注重传播信息的知识性，以客观、公正的科学态度向公众传递信息。

（4）传播周期不同。广告注重即时效应，往往一个时期集中宣传某种产品或服务，有一定的季节性和阶段性。公共关系服从整体形象的塑造，因而需要全局性的、长期的努力。

知识链接1-1

公共关系意识的构成

公共关系意识，简单地说，就是公共关系基本原理、基本原则内化成的一种内在习惯和行为规范。这个定义包含如下几层意思：（1）公共关系意识是公共关系基本原理、公共关系原则的反映。（2）公共关系意识是内化的结果，即公共关系意识既不可能凭空产生，也不可能自然生成，而是后天学习、教化而习得的。（3）公共关系意识是一种内在习惯和行为规范，即公共关系意识一经产生（形成），便会成为一种力量制约人们的行为。公共关系意识的外延部分由八方面构成：（1）塑造形象的意识。（2）服务公众的意识。（3）真诚互惠的意识。（4）沟通交流的意识。（5）创新审美的意识。(6) 立足长远的意识。(7) 危机管理意识。(8) 尊重公众意识。

资料来源 张龙祥. 中国公共关系大辞典 [M]. 北京: 中国广播电视出版社, 1993.

1.2 公共关系的产生与发展

公共关系作为一种新兴的社会职业，形成了一门较为系统和完整的学科体系，这个过程是一个由低级到高级、由局部发展到全面发展的过程。要了解其产生和发展的过程，就应该从它的局部要素的形成和发展过程来进行研究。只有这样，我们才能全面、准确和科学地把握公共关系思想与理论，才能从民族的文化历史中寻根，从而开拓适合我国国情的公共关系事业。

1.2.1 关系意识与公共关系意识的产生和发展

意识是思想的一个重要组成部分，对关系意识及公共关系意识的了解具有特别的意义。

在远古时期，由于生存环境十分恶劣，原始的人类为了生存而不得不结成一定规模和形式的社会群体，共同劳动、共同生活。他们不但在思想上和感情上相互沟通，而且在意识和行为上相互协调。共同的劳动过程使原始人类形成了某些思想互动、情感互动和行为互动。这说明人类社会一开始就有了关系意识。以协作为基础的关系意识就是从这种关系意识的胚胎里孕育而成的。

进入奴隶社会后，社会生产关系发生了根本性的变化。在整个奴隶社会时期，人与人之间充斥着暴力与掠夺，以知识为手段进行的交流与协作只能在很小的范围内存在。统治阶级和集团为了达到一定的政治目的，有时也会视不同情况开展一些“取信于民”的活动，以求得最大限度的“理解”、“信任”和“支持”。这在某种程度上从政治方面形成了一定的公共关系意识。

封建社会时期，人类的关系意识得到充分的发展。与此相对应，公共关系意识也在人们的各种生活层面得到较为集中的体现。在政治生活中，一些比较开明的帝王或政治活动家已开始注意到民众的态度和社会舆论，并力求以非暴力手段在民众中树立自己的形象。在古希腊，据说推选首领的重要条件就是要有沟通技巧。著名的学者亚里士多德在《修辞学》一书中指出传播的可能性，认为要使用动感情的呼吁影响听众。

在封建社会的中国，统治者已意识到关系的重要性，并产生了一系列带有公共关系意识的行为。在春秋战国时期，社会上就有了专事游说宣传的“士”，以“合纵”为主张的苏秦和以“连横”为主张的张仪就是其中著名的代表，他们的活动十分类似于公共关系活动。而在三国时期，诸葛亮七擒七纵孟获的故事，更是人类以智能方式处理社会关系的成功典范。经济生活中的关系意识及公共关系意识，也在这一时期有了一定的发展。人们在商业活动中已经开始自觉地运用各种传播手段和沟通技巧来宣传自己、树立形象，以招徕顾客，例如“王婆卖瓜，自卖自夸”、“百年老店”、“如假包换”和“童叟无欺”的宣传意识以及“和气生财”的经商准则等。

在人们的日常交往中，自觉的公共关系意识和思想也得到了一定程度的体现。孔子在《论语》中指出：“有朋自远方来，不亦乐乎！”这反映了他对知识和信息交流的重视。孟子说过：“天时不如地利，地利不如人和。”他把人和置于首要地位，同我们理解的公共关系的基本精神是一致的。

公共关系作为一种全新的思想、一种科学而系统的理论，只有在人类较高的社会发展阶段才会产生。人类进入资本主义阶段之后，随着政治生活逐渐民主化、经济生活逐渐市场化，思想、文化和其他社会历史条件都有了更大的发展，公共关系才呈现出新的、科学的发展趋势。

1.2.2 传播工具与公共关系方式的发展

公共关系是以智能方式处理各种社会关系的。从劳动意义上说，它是人类独特的文明劳动。其对象是无形的“关系”，主要借助的工具就是传播，而工具实现了劳动力的节省。人们在划分人类历史阶段时，往往把工具作为一个重要标志。因此，根据传播媒介的发展，我们把公共关系方式的发展划分为以下几个时代。

1）人体公共关系时代

欧洲文艺复兴时期以前，人类处在缓慢发展的农业社会中。这一阶段，人们相互之间的交流只在很小的范围内进行，传播媒介主要是人体，即通过语言或非语言的方式进行沟通。其表现形式为“奔走相告”“一传十，十传百”等。对主体来说，这种人体传播的受众面毕竟狭窄，而且传出的信息极有可能转变为误传、讹传和谣传，至于信息的反馈则几乎是不可能的。在人们的行为中虽曾有许多以智能方式处理关系的现象，但所处理的关系只是局部关系，人们没有也不可能从整体的“公众”角度来处理各种社会关系。所以，严格来说，这一阶段只有类似于现代公共关系的某些思想或活动。

2）印刷公共关系时代

欧洲文艺复兴以后至20世纪50年代，随着西方一些国家相继确立资本主义制度，政治上强调公开民主，经济上强调自由竞争，人类关系进入了一个更为复杂的多极化新时代。以印刷为主体的大众传播工具的出现，使人们在处理和协调相互关系时采用的方式、方法都有了变化。现代意义上的公共关系就是在这个时期萌芽、产生与发展的。其经历了以下几个不同时期：

（1）巴纳姆时期。19世纪中叶，美国风行报刊宣传代理活动。菲尼亚斯·泰勒·巴纳姆（Phineas T.Barnum）是这一时期最有代表性的代理人。他是一个马戏团老板，因创造舆论宣传、推动马戏演出而闻名于世。以巴纳姆为代表的报刊代理活动全然不考虑公众利益，报刊宣传也不是以知识信息为依据，蓄意制造神话、欺骗公众，所以有人称这一时期为“公众受愚弄的时期”“反公共关系的时期”“公共关系的黑暗时期”。

（2）艾维·李时期。19世纪末，美国已进入垄断资本主义时代。资本主义巨商和垄断资本家巧取豪夺，不择手段攫取最大利润。当时，在新闻界掀起了一场揭露工商企业丑闻的揭丑运动，史称“扒粪运动”。揭丑运动的冲击，使工商企业意识到了民众舆论的重要性。以艾维·李（Ivy Lee）为代表的开明人士提出了“说真话”“讲真情”的主张。企业应该增进与公众的了解与合作，“公众必须被告知”。由于艾维·李在美国开办了第一家正式的公共关系事务所，并取得了卓越的业绩，推动了公共关系事业的发展，他被后人誉为“公共关系之父”。

（3）伯内斯时期。艾维·李的公共关系咨询工作存在许多不足，比如他只凭经验、直觉来工作，没有以科学调查为基础。因此，有人认为他“只有艺术，没有科学”。20世纪20年代以后，美国著名的公共关系顾问爱德华·伯内斯致力于系统的公共关系理论研究，并于1923年出版了第一部公共关系专著——《舆论明鉴》，从而使公共关系的基本理论和方法形成了一个较为完整的体系。

3）电子公共关系时代

20世纪50年代以后，公共关系的理论研究和实践进入了一个全新的现代发展时期。这一时期最重要的特征之一是公共关系引进和运用了最新的科学技术手段——电子产品（如电视机、收音机），使大众传播达到了真正意义上的“公众”效果；大型电子计算机、通信卫星等的应用，又为公共关系的智能方式提供了现代化的手段和方法。物质技术条件的长足进步，不仅使人们相互之间更加广泛而深刻的社会交往显得迫切和必要，而且提供了可行性。部分公共关系从业人员从烦琐的日常公共关系事务当中解脱出来。

4）网络公共关系时代

在网络时代，公共关系呈现以下几种趋势：

（1）公共关系模式的变化。人们开展公共关系活动，其基本模式一般为宣传型、社会型、交际型、服务型和征询型等，但在网络时代，这些模式将发生重大改变，记者招待会、大型展览会等可能会变成由社会组织召开的“网上会议”。

（2）公共关系日常工作的变化。公共关系实务的“四步工作法”中的调查和评估将会由事先设计好的电脑软件自动进行。

（3）公共关系学科对相关学科的依附性的变化。在网络时代，公共关系工作所面向的公众不但直接，而且差异性更大，这就要求公共关系理论能够指导实务，以解决复杂的公众问题，因此行为科学是公共关系人员必须学好的课程之一。公共关系学在发展中更具有综合性。

问题与思考 1-2

有人说，网络时代使大众传播分众化和小众化，公众沟通将难以实现，所以公共关系将完成其历史使命而随之消失。这种说法对吗？

分析提示：这种说法是错误的。首先，从公共关系发展的历史过程来分析，人类社会越进步，各种社会关系就越复杂，就越需要专门的学科（如公共关系学）来研究和解决这些关系问题。其次，“公众”是公共关系学科中一个特定的概念，有丰富的内涵，它与“大众”一词有很大的差别。网络时代的到来，不但不影响公众沟通，反而使个性化的公众沟通成为可能。最后，从某种意义上说，公共关系是人类独特的文明劳动。其三要素是：劳动者——社会组织或个人，即公共关系主体；劳动工具——传播，即公共关系媒介；劳动对象——公众，即公共关系客体。上述三要素的组合，创造了独特的劳动成果——主体形象。

1.2.3 公共关系在当代中国

公共关系作为影响人类行为的高品质手段，虽然在我国“古已有之”，但是作为系统的现代科学理论的研究和应用，却是30年前才开始。中国公共关系发展的几十年，实际是一段计划经济向市场经济转化和过渡的发展史。

1）观念启蒙阶段

20世纪70年代末，现代公共关系理论自美国传播而来。在这一时期，伴随着企业自主权的扩大、人民生活水平的日渐改善，计划经济体制下的旧观念开始受到冲击。当日本的手表开始在国内做广告（西铁城手表广告首次在中央电视台传达出潜在的公共关系理念）时，人们觉得耳目一新。1982年，江苏盐城燕舞公司进京展销，并在《人民日报》、《北京日报》、北京电视台和中央电视台展开宣传攻势，巨大的市场效应和社会效应让其他生产厂家始料不及。“燕舞现象”无疑引来无数的宣传追随者，也从此改变了中国人在经济领域对宣传的传统看法，它宣告了中国现代公共关系时代的到来。

2）实践探索阶段

20世纪80年代中期至90年代初，公共关系在我国进入实践探索的新时期。在我国的沿海地区，一些宾馆、酒店和旅行社，特别是一些中外合资企业，率先依照国外现代企业的模式设立了公共关系机构，并着手开展公共关系业务。随后，北京、上海等地的一些中外合资或独资的宾馆、酒店也相继建立了公共关系部门。1984年，广州白云山制药厂第一个在国有企业中设立公共关系部，以积极进取的姿态开展了一系列卓有成效的公共关系实务活动。该厂的“创举”引起了媒体的广泛关注。《经济日报》于1984年年底首次对该厂的公共关系实务活动进行了全面报道。此后，《人民日报》、《光明日报》、中央电视台、中央人民广播电台以及全国不少地方的新闻媒体都以不同形式介绍、报道和评论了我国公共关系事业的发展。媒体的参与扩大了公共关系的社会影响，推动了公共关系的发展。

1990年，北京亚运会期间，健力宝集团花巨资购买了专用运动饮料的“专利权”，并出资1 600万元成为国内最大的广告赞助商。健力宝集团的公关赞助活动同早期燕舞公司的大力宣传一样，对中国公共关系的发展具有里程碑式的意义。

知识链接1-2

公关活动的构成

公关活动策划与实施是社会组织的策划部、公关公司、策划公司、广告公司在工作中常用的技术手段。成功的公关活动能持续提升组织品牌的知名度、认知度、美誉度、忠诚度、顾客满意度，提升组织品牌形象，改变公众对组织的看法，累积无形资产，并能从不同角度促进销售。公关活动起源于品牌宣传的需要，内容包括发布会、新品推介会、营销活动等。公关活动的起点是活动策划，包括企业现状及原因分析、企业确定的目标、设计组织公关活动主题、分析组织公众和组织公关活动方式。成功的公关活动应遵循十项原则：时代精神、遵守法律法规、遵守社会公德、弘扬社会文明、不进行新闻炒作、可操作性、可持续性、紧扣产品内涵、提升形象、促进销售。

3）理性回归阶段

20世纪90年代中期，国际市场和国内市场趋向一体化的特征从客观上要求中国的公共关系在经济建设中发挥更大的作用。

这一时期，公共关系不仅从服务行业开始大量进入各种形式的企业和经济实体，而且逐渐拓展到其他各种社会组织和行业，如政府机关、事业单位，一些社会团体也开始了对公共关系的研究和应用。在这种大背景下，提供公共关系服务的专业公司应时而生。一些在国际上有很大影响的公共关系公司，如美国博雅公共关系公司、希尔-诺顿公共关系公司先后在中国设立办事机构。国内公共关系公司更是像雨后春笋般发展起来。

然而到了90年代后期，随着改革的不断深入，市场的作用愈发明显，席卷而来的亚洲金融风暴进一步凸显了市场竞争的优胜劣汰机制。竞争力弱小的企业纷纷倒闭，我国许多行业出现了重新洗牌的格局，公共关系行业内也面临分化和重组。一方面，非专业的公共关系机构和实体被淡出“门”外，那些浪得虚名的“公关大师”也在阳光下现出原形；另一方面，真正的有识之士则埋头于理论思考，从“洋为中用，古为今用”中寻找中国公共关系学科的发展点，并联合多方力量积极推进中国公共关系的职业进程。公共关系由“热”转“冷”，进入了相对沉寂的时期。其实，这种情形恰恰符合了事物发展的本质规律。江河奔流，固然是泥沙俱下，而风浪起处，必定会沙隐金现。它昭示了中国公共关系理性的回归。

4）新的阶段

21世纪初，亚太经合组织（APEC）会议在上海召开，中国加入WTO，中国成功举办奥运会。在新世纪、新形势下，公共关系已成为我国政治生活和经济生活当中不可或缺的重要职能。专家预测，中国公共关系在下一个阶段的发展，将呈现以下三种趋势：一是中国公共关系的理念向国际化发展；二是中国公共关系所运用的技术和方法日趋国际化；三是中国公共关系职业化程度日益提高，与国际接轨。这一切都表明中国公共关系的发展蕴藏着诱人的机遇，要抓住机遇，唯有付出更多的努力，不断地去学习、研究和应用。

1.3 公共关系的职能

公共关系的职能指的是公共关系在中观层面上对社会组织所发挥的独特的积极作用或影响。也就是说，公共关系部门和人员在工作中应履行的职责和发挥的作用。

公共关系的职能涉及的内容十分广泛，但最基本的职能包含抽象和具体两个方面的意义。从抽象意义看，它本着公共关系精神要把关系搞好；从具体意义看，它主要通过塑造良好的社会组织形象，使其外显于社会公众。

原劳动和社会保障部暨中国就业培训技术指导中心审定的《公关员职业培训和鉴定教材》认为公共关系具备以下几个方面的职能：①宣传引导，传播推广；②收集信息，检测环境；③咨询建议，形象管理；④沟通交际，协调关系；⑤解决矛盾，处理危机。公共关系的各项职能都是围绕这些基本职能展开的。

问题与思考 1-3

企业设立公共关系部，无非是公关小姐迎来送往、表示客套而已。这种认识对吗？

分析提示：这种认识是对公共关系部在组织内部职能上的严重曲解。在组织内部，公共关系部至少扮演着以下几个重要角色：(1) 它是组织的信息情报部；(2) 它是组织的决策参谋部；(3) 它是组织的“宣传部”和“外交部”。

1.4 公共关系的基本原则

公共关系的基本原则是指公共关系具有宏观指导意义的原则。它是公共关系的具体工作原则和职业原则的基本精神，起到宏观指导作用、规范指导作用、制约指导作用和评估作用。具体来说，公共关系基本原则包括平等互利原则、为社会服务原则、真实信用原则、科学指导原则和社会规范原则。

1.4.1 平等互利原则

所谓平等，指人与人之间（或者组织间）在地位和权利上的等同。所谓互利，指公共关系活动无论是自发的还是自觉的，都不排除对利益的追求，只不过它追求的利益是建立在满足共同利益的基础之上的。平等互利原则要求公共关系主体在其活动中注意以下几个方面的要求。

1）尊重对方

尊重对方是保持各方平等地位的一种积极行为，包括尊重对方的尊严、权利、感情、需要、意见等。当然，尊重并不是“服从”对方，或者让对方“服从”。希望得到对方的尊重，首先要尊重对方，更要自尊、自重。企业领导代表组织与内部员工处理关系时应该注意：一方面，领导必须自尊、自重，不能炫耀自己的权威，应以普通一员的身份与员工和睦相处；另一方面，要真诚地尊重组织内的每位员工。反之，领导若自恃身份特殊且目中无人，以自我为中心，将会引起员工的逆反心理，从而被员工疏远，甚至威信扫地。

2）处事公正

处事公正是公共关系平等意识的行为体现。例如，一家企业在与协作伙伴交往时，若有几个不同单位或某些人出现了过失行为，那么在处理过失时，就不能因人而异，要实事求是对待，因为没有公正，就没有平等。

3）投入的双向性

关系的各方为实现自己的利益要求，必须向对方进行精神的或物质的投入。古人所说的“投之以桃，报之以李”就是这种投入的双向性的写照。没有向对方或整个公共关系大环境的奉献，自我利益的索取是不可能的。

4）杜绝急功近利

公共关系是一种全方位的智能策划过程，其过程是比较复杂的，需要一个时间过程。那种以为只要搞一次创意活动、发个广告或者举行一次联谊活动就能立即得到“回报”的急功近利的心态是很难实现目标的。

问题与思考1-4

人敬我一尺，我敬人一丈。这句古训揭示了什么？

分析提示：这句古训充分揭示了人际交往中的行为规律和交际准则。它同样适用于公共关系平等互利的原则。公共关系主体在其活动中如果能做到尊重对方、处事公正、双向投入平等以及杜绝急功近利行为，就能达到“我敬人一尺，人敬我一丈”的效果。

职业观念1-3

“共赢”是人类的最高智慧

现代人终于认识到，“和则两利，斗则两伤”，并非是不损人便不能利己。作家蒋子龙在《2007年的绝招》一文中有这样一段话：“去年的全国十大杰出青年、安踏掌门人丁志忠，讲出了他成功的原因：51％与49％是父亲教给我的黄金分割比例。他很早就告诉过我，你做每件事情，都要让别人占51％的好处，自己只要留49％就可以了。长此以往，可以赢得他人的认同、尊重与信任。”

资料来源　菁华．“共赢”是人类的最高智慧［J］．公关世界，2009（1）．

1.4.2 为社会服务原则

社会是公共关系赖以成长的大环境，企业市场营销又使公共关系有了用武之地。因此，从事公共关系工作的人员必须做到以下几点：

1）积极承担社会责任

公共关系人员要深刻地认识到自身有义务支持社会事业、了解社会，增强承担社会责任的自觉性与主动性。其具体工作内容主要包括：促进体育、文化、教育和社会福利事业的发展，资助科学研究、公共卫生工作的开展，参与改善城乡交通状况、防止环境污染等公益性活动，提醒有关部门注意潜在的社会问题等。

2）注重社会整体效益

公共关系人员在协调各种具体关系时，必须从整个社会的利益出发，为公众服务，具体包括：①社会经济效益。例如，企业不仅要为自身创造出更多的价值，还要为社会提供更多的使用价值。②社会生态效益。企业在从事公共关系活动时，应主动、优先考虑如何减少环境污染，保持生态平衡。③精神文明建设。企业要通过员工良好的精神风貌、优良的经营作风，以及产品设计、装潢等来促进社会的精神文明建设。

3）向社会开放自我

自我表露与自我推销是个人乃至社会组织实现其社会化的有效做法。公共关系人员在工作过程中，要有意识让他人感觉到其自我开放的愿望是真诚而又热烈的，以取得他人的信任和好感。例如，在公共关系调查中，使用开放式问卷可以得到较多的信息。现代企业组织在管理中越来越重视采用开放式模式，从而获得比封闭式模式更高的效率。

4）清醒的公众意识

公共关系主体在公共关系活动中应始终面向公众、服务公众、争取公众。公共关系处理的是一种公共的关系，是与群体打交道的，而不是仅仅与一个人或两个人发生关系。公共关系又总是处于变化之中，所以公共关系主体要时时密切注意公众态度的变化，争取公众的理解和支持，努力在公众面前树立良好的形象和信誉。

1.4.3 真实信用原则

一切公共关系活动都要以真实信用为基础。真实信用的原则是公共关系总原则的核心。真实和信用是并存的，没有真实便没有信用，是真实创造了信用。作为一个社会组织，领导者要把培养自身的信用观念作为组织自身建设的一件大事来抓，要让组织内每一个成员都明白，信用来自于自身的思想和行为。真实信用的原则要求公共关系主体做到以下几点：

1）诚能生信

古人云：“以诚感人者，人亦诚而应。”公共关系主体应借鉴在社会交往中诚实所起的作用，任何一个公共关系主体能诚实地对待各方，必定能得到社会的信任，这就是“诚能生信”。当然，“诚能生信”中的“诚”还含有对他方不疑，即“欲交不疑”的意思。遇事总是怀疑对方，久而久之，由于自身不信任对方，将导致对方的不信任。关系的双方如果有一方背离了诚实的原则，那么以互信为基础的公共关系就会破裂。

职业观念1-4

美国亚利桑那州大峡谷沙漠中有一家麦当劳连锁店，店中有一则醒目的告示：“本店用水从60英里外运来，其费用是常规的25倍，雇工的工资也较其他地方高得多；为了在旅游淡季亦能正常营业，我们还得承受季节性亏损……所有这些因素使本店的食品价格最贵。但我们是为了向您提供优质的服务，相信您会理解我们。”由于该店把价格贵的理由说得清清楚楚、明明白白，顾客心中有了底，尽管这家店的食品价格比其他麦当劳连锁店高出许多，但顾客却喜欢到这家麦当劳连锁店用餐。他们吃着最贵的麦当劳快餐，却心甘情愿。

这家麦当劳连锁店诚告顾客的例子说明：诚实、守信总能得到公众的理解和支持。你如何理解？

分析提示：麦当劳追求的目标是树立良好的“公众形象”，在公共关系活动中遵循的是“诚实信用原则”。我国古代的思想家孔子说过：“民无信不立。”从事现代公共关系一定要诚实守信，任何组织或个人都必须塑造诚实的形象。唯有诚实守信才能取信于公众，才能赢得公众的信赖和支持。

2）信而不移

公共关系主体与各类公众交往时，要做到“慎立信”与“非轻诺”。守信在公共关系活动中是极为敏感的问题，若公共关系主体向客体许下诺言，则无论遇到什么困难都要付诸实践。这就要求公共关系主体在立下诺言之前要有充分的准备，否则不要轻易言诺。一旦出现失信现象，也不要遮掩或回避，应积极主动承担后果，查清事实真相，以各种措施予以补救，争取变坏事为好事。

1.4.4　科学指导原则

公共关系本质上是智能关系，公共关系活动中应实事求是、实践第一、客观准确、讲究科学。讲究科学就要重视调查研究、精心策划、规范实施和严格评估。一般来说，以智能方式开展公共关系工作有以下几个特点。

1）优化性

（1）择优遴选公共关系方案。一个组织对于诸多的公共关系设计方案、策划谋略，应纵横比较、反复论证，以求所选择的方案和谋略能达到最佳效果。

（2）挑选最佳传播模式。公共关系传播媒介的受众多种多样，要选择最适合的方式，使主体与客体的信息能达到双向沟通。

（3）提高公共关系人员的素质。最佳的公共关系方案和传播模式都是靠人去抉择的，只有培养出一流的公共关系人员，才会达到较好的公共关系效果。

2）开拓性

公共关系事业在中国是一项崭新的事业，没有现成的路可走，只有走自己的路，才会闯出新局面。对于已经取得的公共关系成果，要以开拓的精神进行扩展，让更多的公众从中受益。但开拓不等于冒进，也不是一种自发行为，而是要在开拓中体现公共关系工作的科学性和优化性。只有这样，公共关系工作才不会偏离方向、事倍功半。

3）创新性

公共关系工作没有固定的模式，需要不断创新。公共关系人员要具有探索和发现问题的敏锐性和预见性，具有较强的概括能力和总结能力，具有举一反三、触类旁通的侧向思维方法和求异思维方法，具有丰富的想象力、联想力和形象思维能力。创新源于智能，并使智能获得发展，唯有创新才能永葆公共关系的青春活力。

4）长期性

公共关系主体形象的塑造不是一蹴而就的事情，需要公共关系人员长期奋斗并坚持不懈。“内求团结，外求发展”是公共关系工作的长期任务，必须制定长期规划，建立战略目标，培养员工长期奋斗的观念，培养更多的公共关系工作人员，使公共关系工作有后继性和连续性。

1.4.5 社会规范原则

社会规范是指调整人与人（组织和组织）之间的关系，指导人类活动的行为规则、标准。公共关系活动属于社会生活范畴，公共关系主体自然也要同一定的社会环境发生联系。凡有利于社会文明进步的、有积极意义的社会规范，都对公共关系活动有一定的制约作用。因此，在公共关系活动中，公共关系人员除了要遵循一定的法律规范、道德规范以外，还应具有本职性、责任感、无私性。

1）本职性

公共关系主体在开展活动时首先要立足本职工作，再进行对外宣传。例如，一家企业只有提高产品质量，优化服务，增加效益，才能把公共关系工作搞好；否则，企业公共关系工作就是无源之水、无本之木。

2）责任感

公共关系主体在活动中既要对自身负责，也要对公众和社会负责。就企业而言，对内要努力提高员工的责任感，从组织的决策者到员工要各司其职、各负其责；对外要注意信息的真实性，实事求是地介绍情况，对公众的批评要虚心听取，有错必改；对社会要承担相应的责任，如赞助社会文化、艺术、体育事业，投身社会公益事业，支持社区建设等。

3）无私性

公共关系人员不应徇私舞弊、损公肥私、行贿受贿、贪污侵占，要以兢兢业业的工作精神提高服务的质量，以忠诚与公正的态度在公众中树立良好的形象。

本章小结

❀ 公共关系学是一门发展中的社会应用学科。随着知识经济时代的到来，公共关系将形成以知识为核心的文化产业。

❀ 有关公共关系的定义，理论界有很多说法，但至今没有统一的定义。

❀ 认识公共关系应以关系分析为起点。从关系的角色看，公共关系的主体可以是社会组织，也可以是个人，而公共关系的客体是公众。公共关系是一种智能关系，公共关系的基本精神是“把关系搞好”。唯有以智能方式才能真正把关系搞好。

❀ 在社会实践中，我们应认清公共关系同庸俗关系、社会交往、宣传、广告和推销等相关社会活动的联系与区别。

❀ 公共关系同人类文明一样有悠久的历史，有一个发展过程。

❀ 公共关系的作用表现在三个层面：在宏观层面上，公共关系优化了人类生存空间，推进了社会文明进程；在中观层面上，公共关系优化了社会组织行为，为其塑造了良好形象；在微观层面上，公共关系优化了个人行为，提高了国民素质。公共关系职能指的是对社会组织所产生的独特的积极作用或影响。

❀ 公共关系基本原则是具体工作原则和职业原则的基本精神。具体来说，公共关系基本原则有平等互利原则、为社会服务原则、真实信用原则、科学指导原则和社会规范原则。

主要概念

以智能方式处理关系　公共关系　公共关系的职能　公共关系的基本原则

综合练习

1.填空题

（1）“公共关系”一词起源于美国，被区分为________和________。

（2）公共关系本质上是一种________。

（3）根据传播媒介的发展，我们把公共关系划分为________、________、________和________四个阶段。

（4）在未来的岁月中，公共关系将从三个层面波及人类生活，这三个层面是________、________和________。

2.单项选择题

（1）在以关系的性质进行分类的社会关系中，公共关系属于（　　）。

A.经济关系　　B.道德关系　　C.法律关系　　D.智能关系

（2）电视连续剧《公关小姐》的热播，处在当代中国公共关系发展的（　　）。

A.观念启蒙阶段　　B.实践探索阶段　　C.理性回归阶段　　D.新的时空

（3）公共关系主体在开展活动时首先要立足本职工作，再进行对外宣传，这种

“本质性”要求从属于公共关系的（　　）。

A.平等互利原则　　B.为社会服务原则　　C.真实信用原则　　D.社会规范原则

（4）公共关系作为一种全新的思想、一种科学而系统的理论，产生于（　　）。

A.远古时代　　B.奴隶社会　　C.封建社会　　D.资本主义社会

3.多项选择题

（1）在人类社会关系的发展历程中，人们处理关系的方式有（　　）。

A.暴力方式　　B.金钱方式　　C.伦理方式　　D.智能方式

（2）公共关系与促销的区别是（　　）。

A.二者的任务不同　　B.二者的范围不同

C.二者的着眼点不同　　D.二者的效果检测标准不同

（3）以下言论具有公共关系意识的有（　　）。

A.要使用动感情的呼吁影响听众　　B.有朋自远方来，不亦乐乎

C.宁叫我负天下人，不叫天下人负我　　D.顺我者昌，逆我者亡

（4）公共关系强调的“为社会服务原则”，就是要求从事公共关系的工作人员必须做到（　　）。

A.积极承担社会责任　　B.注重社会整体效益

C.处事公正　　D.优化素质

4.简答题

（1）《墨西哥声明》中有关公共关系的定义如下：“公共关系的实施是一门艺术和社会科学，它分析趋势、预测发展结果、向机构领导提出建议、实行有计划的行动方案，以服务于该机构和公众的共同利益。”该定义有哪些重要的地方？它与本书的定义有何不同？

（2）有不少人误认为公共关系是一门新的专业。试阐述它的历史至少可以上溯到100年前，以推翻上述误解。举例时不要举关于广告或宣传方面的例子。

（3）“公关小姐”出现于20世纪60年代我国的香港和台湾地区，80年代在大陆曾引起轰动效应。人们对此褒贬不一，你有何认识与评价？

（4）在国外，尽管新闻界经常以社论形式批评公共关系，但为什么实际上新闻界又往往觉得公共关系机构的情报来源确实可靠呢？

5.材料分析题

阅读下面材料并回答问题。

（1）某些食品公司借增加营养的名义向小学提供印着其商标的产品照片和产品配方的营养食品。

（2）各类软饮料、食品以及其他产品的制造商把大量商品免费赠给制作电视和电影的骨干人员，这样他们的产品就可以作为标准产品出现在电视上和电影中。

（3）一位被高薪聘请的公关人员，为了雇主的利益向新闻媒介提供假信息，以欺骗顾客。

关于以上问题的回答有两种：一种是我永远不会做这种事情；另一种是我会等一

等，直到我看清了其中还包含什么东西的时候，才决定我要做什么。

问题：

（1）从伦理学角度看，上述三种做法中，什么是可以接受的？什么是不可以接受的？

（2）对上述两种回答，你选择哪一种？你还有更好的答案吗？请说明理由。

6.实践训练

（1）如果你是班级干部，处理同学关系时应该怎么做？

（2）借助网络、图书馆或拜访当地公共关系协会的专家等行业人士，重点了解孔子及其公共关系思想、孟子及其公共关系思想、老子及其公共关系思想、荀子及其公共关系思想。

第2章

公共关系基本要素

学习目标

知识目标：熟练掌握有关公共关系基本要素以及社会组织的一般分类方法、公众的分类方法、识别目标公众的方法、传播模式及大众传播的类别、公共关系传播模式、大众传播媒介的应用分类。

技能目标：能够基于企业组织的公共关系主体意识，针对不同类型的公众选择相应的传播手段进行沟通。

能力目标：运用关于社会组织、公众和传播的知识与技能，创造性地分析和解决企业公共关系中一般性的实际问题。

引例

2008年北京奥运会成功的媒体公关与城市形象塑造

2008年北京奥运会留下了许多宝贵遗产，同时也带给中国、带给北京至高无上的荣誉。巨大成功的背后，公关工作功不可没。

一、北京奥运会媒体公关多种多样的做法

北京奥运会出色而有效的媒体公关工作，不仅对北京奥运会成功举办发挥了重要作用，也对塑造中国形象、提升文化软实力发挥了极其重要的作用。以下几条最为突出：

1.开放境外记者采访，兑现申办承诺

开放境外媒体报道奥运会，是整个奥运媒体公关取得成功的关键。为兑现承诺，实现开放办奥运，党中央、国务院果断决策，开放境外记者采访，兑现申办承诺。2006年11月1日，国务院发布《北京奥运会及其筹备期间外国记者在华采访办法》（477号令），按照国际惯例，以开放的姿态欢迎外国记者采访北京奥运会。此举得到国际社会的广泛好评，为北京奥运会媒体工作赢得了主动，也为北京奥运会后外国记者继续在华采访报道提供了可能。

2.及时发布和提供权威信息，满足媒体需求

北京奥运会通过多种形式满足媒体需求，如新闻发布会、新闻“吹风”会、集体

采访、个别采访以及电视发布、网上发布等。北京奥运会主新闻中心和2008北京国际新闻中心在奥运会期间共召开自主设计的新闻发布会134场，内容涉及与北京奥运会有关的各个领域。发布会吸引了大批来华采访的境外记者，他们普遍认为，这些新闻发布会时效性强、具有权威性、内容广泛，为其报道提供了大量第一手素材。

3.提供采访线索，帮助记者完成报道任务

围绕“绿色奥运、科技奥运、人文奥运”三大理念，以“新北京、新奥运”为主线，根据记者需求发布信息，精心推荐记者集体采访的路线。对外界关注的一些问题，如城市治安和恐怖主义威胁、奥运场馆质量、奥运与民生、环境和空气质量、兴奋剂等，及时组织权威发布，澄清事实，以正视听。奥运会期间，主新闻中心共组织了30场现场参观采访，2008北京国际新闻中心组织现场采访83次。针对境外记者的采访需求，加强“采访线工程”建设，建立了10条采访线、100多个采访点。这些采访活动既给境外媒体提供了接触中国的机会，又丰富了他们的采访内容。

4.增强服务意识，为媒体采访提供方便

本着“善待媒体”的原则，北京奥运会媒体服务在硬件和软件两方面均达到了一个新的水平。北京奥运会主新闻中心、国际广播中心和2008北京国际新闻中心以“建设记者之家”为工作目标，为中外记者提供专业化、人性化的媒体服务，提供功能齐全、快捷舒适、充满人性关怀的工作环境，解决了境外记者来华采访遇到的各类行政审批问题。中央和北京市的17个管理部门成立了“一站式”服务机构，受理境外记者来华采访涉及的30多项行政审批事项，实现了申请受理、审批、批准、协调落实等环节的“一站式服务”，完成了“零投诉”“零差错”的目标，得到境外媒体的称赞。

5.高效率受理采访申请，尽力满足记者个性化采访要求

记者的采访要求能否得到满足，是做好媒体公关工作的一个重要环节。为做好记者采访申请的受理工作，工作在一线的同志按照“有求必应、有应必备、有备必给、有给必快”和“不拒绝、不应付、不回避、不耽误”的原则，对所有的采访申请做到“件件有答复、件件抓落实、实现零拒绝”。奥运会期间，主新闻中心和2008北京国际新闻中心设立了采访台，24小时运行。

主新闻中心共受理书面采访申请840件，落实810件，答复率100%，落实率96%；2008北京国际新闻中心受理采访申请478件，落实451件，答复率100%，落实率94%。

6.加强对国际主流媒体的工作，争取其发出更多客观报道

北京奥运会筹备期间加大了“请进来”“走出去”的力度，有计划地邀请西方主流媒体的负责人、知名记者和专栏作家来华访问，精心组织接待工作。奥运会期间，共邀请了86位主流媒体负责人参加开幕式，取得了良好效果；加强了与境外媒体的项目合作，制作的中国国家形象广告在CNN、BBC等西方主流媒体播出，并在《华盛顿邮报》上刊登了宣传中国的广告；加强与美国、日本和欧洲等国家和地区的著名电视机构的合作，与其联合制作了一批反映我国经济发展、社会生活、历史文化和有

关奥运会筹备等内容的影视节目。奥运会前，还邀请了英国、法国、意大利、伊朗和我国香港地区的5名知名导演来京拍摄了5部城市宣传片。

二、北京奥运会媒体公关对城市形象的塑造

北京奥运会成功的媒体公关工作至少在以下几个方面对塑造中国形象和北京形象产生了积极影响。

1.诚信守诺的形象

开放媒体采访奥运会，是我国向国际社会所作的庄严承诺。自我国申办奥运会成功后，国际社会即对中国能否兑现开放媒体采访奥运会表示相当的关注。中国政府以足够的智慧把握和处理了这一问题，既以实际行动兑现了承诺，争取了主动，又维护了国家尊严和根本利益，得到了国际社会的称赞。

2.开放自信的形象

奥运会是迄今我国最大规模的对外交往活动，参与人数多、涉及面广、持续时间长。中国以海纳百川的博大胸怀拥抱世界，欢迎来自五湖四海的朋友，做好各种服务工作，理性处理各种问题和矛盾，给各国媒体留下了深刻印象。在奥运会开幕前有的外国媒体就评论道："北京开放而又自信的表现已经预示了第29届奥运会的成功。"

3.公开透明的形象

及时准确地发布各方面信息，使媒体在第一时间进行客观、真实的报道，这是北京奥运会公开透明的体现。同时，满足外国记者的一些采访要求，允许外国媒体在天安门广场进行直播，在故宫等地设立风景机位，在城市标志性景观、景点设立直播点，特别是24家持权转播商在国家博物馆和天安门东侧风景机位进行了300多个小时的现场直播等，这些更加深了人们对北京奥运会公开、透明的印象。

4.友好合作的形象

北京奥运会筹办和举办期间，中国坚持善待媒体的原则，以友好精神与之相处，为其采访提供各种服务和便利，与其开展多种形式合作。无论是在"三大新闻中心"，还是在各项体育比赛现场；不管是在赛场上，还是在赛场下，人们见到的都是中方服务人员、工作人员与境外记者和谐相处、合作共事的感人场面。来自英国广播公司的记者哈瑞斯热情洋溢地感谢道："在北京工作十分愉快，你们的服务给我提供了很多采访便利，也让我感受到了中国人的热情和友善。"

5.文明进步的形象

奥运会是人类文明的庆典活动，代表一定时期人类文明的发展水平。奥运会由北京举办，代表中国的发展已经在引领人类文明。"绿色奥运、科技奥运、人文奥运"以及"同一个世界、同一个梦想"这些崭新的理念、主题，代表了一定时期人类文明发展取向，经过媒体报道，备受世人推崇。北京奥运会开幕当天，法新社即进行了这样的报道：中国用一台歌颂中华千年文明、展现技术成就的辉煌节目，展示了实力与唯美，展示了中国的古老文明和对世界的友谊。

资料来源　王国庆. 北京奥运会媒体公关与城市形象塑造［EB/OL］.［2020-01-09］. http://www.scio.gov.cn/xwbjs/zygy/wgq/jh/Document/380732/380732_2.htm.

关系的要素是主体、客体、媒介。公共关系的主体是社会组织或个人，公众是公共关系的客体，传播是公共关系的媒介。由于社会组织是公共关系赖以发展的重要条件，人们一般把社会组织视为公共关系最重要的甚至是唯一的主体。因此，社会组织、公众、传播是公共关系活动的三个基本要素。

2.1　社会组织

2.1.1　社会组织概述

社会组织指为了人们合理、有效地达到自己的目标，按照一定目的、规范和形式建立起来的一种社会机构。它是一个不断运动的社会性有机体，其基本构成要素是组织目标、组织规范和组织资源等。组织目标指社会组织在未来应达到的状态，是联合和动员每个员工并协调其行为的机制。组织规范指社会组织不是随机的、杂乱无章的组合，而是以一定的规范为基础的。组织资源指社会组织应具有的人、财、物的数量和质量，地域的大小等。

社会组织的划分是以一定的标准为依据的。由于认识角度的不同，社会组织划分的方法也有差异。社会组织的一般分类如图2-1所示。

- 社会组织
  - 按功能为标准分
    - 产业组织
    - 政治组织
    - 整合组织
  - 按目标和受益者关系分
    - 互利组织
    - 商业组织
    - 服务组织
    - 公益组织
  - 按对成员的控制方式分
    - 强制组织
    - 功利组织
    - 规范组织

图2-1　社会组织的一般分类

按照我国社会学的分类，一般将社会组织划分成五种类型，即经济组织，政治组织，文化、教育、科研组织，群众组织和宗教组织（如图2-2所示）。

- 社会组织
  - 经济组织(如工商企业、银行、保险公司等)
  - 政治组织(如政党、国家政权机关等)
  - 文化、教育、科研组织(如学校、文化馆、艺术团体等)
  - 群众组织(如工会、文联、科协等)
  - 宗教组织(如佛教、道教、伊斯兰教、基督教等)

图2-2　我国社会学关于社会组织的分类

由于各种社会组织的性质、目标、活动内容和发展方向不同，因此，其所面对的公众是有区别的。但是，任何社会组织在开展公共关系活动时，都必须用智能方式才能处理好与公众之间的关系。

2.1.2 企业

企业是从事商品生产和经营的经济组织。它是商品经济发展到一定阶段，机器大工业代替了工场手工业之后才产生并逐步发展起来的。企业是企业公共关系活动最重要的主体。公共关系是现代企业参与市场竞争的重要工具。

从法律角度看，企业包含三个特征：一是企业以市场为导向，以营利为主要目的；二是企业实行自主经营、自负盈亏、独立核算；三是企业依法设立、依法经营。这些特征是由商品经济的客观规律所决定的，它要求人们遵循商品经济的客观规律，积极主动地从事社会市场营销活动，有效地运用公共关系，增强企业的营销力、形象力，这样才能使企业生机蓬勃、兴旺发达。

在企业公共关系活动中，企业类型不同，主体所面对的公众也有区别，其公共关系活动的内容和形式也就多种多样。因此，研究企业公共关系就要研究企业的类型。

按照不同的标志，可以把企业划分为多种不同的类型（见表2-1）。

表2-1 企业的类型

划分标志	企业类型
生产资料所有制	公有制企业、混合所有制企业、非公有制企业
所属行业	农业企业、工业企业、建筑安装企业、交通运输企业、商业企业、金融企业等。在工业企业中，又有原材料、能源等基础产业的企业和机电、纺织等加工制造业的企业
使用的主要资源	劳动密集型企业、资本密集型企业、技术密集型企业、知识密集型企业
企业规模	大型企业、中型企业、小型企业
组织形式	从生产力的组织形式方面分类，企业可划分为简单综合型企业、简单专业化企业、多元专业化企业和跨行业综合型企业；从财产组织形式方面分类，企业可划分为单个业主制企业、合伙制企业和公司制企业等
市场类型	生产企业、金融企业、信息咨询企业、技术开发与贸易企业、房地产经营开发企业等
主体技术	传统技术企业、高新技术企业

问题与思考 2-1

划分社会组织类型的主要目的是制定公共关系经营战略，这种看法正确吗？

分析提示：这种看法不正确。由于社会组织的属性非常复杂，因而对社会组织进行分类也是个非常复杂的问题，在公共关系研究中，人们划分社会组织类型的目的，主要是对公共关系的行为方式和公众的类型进行区分。

2.2　公众

公众（public）是公共关系中的一个基本概念。正确理解这个概念对于把握公共关系的真谛至关重要。

2.2.1　公众的含义

公众指对组织生存和发展有现实或潜在制约力和影响力的个人、群体或组织的总和。公众是一个复杂的多层次的体系。公众是公共关系工作对象的总称。其基本特点包括：

1）整体性

公众不是单一的群体，而是与某一社会组织运行有关的整体环境，我们把这种整体环境称为公众环境。一家工业企业的公众环境如图2-3所示。公共关系工作不能只注重其中某一类公众，而忽略其他公众。对其中任何一类公众的疏忽，都可能使整个公众环境恶化。因此，首先应将社会组织面对的公众视作一个完整的环境。

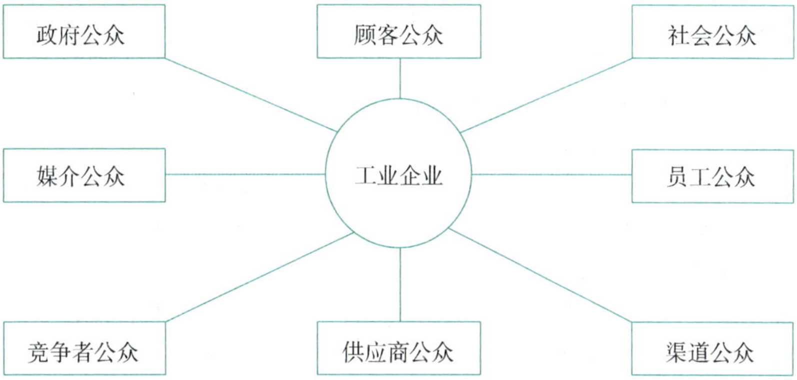

图2-3　企业的公众环境

2）共同性

公众不是一盘散沙，而是具有某种内在的共同性的群体，比如共同的目的、共同的需求、共同的意向、共同的兴趣、共同的背景等。这种共同性使我们能够将不同的对象从公众整体中区分开来。

3）多样性

公众仅是统称，其形式多样，可以是个人，也可以是群体，还可以是团体或组织。即使是同一类公众，也可以有不同的存在形式，比如消费者公众，可以是松散的个体，也可以是特殊的利益团体（如消费者委员会），还可以是一个严密的组织（如使用产品的其他公司乃至政府）等。公众形式的多样性决定了沟通方式和传播媒介的多样性。

4）变化性

公众不是固定的、一成不变的对象，而是一个开放的系统，处在不断变化之中。社会组织面临的公众，往往因客观环境的变化而变化：有的关系产生了，有的关系消失了；有的关系不断扩大，有的关系渐渐缩小；有的关系越来越稳固，有的关系越来越脆弱；有的关系甚至发生性质上的变化——竞争关系转化成协作关系、友好关系变成敌对关系等。注意到公众的变化性，有助于公共关系主体不断调整工作方针和重点，开拓新的工作领域。

5）相关性

公共关系中的公众必然与社会组织存在一条利益纽带，它使社会组织和公众总是处于相互作用、相互制约的互动关系中。公众对社会组织目标或发展具有实际的或潜在的影响力、制约力，甚至决定社会组织的成败。同样，社会组织的决策和行为对它的公众也具有实际的或潜在的影响力、作用力，制约公众所面临问题的解决或需求的满足。相关性的确定，有助于我们搞清什么是公众、什么是非公众，并从公众需求、利益和互动性方面抓住主要矛盾，有效地解决问题。

2.2.2 公众的分类

有区别就有政策，也就有解决问题的方法。公众关系政策的制定和方法的运用，有赖于科学地区别不同的公众。一般来说，社会组织公众可以有下列分类方法：

1）按社会组织和公众的归属关系划分

（1）内部公众，即社会组织内部成员，如员工、股东等。

（2）外部公众，指除社会组织内部公众之外的一切与社会组织利益相关的个人、群体或其他社会组织，如顾客、政府部门、新闻媒体、社区、竞争对手等。

2）按公众的发展过程划分

（1）现在公众，指正在与某一社会组织发生利益关系的那些公众，如正在一家酒店用餐的所有顾客就是这家酒店的现在公众，而一旦就餐完毕，顾客离开酒店，他们就不再是酒店的现在公众。

（2）将来公众，亦称未来公众，指准备或将要与某一社会组织发生利益关系的公众，如对一家即将开业的保龄球馆来说，那些准备在开业后前来休闲娱乐的人们就是将来公众。

知识链接 2-1

德国一家著名的家具公司早在20世纪90年代就在我国首都北京开了一个家具专卖店。奇怪的是，该专卖店并不直接出售家具，除了陈列一些精美的家具样品外，店内主要是儿童游乐设施。每逢节假日，家长们领着孩子在这里玩耍，这里成了“儿童游乐园”。

资料来源 张承耀. 企业管理案例与评论（教学案例-1）[M]. 北京：经济管理出版社，2005.

（3）非公众，这是公共关系学中的特殊概念，社会学中没有这个概念。非公众指处在某社会组织的影响范围之中，却与该社会组织无关，其观念、态度和行为不受该社会组织的影响，也不对该社会组织产生作用的公众。社会组织划分自己的非公众，可加强公共关系工作的针对性。

（4）潜在公众，指受到社会组织的某种行为影响，已面临某一共同问题，但还没有意识到这种问题存在的个人、群体或组织。如某商店出售一批食品，事后发现这批食品已经变质，购买了这批食品的顾客由于还没食用，也没有发现问题，因而也没有不良反应，这时，他们就是潜在公众。但随着问题的充分暴露，这些公众迟早会成为社会组织的现在公众。

（5）知晓公众，指面临共同问题并意识到存在问题的公众。知晓公众是由潜在公众发展而来的，其有可能发展为行动公众。如果上例中顾客食用了这批食品，发现了变质问题，就成了该商店的知晓公众，他们可能向该商店质询。

（6）行动公众，指不仅意识到社会组织行为对自身的影响和作用，而且已采取某种行动对社会组织造成了影响和作用的公众。它由知晓公众发展而来，是公众发展的最后一个阶段，对社会组织将产生很大的影响。再如上例中顾客发现商店出售变质食品后，纷纷上门索赔，同时向有关部门投诉，这部分顾客就构成了行动公众。

从非公众到行动公众，是一个连续发展的过程（如图2-4所示）。

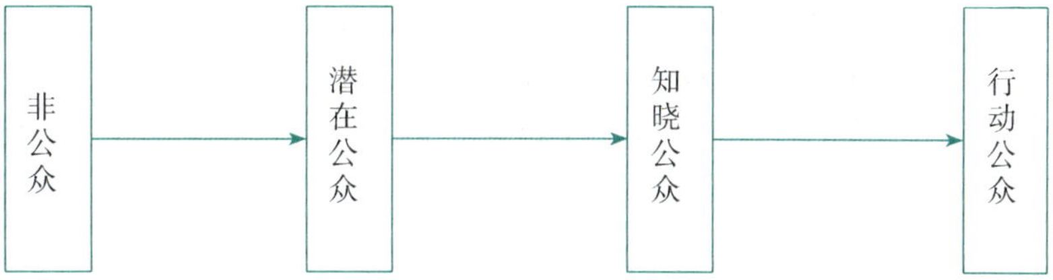

图2-4 公众的发展过程

3）按对社会组织的重要性划分

（1）首要公众，指对一个社会组织的生存和发展具有重要影响力乃至能起决定性作用的公众。酒店、宾客关系中的VIP（very important person）就是首要公众。1998年年底，中国各家用电器集团之间“兵戎相见”，竞争的焦点集中在原材料的控制上，这时候供应商公众就是电器集团的首要公众。对这类关系对象必须投入大量的人力、物力与时间。

（2）次要公众，指那些对社会组织的生存和发展具有一定的影响力，但不起决定性作用的公众。这种首要和次要之间的划分只是相对的，而且两者之间也可能存在转化关系。公共关系工作不仅不能放弃次要公众，更不能歧视次要公众，要保证首要公众，兼顾次要公众。

（3）边缘公众，指社会组织面对的各类公众中对社会组织影响力最小、最间接的公众。次要公众是相对首要公众而言的，而边缘公众则是相对次要公众而言的，如社区居民中尚未成年的儿童，对于社区内的社会组织来说就属于边缘公众。对于公共关系工作来说，边缘公众属于应争取的“大多数”。

4）按社会组织活动的需要划分

（1）需要集中影响的公众，指公共关系工作中需要集中主要精力去开展工作的公众。这类公众有一个突出特点，即他们对社会组织的活动可以产生重要影响，但对社会组织缺乏了解，如一家企业迁移到一个地区，这个地区的政府部门就是需要集中影响的公众。

（2）需要普遍影响的公众，又称扩散影响的公众，指在公共关系工作中应加以普遍兼顾的公众，如社会组织所在社区新搬来的零星居民、与社会组织已有良好关系的政府主管部门等。

5）按公众对社会组织的态度划分

（1）顺意公众，又称支持性公众，指对社会组织的政策和行为持赞成和支持态度的公众。处于激烈竞争状态下的社会组织，特别看重顺意公众的作用，如足球队在参加重大比赛时，都希望自己的球迷能够到场呐喊助威等。

（2）逆意公众，又称反对公众，指对社会组织的政策和行为持反感、反对、不合作态度的公众。其形成原因通常是社会组织与公众在利益上发生了冲突，或者由于沟通不畅而使公众产生了误解，公共关系人员应对此认真加以分析、研究，有针对性地解决问题，促使逆意公众的态度转变。

（3）独立公众，又称中立公众，指对社会组织的政策和行为持中间态度或态度不明朗的公众。其形成原因可能是对社会组织的情况不明，或与社会组织的利益没有直接关系。他们既可能转化为顺意公众，又可能转化为逆意公众。争取独立公众向顺意公众的转化，是维系社会组织良好形象的关键。

2.2.3 目标公众

对公众进行分类的主要目的是确定目标公众。**目标公众**指公共关系主体根据自身公共关系工作的实际需要所确定的对象公众。我们以公共关系应用最普遍的企业组织为主，分析其公众的基本构成。通过分析，我们将更深入、更细致地了解公众的概念，而且对于其他类型的社会组织来说，了解企业组织的公众，也可以触类旁通、举一反三。

1）企业内部公众

企业内部公众是企业在公共关系工作中最重要的公众对象。因为在企业资源的诸要素中，内部公众即企业的人的因素是决定企业生存与发展的根本条件。在企业的公共关系中“内求团结”始终是公共关系工作的基本目标之一。

（1）员工公众。员工公众的具体对象包括全体职员。由于员工公众是企业组织中重要的组成部分，因此从内部公共关系的角度看是对象，从外部公共关系的角度看又成了主体。这是与公共关系主体关系最密切的公众。

在企业公共关系工作中，首先是要处理好员工关系。企业需要通过员工的认可和支持来增强凝聚力。在取得社会的认可之前，如果没有员工的支持和配合，不将员工视作传播沟通的首要对象，企业的价值和目标就会落空。

企业还需要通过全员公共关系来增强外张力。每一名员工都是企业与外部公众接触的“触角”，都处在对外公共关系的第一线，企业的整体形象必须通过他们来体现。服务台、接待室等岗位的工作人员，直接与顾客打交道的售货员、推销员等，都是兼职的公共关系人员，他们的一言一行都代表企业的形象。即使是生产一线的工人，也可能在与外界的接触和交往中或好或坏地影响企业的形象。

知识链接 2-2

很多企业对“以人为本”的概念并没有真正理解。在国外，对“以人为本”的概念是这样解释的：领导以员工为根本，一切以员工为出发点；员工以顾客为根本，时时处处以顾客为出发点。

资料来源 冯丽云，徐淳厚. 营销案例的编写与分析［M］. 北京：经济管理出版社，2003.

（2）股东公众。股东公众是企业的股份所有者或投资者，是企业筹集资金的重要来源。股东可以依法凭股票对企业行使一定的管理权、监督权，并有取得股息的受益权和对企业资产的间接拥有权。由于这种客观存在的“利益归属关系”，股东也被视为“自家人”，要及时、主动地加强与他们的联系，争取得到他们的理解和支持，使股东自觉地为企业发展贡献力量。

2）企业的外部公众

企业的外部公众有的对企业的生存和发展具有直接的制约力和影响力，有的则具有间接的制约力和影响力，是企业必须适应、协调和改善的外部力量。“外求发展”也始终是企业公共关系工作的基本目标之一。由于外部公众构成复杂，所以企业外部公共关系工作更为艰巨。

（1）顾客公众。顾客公众指购买本企业的产品或服务的公众。这是企业外部公众中最重要的公众。没有顾客，企业便不能实现产品的价值，也没有取得发展的可能性。因此，在企业公共关系实践中，首先要树立“顾客第一”的观念，要保证企业向顾客提供优质的产品和服务，又要处理好企业与顾客之间的纠纷、矛盾，以赢得顾客的理解、信任和支持，只有这样，企业的生存和发展才能有稳固的基础。

（2）社区公众。社区公众指在特定的地理区域内与企业发生互动关系的群体或组织。社区是企业的立身之地，是企业生存与发展的社会基础和社会环境。企业对于千变万化的社会现象和社会发展趋向的认识，主要是通过社区这一“窗口”来实现的。在企业与各类公众的联系中，社区充当了十分重要的媒介。因此，企业公共关系工作要以社区中的个人、群体和社会组织为公众对象，搞好社区关系。

（3）政府公众。政府公众指国家权力的执行机关及国家事务的管理机关。政府公众通过法律、法规和政策来管理社会。企业作为社会组织的成员，各项活动必须在法律、法规和政策规定的范围内进行。除此以外，企业的公共关系部门还要根据企业的性质、目标、经营内容等，有针对性地对政府公众开展工作，例如建立请示汇报制度，协助政府维持税收、物价秩序，防治环境污染等。

（4）新闻媒介公众。新闻媒介公众又称大众传播媒介，指以传播新闻信息为主要特征的各种信息传播工具和传播渠道。在企业公共关系工作中，新闻媒介公众既是企业必须竭力争取的对象，又是企业传递信息、提高知名度和美誉度所必须依赖的重要传播工具。从对外公共关系实践的角度看，新闻媒介公众往往被摆在显著的位置，是对外传播的首要公众。

（5）金融界公众。企业要发展，通常就要“负债经营”，就要依靠银行等金融机构提供贷款，且企业业务往来的结算大部分要通过银行进行，因此，金融界公众是企业必不可少的公众，有计划地对其开展公共关系工作，及时保持与金融界的信息沟通，主动地接受其监督、指导和帮助，对企业的发展有着重要的意义。

（6）名流公众。名流公众指那些对公众舆论和社会生活具有较大影响力的人物。这类公众往往成为企业竭力争取的“潮流导向者”，如工商界、金融界首脑人物，科教领域的权威人士，文艺界、体育界人士，出版界的知名记者等，虽然他们数量很少，但影响力大。因此，与名流公众建立良好的关系，能够借名流公众的知名度扩大企业的公众网络和社会影响，提升企业的形象。

（7）供应商公众。企业生产产品所需要的原材料或半成品等都来自其他生产企业，这在客观上形成了企业与供应商之间的相互依赖关系。企业必须保证与供应商之间的良好关系，在业务交流过程中，不要时时以“上帝”自居，这不仅会影响到企业与供应商之间的合作，而且会对企业的顾客产生“反面带头”的影响。

（8）竞争者公众。随着市场经济的发展，企业的竞争者越来越多。根据主动性社会市场营销的要求，企业与其竞争对手之间要竞争与协作并重，因此，企业要与竞争对手保持友好合作的关系，互相信任、谅解，互惠互利，共同开拓市场，推动全社会经济的发展。人们把这种关系称为“竞合”。

（9）国际公众。目前在国际范围内，“经济国际化、经营全球化、经产本土化”的跨区域市场大势已然形成。企业要生存与发展，最终将面对国际公众。国际公众包括对象国的政府、媒介、顾客等。企业在公共关系工作中，应以开放的姿态为企业发展外向型经济、参与国际竞争创造条件，要为企业的产品、服务塑造良好的国际形象。

问题与思考 2-2

新闻媒介公众是“特殊公众”。如何理解这句话？

分析提示：新闻媒介公众在企业的公共关系工作中扮演了两个角色，它既是社会组织与其他公众沟通的中介，又是各类组织积极争取的外部公众。这种中介与公众合一的性质，决定了新闻媒介的特殊地位以及组织与新闻媒介之间建立良好关系的重要意义，因而新闻媒介公众是“特殊公众”。

职业观念2-1

巴黎里兹酒店的记车牌制度

巴黎里兹酒店有这样一条制度，凡是到该酒店居住的客人，接待生在帮客人打开车门时，必须为客人记住其搭载的出租车车牌号。酒店的解释是：巴黎有1.4万辆出租车，如果客人有物品遗忘在车上，这是帮助客人找回失物最佳的方法。此外，接待生还必须记住客人的大件行李数目，一旦客人短少行李，就能很快查出行李是遗失在机场还是出租车上。凭借这一项细致服务，巴黎里兹酒店在客人心目中树立了良好的形象，一直保持着较高的入住率。

资料来源　编者根据相关资料整理。

分析提示：宾馆、酒店行业的竞争除了内外部环境外主要是服务，每个员工都肩负美化主体形象的任务，所以，人际交往和细致的服务是他们的主要工作。企业要建立产品品牌的影响力及营销力，往往要借助“目标公众”的社会影响。成功的公共关系策划要求策划者对公众的心理与行为规律进行深入研究，使公共关系活动与公众心理活动规律相适应。

2.3　传播

公共关系是以智能方式处理各种社会关系的，这就从本质上决定了公共关系所使用的工具是各种传播媒介。传播是公共关系的一个基本要素。

2.3.1　公共关系的传播媒介

1）传播的定义

在公共关系中，**传播**是主体利用各种媒介，将信息或观点有计划地与公众进行交流的沟通活动。其含义包括两方面：

（1）传播是一个有计划的、完整的行动过程。“有计划”是公共关系的目标要求，“完整”是传播学“5W模式”的要求，即谁、说什么、通过什么渠道、对谁说的、产生什么效果。

（2）传播是一种信息的分享活动。传受双方是在传递、反馈、交流等一系列过程中获得信息的，因此这不是一般意义上的单向信息交流，而是双向的信息沟通。

2）公共关系传播模式

公共关系传播模式可以用图2-5简单地表示。

从这个传播模式可以看出，社会组织是信息发出者，信息经由人际传播、大众传播等渠道传递给它的对象公众，再根据反馈的信息不断调整和修改，目的是树立良好的社会组织形象。

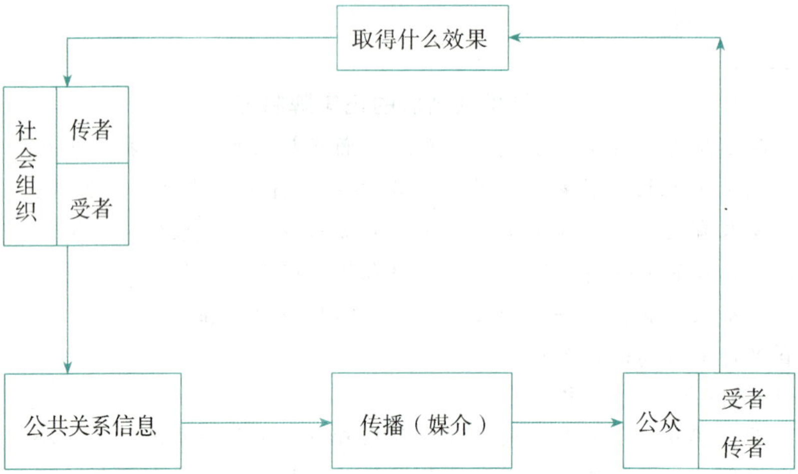

图2-5　公共关系传播模式

职业观念 2-2

海南省城市形象宣传片

海口是海南省的省会，是全省的政治、经济、文化中心，是一座洋溢着热带风情的生态旅游城市，拥有得天独厚的旅游资源和国际一流的人居环境，是世界卫生组织确定的中国第一个"世界健康城市"试点城市。海口已先后荣获"中国优秀旅游城市"、"国家园林城市"、"国家环境保护规范城市"和"中国人居环境奖"等国家级荣誉。2006年7月，海口开展了城市形象主题口号和重大节庆策划方案征集活动，并以"阳光海口，梦想之城"为主题制作了城市形象宣传片，用1分钟的时间展示了海口人民引以为豪的天空最蓝、空气最清新、绿化很美的城市形象。

分析提示：海口为了更好地塑造城市形象，进一步提升城市知名度、美誉度和竞争力，开展了城市形象主题口号征集和城市形象宣传活动。通过制作地区形象宣传片，在扩大地区知名度和美誉度方面起到了积极的作用。企业品牌亮相市场，公关、营销是其利器，更要宣传推广，注意区分产品广告宣传与公关传播推广的内容及形式。

3）传播的类型

传播按人类传播的发展过程划分有四种类型：自身传播、人际传播、组织传播和大众传播。

（1）自身传播。自身传播也叫人的内向交流，表现为自言自语、自我发泄、自我陶醉、沉思默想等。它是人类传播的基本单元。

（2）人际传播。人际传播也叫人际沟通，指的是个体与个体之间的沟通交流。它具有随机性和灵活性的特点，表现形式为面对面传播和非面对面传播，前者借助言语、动作和表情进行交流；后者则通过电话、电报、书信、电子邮件等媒介进行交流。

（3）组织传播。组织传播指的是社会组织内部成员之间或机构之间的信息交流，可分为小组传播、公众传播和公众媒介传播等形式。其传播方式有三种：第一种是上行沟通，即社会组织成员向管理者、下级向上级反映情况，提出自己的愿望和主张的沟通过程；第二种是下行沟通，即管理层的决策信息传递给下级组织及成员的过程；第三种是平行沟通，指社会组织内同级机构间或员工间的信息交流。组织传播是疏通社会组织内外沟通渠道、密切内外关系的一种传播活动。

（4）大众传播。**大众传播**指职业传播媒介，是以语言、文字、图像等符号形式把信息传递给分散的公众的一种活动过程。从媒介角度看，它有两种类型：一种是印刷类的大众传播媒介；另一种是电子类的大众传播媒介。

大众传播的特点是传播媒介不断现代化，传播方式呈现多样化，传播内容日趋广泛，传播效果达到社会化，但是大众传播使传播者和接受者之间的“人际关系”不复存在，信息反馈缓慢化、间接化。

大众传播是现代社会科学技术高度发展的产物，有效地运用大众传播是公共关系从业人员必须掌握的技能。

上述四种传播的类型，既自成体系，又相互联系、互为补充，其关系如图2-6所示。

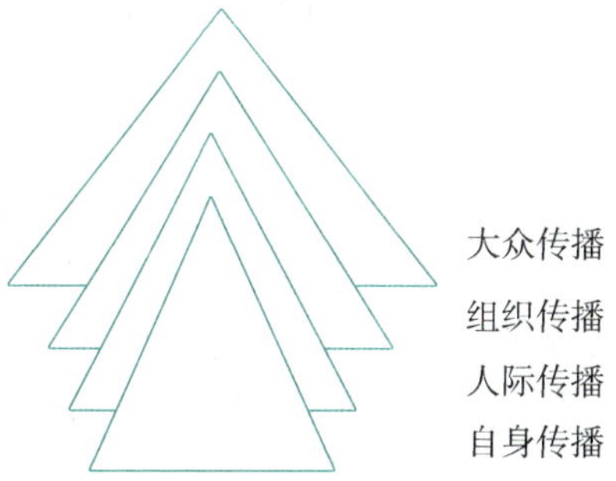

图2-6 传播的类型

从图2-6可以看出，在这个树状层级系统中，由下而上，传播形式出现了四个变化：第一，受众面越来越大；第二，传受双方在距离和感情上越来越远；第三，信息的个性化越来越少；第四，社会组织系统和传播技术越来越复杂。

4）公共关系传播媒介

公共关系传播媒介指在公共关系信息传播过程中，用以扩大并延伸信息以取得理想传播效果的中介物。从物质形式看，公共关系传播媒介有符号媒介、实物媒介和人体媒介三类。

（1）符号媒介。符号是信息传递过程中的一种有意义并能引起互动的载体。符号媒介是现代社会运用最广泛的传播媒介，也是公共关系传播中最主要的媒介。符号媒介的分类如图2-7所示。

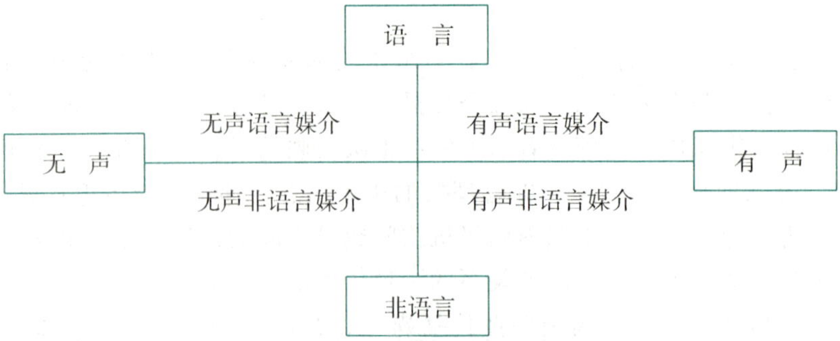

图2-7　符号媒介的分类

① 有声语言媒介，即大量运用有声语言进行传播，如答记者问、与员工谈心、谈判与演说、欢迎致辞等。其特点是信息反馈迅速、形式灵活多样、传播效果明显。

② 无声语言媒介，即通过印刷文字进行信息传递的媒介。其形式有购销合同、会议纪要、调查报告、社交书信和公共关系简报等。它的特点是超越时空，语言表达便于斟酌，也有利于保存，但信息反馈不及有声语言媒介迅速。

③ 有声非语言媒介，也就是“类语言”，指传播过程中有声而不分音节的语言。常见的形式有说话时的重音、语调、笑声和掌声。这种媒介的特点是无具体的音节可分，信息在一定的语言环境中得以传播；同一形式的语义并不是固定不变的，如笑声既可能是表示高兴，又可能表示嘲讽。

④ 无声非语言媒介，指各种人体语言。它是以人的动作、表情和服饰等来传递信息的一种无声的伴随语言。无声非语言媒介是公共关系传播活动中被广泛运用的一种重要的沟通方式。它具有两个特点：第一，具有鲜明的民族文化特征，比如人的某些动作，在不同的民族文化中所代表的语义信息会完全不一样；第二，强化有声语言的传播效果，比如在交谈时，如果伴有适当的人体语言，会明显增强口头语言的表达效果。

（2）实物媒介。实物媒介指以含有某种信息的实物充当信息传递的载体，如产品、公共关系礼品等。

① 产品就是一种典型的实物媒介。它主要通过自身的形式层（如品牌、商标等）和延伸层（如售后服务等）传递生产经营者的信息。

② 公共关系礼品包括两层含义：第一，非商品化，它必须是一种不进入（或尚未进入）市场流通的物品，形式可以是本企业名特产品的微型样品，也可以是为即将进入市场的新产品进行舆论宣传的物品等；第二，公共关系礼品的交际价值大于礼品的使用价值，因为其中还含有信息价值和情感价值的成分。

实物媒介除了产品和公共关系礼品外，还有象征物、购物袋、特制打火机、烟灰缸等。

（3）人体媒介。人体媒介指由新闻媒介塑造出来并被广大受众认可的人物形象，如文艺作品中的主人公、影视明星、社会组织成员的形象等，均属人体媒介。

公共关系的三种传播媒介，各有各的传播作用。符号媒介使用方便、运用广泛，信息反馈周期比较短；实物媒介在这些方面虽然不及符号媒介，但可信度较高，特别是产品媒介所传递的信息，比广告宣传要可靠；人体媒介的作用既不如符号媒介广泛，也不如实物媒介牢靠，但它在情商的智能运用方面有明显的优势。公共关系主体在进行媒介选择时，应结合自身的目标、对象公众的特点、传播内容和效益要求进行综合考虑，才能以最佳的传播媒介达到最好的公共关系传播效果。

2.3.2　大众传播媒介类型

大众传播媒介在公共关系活动中起重要作用。

1）印刷类大众传播媒介

印刷类大众传播媒介可分为三大类：图书、报纸和杂志。

（1）图书。图书是历史最为悠久的一种印刷类大众传播媒介。其特点是容量大、形式规范，便于阅读和保存，具有事实上的权威性。图书对传播和积累人类知识和文化具有相当重要的作用。

（2）报纸。报纸的受众面很大，具有可选择性、周详性以及易制作、成本低等优点。

（3）杂志。杂志按其内容分，有知识性、趣味性杂志和专业性杂志两大类。知识性、趣味性杂志以一般社会大众为受众。专业性杂志以特定专业人员为受众。杂志有三个优点：一是读者群比较稳定；二是内容安排比较灵活多样，伸缩性大；三是便于读者在不同的“单位时间”阅读，也容易携带。

2）电子类大众传播媒介

电子类大众传播媒介可分为三大类：广播、电视和网络。

（1）广播。广播是覆盖面最广的一种电子类大众传播媒介。广播的优点：首先，收听不受环境限制，活动性强；其次，收听对象非常广泛，文化程度低的、视力不佳的、行动不便的人都可以收听；最后，广播节目制作成本是电子类大众传播媒介中最经济的。

（2）电视。电视是20世纪50年代后兴起的现代大众传播媒介。它集音响、图像、动作、色彩于一身，在传播信息过程中，能同时诉诸人的听觉、视觉，形象生动，真实感强，最易激发人的兴趣并吸引人的注意力，时效性也很强。

（3）网络。网络是正在兴起的并主宰着未来传播领域的最先进的传播媒介。它有五个特点：一是更强的实效性；二是时空的无限性；三是平等参与性；四是不可控性；五是服务的个性化。

通过对上述两类大众传播媒介的介绍，我们可以较全面地了解它们不同的特点。在公共关系传播过程中，使用不同的大众传播媒介效果是不同的。因此，如何就内容和形式进行取舍，是开展公共关系传播活动的关键。

知识链接 2-3

发明与创新是两个不同的概念。发明指的是科技领域的重大发现和创造性的构想；创新则指在改造现实的过程中，运用一系列相关技术对实践对象进行创造性的变革。因此，发明是人类的认识活动，而创新是人类的实践活动。从发明到创新往往要经历漫长的过程。没有创新，发明将可能成为镜花水月。

资料来源　片平秀贵. 超级品牌本质［M］. 林燕燕，译. 北京：东方出版社，2007.

问题与思考 2-3

公共关系传播的重点就是对主体进行宣传。这种说法对吗？

分析提示：不对。与一般传播相比，公共关系传播大都侧重于信息沟通的非宣传性传播，更加注重情感传播，并坚持双向沟通的原则。

本章小结

❀ 从应用看，公共关系有三个构成要素：社会组织、公众、传播。其中，社会组织是主体要素，公众是客体要素。

❀ 公共关系的主体要素——社会组织

社会组织指为了人们合理、有效地实现自己的目标，按照一定目的、规范和形式建立起来的一种社会机构。它具有一定的组织人员、组织章程（制度）、组织机构以及物质技术条件。社会组织的种类繁多，从社会学分类，它包括经济组织，政治组织，文化、教育、科研组织，群众组织，宗教组织。经济组织包括工业、农业、能源、冶金、化学、国内贸易等。不管何种组织，都处于社会大系统之中，其生存和发展毫无例外地受到社会公众体系的制约和影响。公共关系正是以社会组织为主体，从维护公众利益的角度出发，协调与公众的关系，为其塑造良好的形象。

❀ 公共关系的客体要素——公众

所谓公众，指对组织生存和发展有着现实或潜在制约力和影响力的个人、群体或组织的总和。公众是一个复杂的、多层次的体系，不同的社会组织有不同的公众体系。按社会组织和公众的归属关系，可把公众分为内部公众和外部公众；按公众的发展过程，可把公众分为现在公众、将来公众、非公众、潜在公众、知晓公众和行动公众；按对社会组织的重要性，可把公众分为首要公众、次要公众和边缘公众；按社会组织活动的需要，可把公众分为顺意公众、逆意公众和独立公众。不管如何划分，从企业的角度看，员工公众、顾客公众、供应商公众、金融界公众、政府公众、社区公众、新闻媒介公众都是最基本的目标公众。社会复杂的公众系统构成了社会组织生存和发展的关系格局。一个社会组织如果处理不好与公众纵横交错的关系，就会出现生存和发展的危机，因此，公共关系就要以智能方式协调社会组织和公众的关系。

❀ 公共关系的媒介要素——传播

公共关系传播指社会组织将公共关系信息通过传播媒介传递给社会公众，使公众能够了解社会组织的行为，理解社会组织的政策、目标，进而影响和改变公众的态度和行为，建立和发展良好的公共关系。传播是公共关系的基本手段，是沟通组织与公众的桥梁和纽带。公共关系的传播形式有很多，如人际传播、组织传播、大众传播等，但主要形式是大众传播，即通过职业传播者，采用报纸、杂志、书籍、广播、电视、网络等向各类公众提供信息、知识、思想见解、经营管理信息等。此外，公共关系传播是双向的，把传递和反馈信息结合在一起，甚至同时进行，这样更有利于社会组织与公众的沟通与协调。总之，公共关系三个构成要素是相互依存、缺一不可的。它们的构成要素和关系可用图2-8表示。

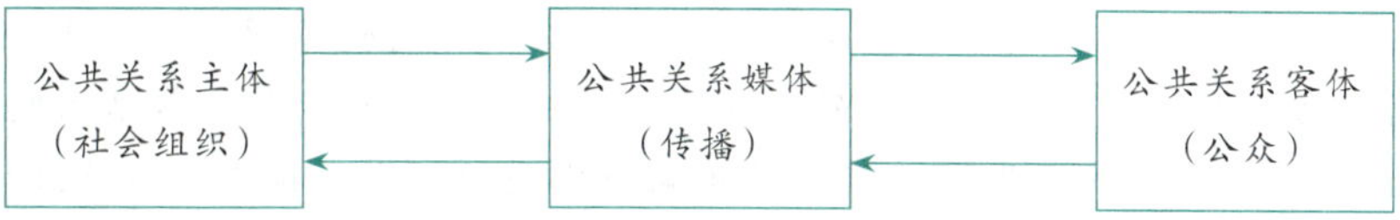

图2-8　公共关系的构成要素和关系

主要概念

社会组织　公众　目标公众　传播　大众传播　公关网络传播

综合练习

1.填空题

（1）从非公众到行动公众的发展过程，中间还存在________和________两类公众。

（2）企业内部公众主要指的是________和________。

（3）传播的类型主要有人际传播、________、________和大众传播。

2.单项选择题

（1）中华人民共和国外交部按社会组织的功能和标准划分，属于（　　）。

A.产业组织　B.政治组织　C.整合组织　D.其他组织

（2）按企业所属行业划分，公共关系公司属于（　　）。

A.劳动密集型企业　B.技术密集型企业

C.资金密集型企业　D.知识密集型企业

（3）可口可乐公司与竞争对手在美国争斗了几十年，但在亚太地区却形成了微妙的同盟，这种现象反映了公众的（　　）。

A.整体性　B.共同性　C.多样性　D.变化性

（4）企业财务部与营销部之间的业务交流是一种（　　）。

A.自身传播　B.人际传播　C.组织传播　D.大众传播

3.多项选择题

（1）中国工商银行属于（　　）。

A.公有制企业　　B.非公有制企业

C.金融企业　　D.资金密集型企业

（2）某奶粉公司因质量问题导致多人中毒，广大顾客协同政府有关部门向奶粉公司进行声讨，他们是该公司的（　　）。

A.知晓公众　　B.行动公众　　C.政府公众

D.消费者公众　　E.首要公众

（3）符号媒介包括（　　）。

A.无声语言媒介　B.有声语言媒介　C.无声非语言媒介　D.有声非语言媒介

4.简答题

（1）社会组织是公共关系的主体要素吗？

（2）社会学中的"公众"和公共关系中的"公众"有何不同？在一些报纸、杂志上，常常可以见到"某某明星和他的公众"这类提法，你认为这种提法对吗？

（3）"传播"与"沟通"是公共关系中两个常用的概念，请查阅《英汉词典》，辨析两者之间的异同。

（4）公共关系传播是否就是新闻炒作？

（5）你所就读的学校是什么类型的社会组织？其常见的公众类型有哪些？

（6）作为公关人员应掌握哪些网络技巧？

5.材料分析题

每天多看一遍富士山

日本有一家电子公司，总部设在东京，分部和生产区设在大阪。为此，公司每天都安排执勤小姐负责购买专线车票，为与本公司有业务往来的客人和外商提供方便。德国人汉森是每天享受这种方便的外商之一，在坐过多次富士山专线之后，他发现：每次去大阪，执勤小姐给他安排的座位都是靠右窗的；回东京的时候，则是靠左窗。起初，他认为是巧合，经执勤小姐证实这不是巧合之后，他就有点想不明白了。这时候，执勤小姐微笑着告诉他："这是特意为您安排的，因为在这个座位上，来回都能看到这儿最好的风景，每天让您多看一遍富士山，是为了让您深深记住这个地方。"这成了汉森在日本生活、工作期间最感动的一件事，这种举手之劳背后体现的是细致入微的人性化关怀，是执勤小姐强烈的服务意识。

资料来源　王伟娅．公共关系概论［M］．大连：东北财经大学出版社，2006.

问题：

（1）该案例体现了公共关系主体——社会组织的什么意识？

（2）该案例对发展中的我国民营企业有哪些启示？

6.实践训练

（1）天墅建设集团由于发展迅速，拟制作企业专题片来扩大影响力。该集团以专业工程建设为主，项目涉及电子安防工程、园林绿化工程、园林古建工程、智能建筑工程、市政工程。请指出该集团的专题宣传目标公众有哪些？请依重要程度排列出前三类公众。

（2）安徽英德利（集团）有限公司坐落于中国历史文化名城安徽省安庆市，公司资产3.3亿元，是安徽省颇具实力的民营企业之一。该公司业务涉及服装加工，水泥制品、高速混凝土、机床、数控模具、离子筛加工制造，房地产开发，汽车销售，酒店经营等多个不同领域。请按企业分类的相关标准指出该公司的企业类型。

（3）安庆海明石油化工有限公司联合华东理工大学精心研制出“纳米高抗磨润滑剂”，经测试应用，其对汽车、摩托车等各类机械的润滑效果达到国际领先水平。该公司拟在适当时机将该产品推向省会合肥，请为该公司制订一份公关网络传播方案。

（4）请走访你所在城市的几家星级宾馆的公关部，了解其在公众分类、公关网络传播上的做法，并向这些宾馆的公关人员进行咨询，掌握在进行公关网络传播时应该注意的问题有哪些？了解这些宾馆在以往的公共关系工作中，有哪些成功的经验和失败的教训。

第3章

公共关系人员及机构设置

学习目标

知识目标：了解公共关系人员的职业道德、心理素质、公共关系部门设置的相关知识。

技能目标：能够掌握公共关系人员的交际能力、宣传能力。

能力目标：通过学习和技能训练，全面提升素质，争做合格公共关系人员。

引例

一次公关部长聘任考试

一家公司准备聘用一名公关部长，经笔试筛选后，只剩八名应试者等待面试。面试时限定这八人在两分钟内对主考官的提问进行回答。当应试者进入考场时，主考官说的是同一句话："请您把大衣放好，在我面前坐下。"然而，在进行面试的房间内，除了主考官使用的一张桌子和一把椅子外，什么东西也没有。

听到主考官的话以后，两名应试者不知所措；两名应试者急得直掉眼泪；一名应试者脱下自己的大衣，搁在主考官的桌子上，然后说了句："还有什么问题？"结果，这五名应试者都被淘汰了。

剩下的三名应试者中，一名应试者听到主考官的话后，先是一愣，随后脱下大衣，往右手上一搭，躬身致礼，轻轻地说道："这里没有椅子，我可以站着回答您的问话吗？"公司对这个人的评语是："有一定的应变能力，但创新能力和开拓能力不足。他彬彬有礼，能适应严格的管理制度，可用于财务和秘书部门。"另一名应试者听到主考官的话后，马上回答道："既然没有椅子我就不坐了，谢谢您的关心，愿听候下一个问题。"公司对此人的评语是："守中略有攻，可先培养用于对内，然后再对外开展工作。"轮到最后一名应试者了，听到主考官的话后，他眼睛一眨，随即出门把候考时坐过的椅子搬了进来，放在离主考官前侧约一米处，脱下自己的大衣放在椅子背后，然后端坐在椅子上。面试结束后，他马上站起来欠身施礼并说了句："谢谢。"然后把门轻轻地关上，退出考试房间。公司对此人的评语是："不着一词而巧妙地回答了问题；性格富有开拓精神，笔试成绩佳，可以录用为公关部长。”

资料来源 佚名. 公共关系的组织机构与人员［EB/OL］.［2020-10-19］. http://www.docin.com/p-89425978.html.

通过上面的案例可以看出，公共关系人员应具备随机应变的能力和开拓创新的能力。

3.1 公共关系意识的树立

公共关系意识是一种综合性的职业意识，是建立良好公共关系的必要前提，也是公共关系从业人员应该具备的基本素质的核心。

3.1.1 公共关系意识的含义

所谓公共关系意识，是一种现代经营管理和行政管理的思想、观念和原则，是一种塑造组织形象、传播沟通、争取公众理解与支持的指导思想。

（1）公共关系意识是在公共关系实践中形成的，它是公共关系实践在人们思维中的反映。这种反映不是一种表层的、被动的反映，而是实践转化为理论的概括，是一种深层的思想，引导一切公共关系行为。

（2）没有公共关系意识的人不可能干好公共关系工作。公共关系工作是现代的经营管理和行政管理，只有树立公共关系意识，才能创造性地自觉致力于塑造组织形象，对争取公众、影响公众有能动性的认识。

（3）公共关系人员应具备职业敏感性，对组织所处环境的基本情况和任何细小的变化都能够及时掌握，能通过表面的变化掌握事物的运动规律；能从常人看来是平常的信息中发现对组织有利或不利的趋势；能抓住开展公共关系活动的最佳时机。

（4）组织中各类人员在公共关系意识支配下进行积极思考。对专业的公共关系人员来说，要通过各种活动提高组织内各类人员的公共关系修养，使他们能及时关注与组织有关的各种信息，在各种场合维护并宣传本组织的形象。

3.1.2 公共关系意识的内容

1）塑造形象意识

塑造形象意识是公共关系意识的核心，在当今社会中，组织都将塑造良好的形象放在公共关系工作的首位。组织拥有了良好的形象，便可以为推出新产品、新政策打好基础；可以吸引并留住人才，充分发挥员工的积极性、创造性；可以得到社会各界公众的理解、支持和帮助；可以得到政府对组织的好感、信任和政策倾斜。总之，一个组织形象的好坏直接影响到组织的生存和发展，组织的良好形象必须以全体员工的共同努力、优质产品和良好的服务为基础。一名合格的公共关系人员必须具有塑造形象的意识，只有这样，他才能时刻注意塑造组织的良好形象。

职业观念 3-1

塑造形象意识

国际商业机器公司（IBM）举世闻名，其公共关系人员十分重视塑造公司的良好形象，略举一例，便可窥豹一斑。一次，一位在菲律宾工作的IBM女服务人员驾车前往某地为顾客送一个小零件，谁知遇上瓢泼大雨，通往目的地的16座桥梁只剩下了两座可以通车，交通陷入瘫痪状态。这位女服务人员担心耽误了顾客的工作，便将汽车停到一边，一路疾行为顾客送去了零件，以实际行动为公司树立了良好形象。

一天，澳大利亚悉尼上空落下许多“西铁城”手表，地上变成了“金灿灿”的一片。人们引颈相望，只见两架飞机的尾部还在不断地撒出精美名贵的手表。面对这从天而降的“好事”，人们纷纷拾取，一时间热闹非凡。令人惊奇的是，手表从高空撒落到地上，不仅完好无损，还在滴滴答答地走个不停。这是怎么一回事呢？原来这是日本表业为打破瑞士表垄断世界的局面而刻意策划的一项公共关系活动，此举不仅给澳大利亚的公众留下了深刻而美好的印象，而且轰动了全球，塑造了企业的产品形象。

资料来源 杨光，张丽威．实用公共关系［M］．大连：大连理工大学出版社，2005.

分析提示：IBM的女服务人员将公司信誉视为自己的生命，日本表业的创举塑造了企业的产品形象，好的产品是树立企业良好形象的重要因素。

2）服务公众意识

服务公众意识也是公共关系意识的基本内涵之一。服务公众意识在商业及服务行业中，表现为一种普遍口号，如“为顾客服务”和“顾客就是上帝”。服务公众意识是现代社会文明的反映和标志，具体表现为社会组织或个人对社会公益事业的热忱与责任心。任何组织的公共关系工作必须着眼于公众。组织利益与公众利益发生冲突时，组织首先应该满足公众的正当利益需求，这就要求组织做到：第一，要学会站在公众的立场和角度去考虑问题，深入了解对立的观点；第二，在争执中公众有时并非完全正确，组织会有一些损失，但也应将“正确”让给公众，承认他们的利益，承认他们的说法有道理。美国有一家名为希尔斯的百年老店，提出的口号就是：“第一，顾客永远是正确的；第二，如果顾客是错的，请参照第一条。”该店的货物售出后可以退还，虽然知道肯定会有人从中占便宜，但其坚信大多数公众是正直的，结果该店不仅没有垮掉，反而发展到全美50个州，成为最著名的连锁店之一。

职业观念 3-2

35次紧急电话

一次，一位名叫基泰丝的美国记者来到日本东京的奥达克余百货公司。她买了一台“索尼”牌唱机，准备作为见面礼，送给住在东京的婆家。售货员彬彬有礼，特地为她挑了一台未启封的唱片机。回到住所，基泰丝开机试用时，却发现该唱片机没有装内部零件，根本无法使用。她不由得火冒三丈，准备第二天一早就去奥达克余百货公司交涉，并迅速写好了一篇新闻稿，题目是《笑脸背后的真面目》。

第二天一早，基泰丝在动身之前，忽然收到奥达克余百货公司打来的道歉电话。50分钟以后，一辆汽车赶到她的住处，车上走出了奥达克余百货公司的副总经理和提着大皮箱的职员。两人一进客厅便俯首鞠躬，表示特来请罪。他们除了送来一台新的、合格的唱片机外，又加送了蛋糕一盒、毛巾一套和著名唱片一张。接着，副总经理又打开记事簿，宣读了一份备忘录，上面记载了奥达克余百货公司通宵达旦地纠正这一失误的全部经过。

原来，昨天下午4点30分清点商品时，售货员发现错将一个空心货样卖给了顾客，她立即报告经理并迅速寻找。此事非同小可，经理接到报告后，马上召集有关人员商议。当时只有两条线索可循，即顾客的名字和一张“美国快递公司”的名片。据此，奥达克余百货公司连夜开始了一系列无异于大海捞针的行动：查询东京各大宾馆，没有结果；打电话到纽约的“美国快递公司”总部进行查询，深夜接到回电，得知顾客在美国父母的电话号码；打电话给顾客在美国的父母，得知顾客在东京婆家的电话号码，最后终于弄清了这位顾客在东京期间的住址和电话。这期间的紧急电话，共计35次！这一切使基泰丝深受感动，她立即重写了新闻稿，题目是《35次紧急电话》。

资料来源 问鼎．35次紧急电话［EB/OL］．［2020-07-09］．http：//bbs.oodmate.net/thread-304449-1-1 html.

分析提示：在不到20小时的时间内，能够将一起由于自身失误而引发的风波妥善地平息下去，这主要是靠奥达克余百货公司强烈的公关意识和及时的公关举措。当工作出现失误后，第一时间解决，向顾客表明解决问题的诚意，求得顾客的谅解和合作，使失误对组织形象产生的影响降到最低限度，这样才能由被动变为主动。

3）真诚互惠意识

真诚互惠意识是公共关系的交往意识和功利意识。组织不可避免地要同外界交往，要在竞争中获利、生存。但公共关系理论指导下的竞争，不应是你死我活、尔虞我诈的，而应是现代文明的竞争，既竞争又合作，共同发展。这种意识主张在经济、政治、文化、科技等领域中人们进行平等、互惠合作。互惠互利的前提是“真诚”，竞争必须建立在真实、透明、真诚的基础上，以利益为纽带，以真诚互惠、利益共享、共同发展、共同前进为目的。

职业观念3-3

拉链大王的成功秘诀

日本的“拉链大王”吉田忠雄成功的秘诀就在于他坚持“真诚互惠”的原则，出色地处理了企业与内外公众之间的利益关系。他说过：“我一贯主张企业必须赚钱，多多益善，但利润不可独吞。”他把利润分成三部分，1/3以质高价廉的产品交给消费者，1/3交给公司产品的经销商和代理商，1/3用在工厂。在企业内部，吉田公司职工能分得公司60%的红利，吉田本人只得16%的红利，余下的红利由其他家族成员共享，这样职工自然以努力工作回报他，经销商和代理商也都尽心竭力为扩大吉田公司的市场份额而努力。

资料来源　张丽威. 实用公共关系学［M］. 沈阳：辽宁大学出版社，2007.

分析提示：日本的“拉链大王”以实际行动验证了公共关系的真诚互惠意识。

4）沟通交流意识

沟通交流意识是组织为了更好地塑造自身形象、求得公众支持，主动倾听公众对组织的各种建设和批评，与内部和外部公众进行广泛而密切的联系，同时运用交流的艺术，将自身所作所为宣传出去，以此提高自身的知名度和美誉度。

沟通交流意识也是信息意识，公共关系工作就是要重视信息传播，开发信息资源，利用舆论力量，借助传播媒介发挥传统方法起不到的作用。只有具备沟通交流意识，才能争取到广大公众，赢得他们的理解与支持。

实际上，许多成功的企业最基本的经验是注意顾客或用户对本企业产品的反应。美国阿勒根公司年收入2亿美元，其中一半来自眼科疾病的治疗，特别是为戴隐形眼镜的人生产的药膏等系列产品。该公司的董事长认为，其产品的成功不仅是通过阅读资料和向眼科医生征求意见而取得的，更是由于最直接与用户即患者接触，听取他们对本企业产品的各种反馈，才促成了一条适合消费者需要的生产线的建立。美国苹果公司感到自豪的是它拥有一些高级职员，其定期听取一批顾客的意见和建议，这批顾客共有800人，他们都通过打免费电话反馈意见。日本企业家盛田昭夫为了加强和顾客的接触，在公司本部的电脑中储存了4 000个外国人的名字并收集了他们的30多个项目的资料，根据这些资料，他按时为其寄送圣诞卡，各种各样宴会的出席者也从中被挑选出来。就这样，靠4 000个外国朋友的帮助，盛田昭夫公司的生意越来越兴旺。

5）创新审美意识

创新审美意识突出了公共关系是塑造组织形象的艺术的内涵。公共关系既是一门科学，又是一门艺术；既有规律性，又强调创新性和唯一性。

公共关系要随人类社会的发展而不断创新。公共关系不是一成不变的，而是不断创新发展的。实践充分证明，每一次成功的公共关系活动都是一次创新，那些久传不衰的案例也都是各具特色的公共关系创新活动。

公共关系活动是人类精神文明的创造活动，它充分反映了人们对美的追求。公共关系人员要按照公众心目中美的样子去塑造组织形象，唯有美的形象才能为人们所欣赏，唯有美的活动才能吸引人、打动人，让人们参与和投入。

职业观念 3-4

五粮液哈佛大学纪事

说起酒，生活在北美的人会想起超市里铺天盖地的俄罗斯伏特加、苏格兰威士忌、法国白兰地、日本清酒，而在国际博览会上屡获金奖的中国白酒却始终罩着一层神秘的面纱。去波城侨界参加中国新年晚宴的美国友人常常是一边喝着啤酒，一边打听中国白酒的味道。

仿佛为了满足这种好奇似的，11月14日晚间，哈佛大学教育学院的中国学生在学院的隆菲洛楼举办了一场别开生面的中国酒文化推介暨名酒品尝会，吸引了世界各国的学生和学者参加。

白酒，一种远视无色、近看透明的液体，却承载了中国数千年的文明。中国最知名的诗文书画艺术，几乎都与酒有关。“诗仙”李白也是名至实归的“酒仙”，所谓“李白斗酒诗百篇，长安市上酒家眠，天子呼来不上船，自称臣是酒中仙”（杜甫《饮中八仙歌》）。就连一向老成严肃的“诗圣”杜甫在《独酌成诗》中也承认酒在作诗过程中起到的神妙作用——“醉里从为客，诗成觉有神”。

诗文如此，书画亦如是。“书圣”王羲之醉时挥毫而作《兰亭序》，“道媚劲健，绝代所无”，而至酒醒时“更书数十本，终不能及之”。“吴带当风”的画圣吴道子，作画前必酣饮大醉方可动笔，醉后为画，挥毫立就。“元四家”中的黄公望也是“酒不醉，不能画”。李白写醉僧怀素：“吾师醉后依胡床，须臾扫尽数千张。飘飞骤雨惊飒飒，落花飞雪何茫茫。”怀素酒醉泼墨，方留其神鬼皆惊的《自叙帖》。草圣张旭“每大醉，呼叫狂走，乃下笔”，于是有其“挥毫落纸如云烟”的《古诗四帖》。“扬州八怪”郑板桥的字画不能轻易得到，于是求者拿狗肉与美酒款待，在郑板桥的醉意中，求字画者即可如愿。郑板桥也知道求画者的把戏，但他耐不住美酒狗肉的诱惑，只好写诗自嘲：“看月不妨人去尽，对月只恨酒来迟。笑他缣素求书辈，又要先生烂醉时。”

晚餐时，来宾终于品尝到了期待已久的中国名酒——五粮液，美酒醇香，回味绵长。活动组织者之一、哈佛大学教育学院Alex同学教客人如何斟酒、品酒、敬酒。Alex希望大家不仅能品尝中国的好白酒，也能借这个机会了解中国的酒文化。美国女孩Joy表示，初尝五粮液觉得很浓烈，但过了一会儿，就觉得浑身很暖和、很舒服。韩国学生洪晟根在韩国时喝的都是20多度的酒，今天喝了58度的五粮液，没想到一点儿也不上头。晚餐结束后，举办方播放了一组有关中国酿酒文化的短片，其中最精彩的就是五粮液历史、百年窖泥、包包酒曲的记录片，片中介绍了何为五粮、为何说五粮养身、五粮液窖泥和酒曲的独特之处等，丰富的信息让各国学生和学者收获良多。

分析提示：五粮液酒厂为了提高企业的知名度，经公共关系人员的精心策划，设计了一次别开生面的公共关系活动，即通过哈佛大学教育学院的中国学生举办了这场别开生面的品酒会，把中国的诗词文化、酒文化和五粮液白酒巧妙结合，既宣传了中国的白酒又提高了企业的知名度，收到了良好的效果。

6）立足长远意识

塑造组织的良好形象并非一朝一夕之功，需要公共关系人员长期不懈的努力，公共关系人员必须有立足长远的意识，不可只顾眼前的效益，放眼未来，立足长远，这样才有利于组织的发展。任何急功近利、只关注短期效益的做法，都是与公共关系意识不相符的。

职业观念 3-5

立足长远意识

当1964年奥运会宣布在东京举办时，日本的主办单位决定的第一件事项，就是大会的计时装置要使用日本的国产表，而在这以前的奥运会所使用的计时装置几乎都是瑞士生产的。

日本精工计时公司决心要让这次奥运会的计时装置使用本公司的精工表，于是制订了“让全世界的人都了解精工的计时是世界一流的技术与产品”的公共关系计划、确立了“荣获全世界的信赖”的公共关系目标和“世界的计时——精工表”为主题的公共关系活动。为此，精工计时公司着手制订并实施了一项长达4年之久的整体计划，开始了一场史无前例的公共关系活动。

第一阶段，精工计时公司派遣公共关系人员到罗马奥运会进行了“欧米茄”计时装置使用情况的调查。根据调查结果，决定产品开发的程序，拟订全盘公共关系计划，全力以赴地开发计时装置技术并说服主办单位使用该公司的产品。

第二阶段，在改进技术的同时，展开了以“精工的竞技计时表将被用于东京奥运会”为主题的公共关系活动，并准备了宣传手册，在全世界范围内大造舆论。

第三阶段，在报纸、广播、电视等媒体报道与奥运会有关的消息时，都或多或少地涉及精工表，从而造成了“东京奥运会必须使用精工计时装置”的舆论。

资料来源　李兴国. 公共关系实用教程［M］. 北京：高等教育出版社，2002.

分析提示：由于精工计时公司与奥运会完美结合，公共关系活动收到了奇效。精工计时公司的技术被夸耀为日本科学的精华、无与伦比的结晶，终于实现了“世界的计时——精工表”这一主题。

精工计时公司为这次长达4年的公共关系“战役”投入了85名技术员、890名品保作业员以及数亿日元的资金，最终让世界了解了精工表，精工表走向了世界。

3.1.3　公共关系意识培养

公共关系意识同一切人类先进的思想一样，是少数的开拓者从实践中领悟出来并将其上升为理论的，因此现代化的社会组织重要的任务就是培养、启发、引导先进的公共关系意识。培养公共关系意识的有效途径可以归纳为以下几个方面：

（1）普及公共关系知识，提高对公共关系的认识，了解公共关系学的内容，明确组织形象是无形资产，明确公众在公共关系中的地位，明确公共关系意识的科学性。

（2）学习公共关系学，了解公共关系的历史与产生的条件，明确公共关系意识是对历史发展规律的自觉认识，充分吸收现代科学技术的最新成果。同时，在学习的过程中，要将专业知识与学科知识相结合，充分了解管理学、传播学和社会心理学才能更好地培养公共关系意识。

（3）理论联系实践，加强业务学习，学习与应用相结合。公共关系理论是在公共关系实践中提炼出来的，实践是它的出发点，又是一切公共关系活动的最终目的。坚持理论与实践相结合，一方面要认真结合马克思主义的唯物史观和方法论；另一方面要学习现代社会主义市场竞争原则，从实际出发，在日常工作和生活中进行观察，从中学习和体会公共关系经验，借鉴成功的案例，提高基础素质、文化素质，培养敬业精神，在学习和实践中树立公共关系意识。

3.2　公共关系人员

公共关系人员指以从事公共关系工作为职业的人员。原劳动与社会保障部为公共关系人员下的定义是：专门从事组织机构公众信息传播、关系协调与形象管理事务的调查、咨询、策划和实施的人员。

3.2.1　公共关系人员的角色

公共关系人员的角色大体上可以分为专家型、领导型、技术型和事务型。

1）专家型角色

专家型角色是研究和解决公共关系理论与实践问题的权威，他们有渊博的知识、丰富的经验，有较高的理论水平与宣传推广能力。专家型角色主要包括以下人员：

（1）公共关系顾问。公共关系顾问是公共关系的专职高级工作者，是处理和解决公共关系方面问题的社会技术专家，为专业的公共关系咨询公司工作。

（2）公共关系学者和公共关系教育家。公共关系学者和公共关系教育家是公共关系研究与教育方面的专家，他们从事社会调查工作，进行公共关系理论研究，总结公共关系策略与经验，从事不同层次的正规教育与业余培训。这些人主要包括权威的新闻记者与编辑、专栏评论家、大学教师和研究员等。

2）领导型角色

领导型角色指在各公共关系组织或相关单位中担任领导职务的人员，包括经理、部长、主任、党政领导等。

（1）经理、部长、主任。经理、部长、主任等是公共关系机构的直接领导者，是一个部门进行公共关系工作的总设计师，负责主持日常公共关系工作。

（2）党政领导。各地区、各部门的公共关系工作的开展，离不开各级党政领导的关怀与支持，他们出于对事业的关心，积极参与各地、各组织的公共关系活动，并进行客观指导。他们虽然不是专职人员，但作为兼职或业余的成员对公共关系的发展起着重要的作用。

3）技术型角色

技术型角色指公共关系部门从事专项技术的业务工作人员，主要包括一般的记者、编辑、摄影师、设计师及其他技术人员。他们以各自的技术专长进入公共关系角色，可以是配备的专职固定人员，也可以是根据需要聘请的专门人才。

技术类人才是公共关系计划与目标的具体执行者和业务技术实施者。

4）事务型角色

事务型角色是在组织中从事一些日常公共关系工作的人员，他们是最普通也是最基层的公共关系工作人员，包括秘书、办事员、服务员、翻译、导游等。

事务型人员懂得公共关系的基本知识，知道公共关系计划与安排，他们勤勤恳恳、任劳任怨，不计较地位得失，服务态度好，是公共关系队伍中数量最多的人员。

3.2.2 公共关系人员的职业道德

公共关系职业道德指公共关系人员在从事公共关系活动过程中必须遵循的行为规范的总和。《中国公共关系职业道德准则》对公共关系工作者提出了如下具体要求：①应当坚持社会主义方向，自觉地遵守我国的宪法、法律和社会道德规范。②开展公共关系活动首先要注重社会效益，努力维护公关职业的整体形象。③在公共关系活动当中，应当力求真实、准确、公正和对公众负责。④应当努力提高自己的政治水平、文化修养和公关的专业技能。⑤应当将公关理论联系中国的实际，以严肃认真、诚实的态度来从事公共关系学教育。⑥应当注意传播信息的真实性和准确性，防止和避免使人误解的信息。⑦不能有意损害其他公关工作者的信誉。对不道德、不守法的公关组织及个人予以制止并通过有关组织采取相应的措施。⑧不得借用公关名义从事任何有损公关信誉的活动。⑨应当对公共关系事业具有高度的责任感。不得利用贿赂或其他不正当手段来影响传播媒介人员真实、客观的报道。⑩在国内外公共关系实务中应该严守国家和各自组织的有关机密。

知识链接 3-1

《国际公共关系道德准则》共有13个条款。

应该努力做到：

1.为建设应有的道德、文化条件，保证人类可以享受《联合国人权宣言》所规定的诸种不可剥夺的权利作贡献。

2.建立各种传播网络与渠道以促进基本信息自由流通，使社会的每一成员都有被告知感，从而产生归属感、责任感、与社会合一感。

3.牢记由于职业与公众的密切关系，个人的行为——即使是私人方面的——也会对事业的声誉产生影响。

4.在自己的职业活动中尊重《联合国人权宣言》的道德原则与规定。

5.尊重并维护人类的尊严，确认各人均有自己作判断的权力。

6.促使为真正进行思想交流所必需的道德、心理、智能条件的形成，确认参与的各方都有申诉情况与表达意见的权力。

应该保证做到：

7.在任何时候、任何场面，自己的行为都应赢得有关方面的信赖。

8.在任何场合，均应在行动中表现出对自己所服务的机构和公众双方的正当权益的尊重。

9.忠于职守，避免使用含糊、可能引起误解的语言，对目前及以往的客户或雇主都始终忠诚如一。

应该避免：

10.因某种需要而违背真理。

11.传播没有确凿依据的信息。

12.参与任何冒险行动或承揽不道德、不忠实、有损于个人尊严与诚实的业务。

13.使用任何操纵性方法与技术引发对方无法以其意志控制因而也无法对之负责的潜意识动机。

资料来源 杨光，张丽威. 实用公共关系［M］. 大连：大连理工大学出版社，2005.

3.2.3 公共关系人员的知识结构

通常，公共关系人员应具备的知识结构包括以下几个方面：

1）公共关系的基本理论

这部分知识主要包括公共关系的基本概念、公共关系的基本特征、公共关系的基本结构、公共关系的基本原则、公共关系的基本职能、公共关系的基本程序、公共关系的基本方法、公共关系从业人员的素质和能力以及公共关系的发展历史等。

2）公共关系的实务知识

这部分知识不同于前一部分知识，具有很强的实践性和可操作性的特点。它主要包括公共关系调查、公共关系分析、公共关系策划、公共关系方案的实施、公共关系活动效果评估、公共关系礼仪、公共关系文书、公共关系广告的制作、公共关系演讲、公共关系谈判、公共关系传播、公共关系的专题活动以及公共关系在各行各业的具体运用等。

3）与公共关系密切相关的学科知识

公共关系人员还需要学习和掌握以下与公共关系密切相关的学科知识：传播学、新闻学、广告学、语言学、演讲学、逻辑学、写作学、摄影学、人际关系学、管理学、市场学、营销学、组织行为学、领导学、社会学、经济学、工业情报学、心理学、历史学等。

4）开展特定的公共关系工作所必需的其他知识

这部分知识主要包括组织的性质、目标、任务、特点、人员组成、部门分工、职工人数、领导班子、股东队伍、人才结构、生产水平、技术开发、管理制度、产值利润、税收制度、分配制度、历史发展和现状、目标公众、市场分布及占有率、主要竞争对手、协作者以及本组织在国内外同行业中的地位和影响等。

3.2.4 公共关系人员的能力结构

能力通常指完成一定活动的本领，包括顺利完成各种活动所必需的个性心理特征。公共关系人员的基本能力主要包括以下几个方面：

1）策划与创新的能力

策划即筹划、谋划、设计。所谓策划能力，指公共关系人员根据组织形象的现状和目标要求，分析现有条件，进行谋划、设计并确定最佳公共关系活动方案的能力。

公共关系活动都是从策划开始，通过精心的策划、设计主题、分析公众、选择媒介、预算经费、审批并确定方案等来逐步实施公共关系活动。

公共关系人员的策划能力主要表现为对组织内外环境的全面深入的了解、对组织发展前景的前瞻性或预见性，在此基础上对组织形象进行准确定位，对活动主题进行精心设计，创造性地提出若干可行的公共关系活动方案并加以反复比较、优化组合，最后确定一个最为合理、最具创意和切实可行的活动方案。

策划离不开创新，唯有创新才能最大限度地发挥公共关系的作用，所以公共关系人员必须具备创新能力才能适应工作的要求。

所谓创新能力，对公共关系人员来说，指在新思想的指导下，不屈服于某些传统观念的束缚，敢于创造、勇于开拓，在工作中不断提出新创意、新方法，设计出有独到见解或别出心裁的公共关系方案以及具有善于开辟新领域、实现新发展等方面的能力。

现代社会是充满激烈竞争的社会，适者生存，不适者被淘汰。所谓“人无我有，人有我优，人优我新”就是为适应残酷的竞争而要求不断创新的表现。

上海金沙江大酒店的公共关系人员在策划与创新方面具有深刻的体会。该酒店刚开张时，由于没有知名度，两个月过去了仍然很少有人知道这家酒店的存在。为了求生存、求发展，该酒店的领导和公共关系人员绞尽了脑汁。最后，他们选择了搞特色活动的办法，创造性地组织并举办了首届金沙江杯双人桥牌邀请赛。这是一次富有创意的公共关系活动，不仅是中华人民共和国成立后第一次以酒店命名的桥牌邀请赛，而且特别邀请了各界领导、知名人士和著名选手欢聚一堂，让大家有机会亲身体验金沙江大酒店的舒适环境和周到服务。通过《解放日报》和《文汇报》等媒体的专题新闻报道，金沙江大酒店很快就有了知名度。

2）组织与协调的能力

公共关系人员的组织能力指公共关系人员在开展公共关系活动中计划、安排、实施、协调等方面的活动能力。具体地说，组织能力表现在举办各种活动的全过程之中。事前，根据活动的目的、任务、要求对各项工作进行细致考虑、反复研究，制订一个周密的、切实可行的活动方案或计划。在实施活动方案过程中，一方面，要依计划行事，力求有计划、有组织、有步骤地落实各项措施；另一方面，还要根据形势的变化或环境的改变进行协调，力求活动方案能够顺利完成。

职业观念 3-6

考虑不周的“古怪水上运动会”

广州市某单位计划举办一次别开生面的“古怪水上运动会”，以提高组织的知名度和美誉度，于是在媒体上刊登广告，说凭剪下的报纸广告就可参加这次活动。然而，出乎意料的是，原计划允许500人入场，却一下来了1万多人，结果绝大多数人被拒之门外，从而引发了混乱。本想让人开心的一次活动，由于主办单位组织得不好，令许多人乘兴而来败兴而归。

资料来源　李兴国. 公共关系实用教程［M］. 北京：高等教育出版社，2002.

分析提示：虽有好的构思与策划，但没有良好的组织能力是搞不好公共关系活动的。

公共关系人员的协调能力指公共关系人员在公共关系活动中巧妙调动各有关方面的积极性，争取各方面的配合和支持的能力，同时也包括有效处理各种矛盾的能力。任何一项公共关系活动都不是个人或少数人的事情，它需要各有关方面的理解、支持和合作。所以，公共关系人员必须懂得如何与各有关方面打交道，争取其配合和帮助，共同把工作搞好，这就是协调。

3）写作与宣传的能力

在公共关系活动中，许多公文、柬帖、新闻稿、通讯报道、公共关系调查报告、公共关系广告、产品说明书、演讲稿等都需要公共关系人员进行撰写，有时还要编辑各种信息资料和宣传刊物。这些文件或方案的写作，对公共关系活动的宣传及传播效果是至关重要的。这就要求公共关系人员必须具备较高的写作水平和驾驭文字的能力。

这里所说的宣传能力，着重指宣传活动中的口头表达能力。在公共关系活动中，公共关系人员往往是组织对内对外的发言人，其口头表达能力如何，将直接影响发言的效果，并进一步影响组织的形象。

公共关系人员要具备较强的口头宣传能力，必须具备扎实的语言文字基础，掌握丰富的生活语言，懂得听众的心理与需求，研究讲话的策略与技巧，使之符合逻辑与规律的要求。古人评价口才时说过：“一人之辩，重于九鼎之宝；三寸之舌，强于百万之师。”西方人认为：“口才、金钱、原子弹是人类生存的三大武器。”“口才、金钱、电脑是人类生存的三大工具。”心理学家认为：“人才不一定有口才，有口才的人一定是人才。”

4）交际与应变的能力

所谓交际能力指在社交活动中善于跟人相处、打交道的能力。它主要表现在特别善于使用外交辞令而讨人喜欢，能快速有效地与交往对象建立起亲密融洽的人际关系等。

交际能力还体现在熟悉交际礼仪、通晓交际礼节、掌握人际交往的技巧、恰到好处地运用交际手段去达到公共关系目标等方面。

问题与思考 3-1

公共关系人员在社交中要注意哪些基本问题？

分析提示：（1）明确社交目的；（2）注意社交形象；（3）开拓社交面；（4）控制人际距离。

知识链接 3-2

人类学家 E.T. 霍尔提出，在人际交往中有4种人际距离，即亲密区、熟人区、社交和演说区（疏远区）。亲密区是相恋相爱的人、家庭成员、莫逆之交等关系最为亲密的人才可以涉足的，这一区域的距离一般为0~45厘米，熟人区的距离一般为45~72厘米，社交区的距离一般为72~120厘米，演说区（疏远区）的距离一般为120厘米以上。作为公共关系人员，一定要善于掌握这些不同的距离。

资料来源　金正昆. 社交礼仪教程［M］. 北京：中国人民大学出版社，1999.

所谓应变能力，简单地说就是随机应变、见机行事的本事，在遇到一些突发事件时，能保持清醒的头脑，冷静地分析情况，在尽可能短的时间内拿出最佳的处理方案，较好地解决矛盾、处理问题。

问题与思考 3-2

增强应变能力要特别注意哪些问题？

分析提示：（1）遇事不慌，从容镇定；（2）沉着应对，忍耐克制；（3）灵活反应，适时应对；（4）预先筹谋，积极准备。

5）公关人员必备的三种思维能力

第一种是专业思维能力，也就是解决问题的能力。拿人钱财替人消灾是公关人天经地义的义务，具有解决问题的能力就应该成为首先。虽然公关人是一个杂家，知识越丰富越好，但仍然要有自己专长的领域，先成为专家再考虑成为大家。专业思维能力可纵向培养，选择某个行业作为研究对象，如汽车行业、地产行业等，每个行业都有独特的属性和要求，有了专业高度，就有了在客户面前的话语权。专业思维能力也可以横向选择，选择一个传播链中的某个专业点作为研究方向，如媒介公关策划、现场执行管控、舞美特效等。

第二种是成案思维能力，也就是说服客户的能力。现在职场上特别强调沟通能力，公安部门也有谈判专家，专门做沟通说服工作，可见说服力也是一门很有技术含量的学问。成案思维就要考虑如何一步步地引导客户的思维，一切因客户的特征而定。一个好的方案，如果缺少技巧的呈现，最终可能达不到预期效果。

第三种是商业思维能力，也就是项目盈利和成本控制能力。优秀的公关建议既可以帮助企业省钱，又可以为企业赚钱，能够很好地找到利润获取点。

3.2.5　公共关系人员的心理素质

公共关系人员的心理素质是组织公共关系人员基本素质的基础。根据公共关系工作的实际需要，公共关系人员必须具备以下心理素质：

1）自信的心理

自信是对公共关系从业人员心理素质的基本要求。公共关系要创新，必然要承受压力甚至是巨大的压力。公共关系从业人员有自信心才能激发出极大的勇气和毅力，迎难而上，全力以赴。

2）热情工作易于投入的心理

公共关系人员在与他人交往时，必须热情洋溢，真诚而有礼貌。

公共关系是一个既动脑又动手、既有学又有术的职业，要嘴勤、手勤、腿勤，要动手写、动手做，要到处跑。这就要求公共关系人员要以极大的热情投入到公共关系工作中去。

3）开朗豁达的心理

公共关系工作人员需要与各类公众交往，公共关系工作需要与各类公众建立联系。这就要求公共关系人员具有开朗豁达的心理，既要热情大方、乐观风趣，又要宽宏大度、容人容事，能求同存异，包容他人的缺点与不足，不斤斤计较，在工作中善于控制自己的情绪，以豁达乐观的态度对待工作中的困难和挫折，能心平气和地认真听取社会公众的指责、意见和建议。

3.2.6　公共关系人员的培养与选拔

公共关系在中国还是一门技巧性较高、业务性较强的工作，并不是什么人都能胜任的。国内外的实践证明，要成为一名合格的公共关系人员，必须经过系统的教育、严格的培训与考核。

知识链接3-3

在美国，CAM（CAM为英国的传播、广告及市场营销教育基金会的英文缩写）考试是由美国公共关系协会组织与主持的。CAM考试共分两个等级：第一等级要考核6门课程，包括公共关系、广告、市场营销、媒介、促销与直销、调研与行为研究。第二等级要考核8门课程，包括管理与战略、公共关系管理、公共关系实务、消费品广告、工业产品广告、国际广告、促销管理、促销实务。凡通过第一等级考试的公共关系人员、广告和市场营销人员便可获得CAM传播学习证书。凡通过第二等级考试者可获得相关专业的CAM文凭。

资料来源　和铭. 公关员［M］. 上海：复旦大学出版社，1999.

知识链接 3-4

公共关系人员自我鉴定

下列问题每题答案为“是”计2分，答案为“否”不计分，满分为100分。

1.性格

(1) 是否有幽默感?

(2) 是否性情中庸，和悦近人?

(3) 待人接物是否从容不迫?

(4) 是否能往来于大庭广众之间而不畏惧?

(5) 是否乐观?

(6) 是否有耐心?

(7) 是否有决心和毅力面对困难和挫折?

(8) 做事是否有计划?

(9) 思维是否敏捷?

(10) 是否健谈?

(11) 仪表是否动人?

2.品德

(12) 为人是否公道、正派?

(13) 是否有明辨是非的能力?

(14) 做事是否有良好的责任感和道德感?

(15) 是否认为集体利益高于个人利益?

(16) 是否相信“人性本善”说?

(17) 是否关心他人并赢得同事的信任?

(18) 能否信守诺言?

3.智慧

(19) 对人对事是否有好奇心并保持浓厚兴趣?

(20) 是否精于观察他人的言行?

(21) 是否能当一个好听众、欣赏别人的谈话?

(22) 是否善于处理尴尬的局面?

(23) 是否有说服别人的能力?

(24) 写作是否流畅?

(25) 是否有比较强的学习能力?

(26) 每天是否抽空读书看报?

(27) 做事是否富于想象力和创造性?

4.教育和经验

(28) 是否大学毕业?

（29）是否懂得经济学的基本知识？

（30）是否懂得社会学的基本知识？

（31）是否懂得经营和管理的基本知识？

（32）是否受过哲学和逻辑学的思维训练？

（33）是否了解传播学？

（34）是否对心理学有兴趣？

（35）是否能撰写新闻稿件？

（36）是否有与新闻界打交道的经验？

（37）是否有推销、广告和人事管理的经验？

（38）是否有社会交际或社会活动的经验？

（39）是否了解舆论调查和民意测验的方法？

（40）是否有谈判的经验？

（41）是否了解党和国家的组织机构和方针政策？

5.行政领导能力

（42）是否有制订计划方案的能力？

（43）是否能合理地分配职权？

（44）是否能用人所长、发挥下属的积极性？

（45）是否善于协调不同性格的人一同工作？

（46）对不同意见是否有分析和概括能力？

（47）是否能理解上级意图及接受指示？

（48）是否能创造轻松愉快的工作气氛？

（49）是否能尽快恳切承认自己的错误并坦然接受惩罚？

（50）是否善于主持会议？

对于以上问题的回答，60分以下者，不适合从事公共关系工作；60分及以上为及格者，但需克服弱点，才能从事公共关系工作；70分以上者，有资格从事公共关系工作；80分以上者，可以成为合格的公共关系工作者；90分以上者，可以成为公共关系方面的专家。

资料来源　戴维新. 公共关系学论纲［M］. 北京：警官教育出版社，1998.

3.3　公共关系的组织机构

公共关系组织机构是处理公共关系事务的专门机构，属于社会咨询机构或组织职能部门。处理公共关系事务的机构按其职能可划分为三类：第一类是非独立的公共关系部，第二类是独立的公共关系公司，第三类是公共关系社团。

3.3.1　公共关系部

公共关系部是组织内部负责办理本组织公共关系事务的一个部门，是组织为开展公共关系活动而配备的专业的公共关系人员组成的专门机构，是非独立的公共关系机构。

1）公共关系部的地位和作用

（1）公共关系部是组织的信息情报部，有着比其他职能部门更为广泛的社会关系，可以通过多种渠道来收集和处理同组织生存和发展有关的社会信息。

（2）公共关系部是组织的决策参谋部。在现代社会中，无论哪类组织进行决策必然要以科学和准确的分析判断为基础。

（3）公共关系部是组织的宣传部和外交部。随着组织与外界交往的频繁，各种交际和应酬要有人去组织安排；组织与外部发生摩擦和纠纷，要有人代表组织去交涉处理；组织要得到社会公众的支持与合作，要有人去协调，这些就是公共关系部的基本工作。因此，公共关系部堪称组织的“喉舌”和“外交官”。

2）公共关系部的职能

（1）长期工作。其主要有：组织整体形象的策划、调查、传播、评估，管理好组织的无形资产。

（2）日常工作。其主要有：①监测组织环境，收集组织内外公众的各种意见，接待投诉；②撰写组织有关情况和活动的新闻稿、演讲稿；③同各种传播媒介及其记者、编辑保持密切联系；④协同影视制作方面的人员拍摄、整理、保存资料片；⑤设计、筹划、监制组织的各种宣传品和馈赠品；⑥利用互联网传播工具发布组织信息；⑦了解竞争对手的公共关系活动情况并加以分析；⑧同印刷厂保持密切联系，同主管部门、政府有关部门的人员保持联系；⑨培训公共关系工作人员；⑩同有业务来往的公共关系公司、广告公司保持密切来往；⑪同公共关系社团，如公共关系协会、公共关系研究所等机构保持密切联系。

（3）公共关系的定期活动。其主要有：①组织记者招待会；②组织企业或组织内部的听证会；③参与编辑、联系印刷组织的内部刊物；④组织各种管理会议，了解组织内部的管理状况；⑤参加各种销售会议，了解组织同外界的商业联系情况；⑥同所在社区的代表接触，随着时代发展，还应关注互联网传播工具，与网络用户互动；⑦协助编写为董事会准备的年度经营报告；⑧安排组织的集体娱乐活动；⑨总结评价公共关系活动的效果。

（4）公共关系的专题活动。其主要有：①组织安排各种大型庆典活动；②处理危机事件；③筹划、安排“制造新闻”活动；④组织、举办展览会；⑤筹划、安排公共关系广告，协助专业人员拍摄有关组织情况的视频或宣传片；⑥安排来宾参观访问，组织新产品介绍会；⑦安排筹款、赞助活动。

3）组建公共关系部的原则

（1）分工协作原则。分工协作原则指组织公共关系部内部既要有明确的分工，又要有密切的协作，使公共关系部构成一个有机的整体。

（2）精干高效原则。公共关系部应该是精干的、有活力的、工作效率很高的。在服从组织经营管理和有效开展公共关系活动的前提下，力求减少内部机构的数量和人员。企业公共关系部的人员数量一般由企业定期销售额来决定。

问题与思考 3-3

企业定期销售额与公共关系部人数的关系如何？

分析提示：企业定期销售额与公共关系部人数的关系见表3-1。

表3-1　企业定期销售额与公共关系部人数的关系

企业定期销售额（亿美元）	公共关系部人数（人）
10以上	65
5~10	20
2.5~5	13
1~2.5	12
0.5~1	6
0.5以下	4

（3）权责对等原则。权责对等原则也就是权责一致原则。所谓权力，指在规定的职务上具有指挥和行事的能力。所谓责任，指接受职位、职务时所应尽的义务。有多大的权力必须承当多大的责任，这是理所当然的。

4）公共关系部的设置模式

公共关系部的模式可以分为以下几种类型：

（1）职能型。按照公共关系职能分类所建立起来的公共关系部称为职能型公共关系部（如图3-1所示）。其特点是各职能部门都配有通晓专业知识的人员，能够运用专业知识处理公共关系活动中所遇到的各类问题，为决策层提供咨询服务，以适应复杂的环境和大型组织管理的需要。

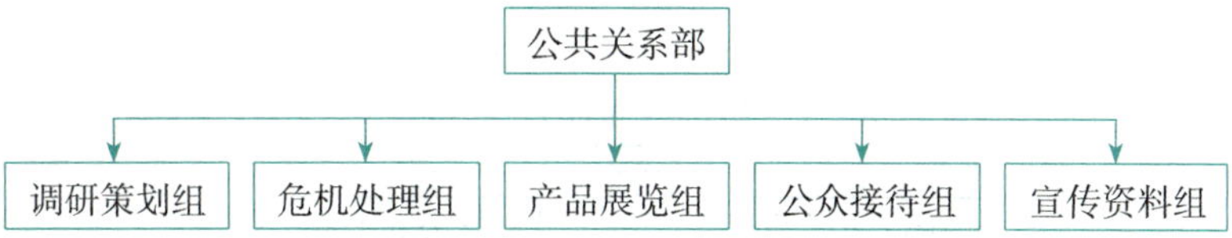

图3-1　职能型公共关系部

（2）过程型。按照公共关系工作过程分类组建的公共关系部称为过程型公共关系部（如图3-2所示）。其特点是各职能部门的工作内容专业性强，工作范围集中，便于经验积累，公共关系效果较好。但是其整体性较差，如果协调配合不好容易造成相互推诿、扯皮，从而影响公共关系效果。

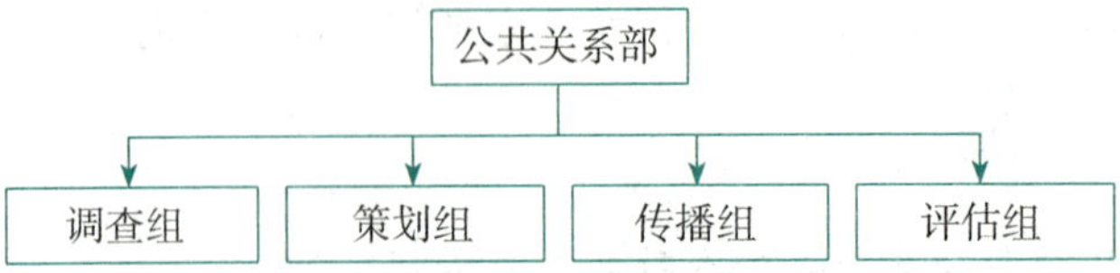

图3-2　过程型公共关系部

（3）附属型。附属型公共关系部是把公共关系部置于组织中的某一职能部门之下，如隶属于宣传、广告、经营、销售、办公室等部门（如图3-3所示）。

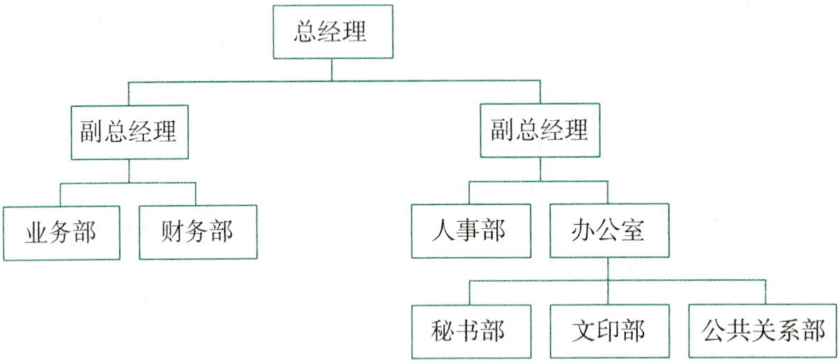

图3-3　附属型公共关系部

（4）并列型。并列型公共关系部指公共关系部的负责人与其他职能部门负责人地位平等，享有相应的权力，对组织的最高领导层直接负责（如图3-4所示）。

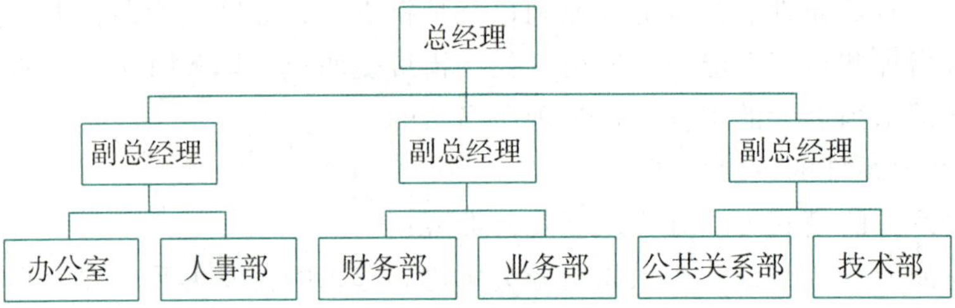

图3-4　并列型公共关系部

（5）公众型。这种类型是以内外公众为对象而设置的公共关系部（如图3-5所示）。其特点是公共关系部熟悉工作对象，了解公众的需要和反应，能够有针对性地开展公共关系活动。

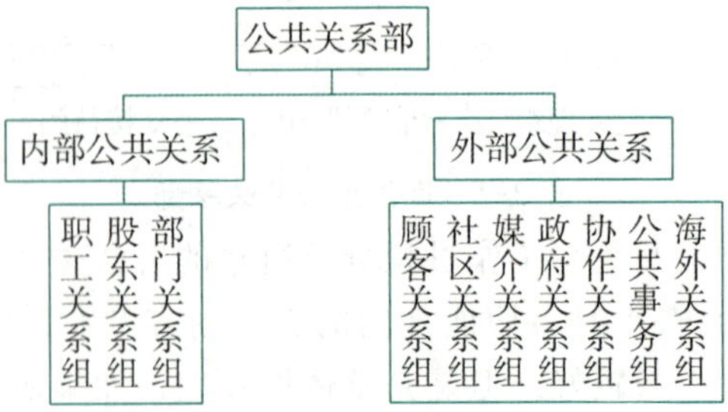

图3-5　公众型公共关系部

3.3.2　公共关系公司

公共关系公司是公共关系咨询公司、公共关系顾问公司、公共关系事务所、公共关系服务公司等独立的公共关系服务机构的统称。公共关系公司由职业公共关系专家组成，是专门为社会组织提供公共关系咨询或接受委托为客户开展公共关系活动的社会服务性机构。

1）公共关系公司的组织机构

公共关系公司的组织机构一般分为行政部门、规划审计部门和专业技术部门。

（1）行政部门。其主要工作是负责处理公共关系公司的行政事务，包括组织、策划和实施为客户服务的公共关系业务项目。行政部门的人员包括公共关系公司经理及相当数量的业务工作人员。

（2）规划审计部门。其对公司所承办的各项业务进行规划，审查项目的可行性，监督实施情况，统筹安排人、财、物，及时为各个项目提供指导和咨询，保证项目按时保质完成。

（3）专业技术部门。其接受并完成规划审计部门分派的与本部门专业技术相关的任务，主要由一定数量精通专业技术的人员组成。

在经济比较发达的国家，较早涌现出一批新兴企业——公共关系咨询公司，它们的主要业务是为社会各种组织提供公共关系咨询服务，还专门开设“公司整体设计和改造”的服务项目。日本1986年成立的PAOS公司就曾为不少濒临破产的公司重塑了“公司整体形象”，使这些公司恢复了生机。松屋百货公司因经营不善而求助于PAOS公司。经过调查研究，PAOS公司发现该百货公司的顾客大多为年轻人，于是便根据年轻人爱美求新的心理，建议该百货公司把重点销售场所加以美化，摆上新鲜蔬菜和水果以招徕年轻人。PAOS公司注意到，顾客来松屋百货公司购物主要是为了送礼。PAOS公司还为松屋百货公司设计了各种新奇的宣传广告，产生了轰动效应，松屋百货公司从此名声大振，经营业务蒸蒸日上，因而顺利摆脱了面临破产的危机。

在我国，公共关系咨询公司不断涌现，2002年北京和上海的专业公共关系公司（含类似机构）已达500多家，尤其引人注目的是，中国与世界上最大的专业公共关系公司经过长达8年的合作以后，已独立承担起海内外公共关系市场开拓的重任，并得以迅速发展和壮大。

图3-6和图3-7分别是中国环球公共关系公司和中美合资福莱林克公共关系公司的组织结构图。

2）公共关系公司的职能

（1）调查研究，确立公共关系目标。公共关系公司和客户共同就公共关系长期发展战略进行规划，有针对性地分析客户的公共关系现状，并根据客户的经营目标和一定时期的中心任务制定近期或长期的公共关系工作目标，指出实现该目标所依赖的社会环境中有利与不利的方面。

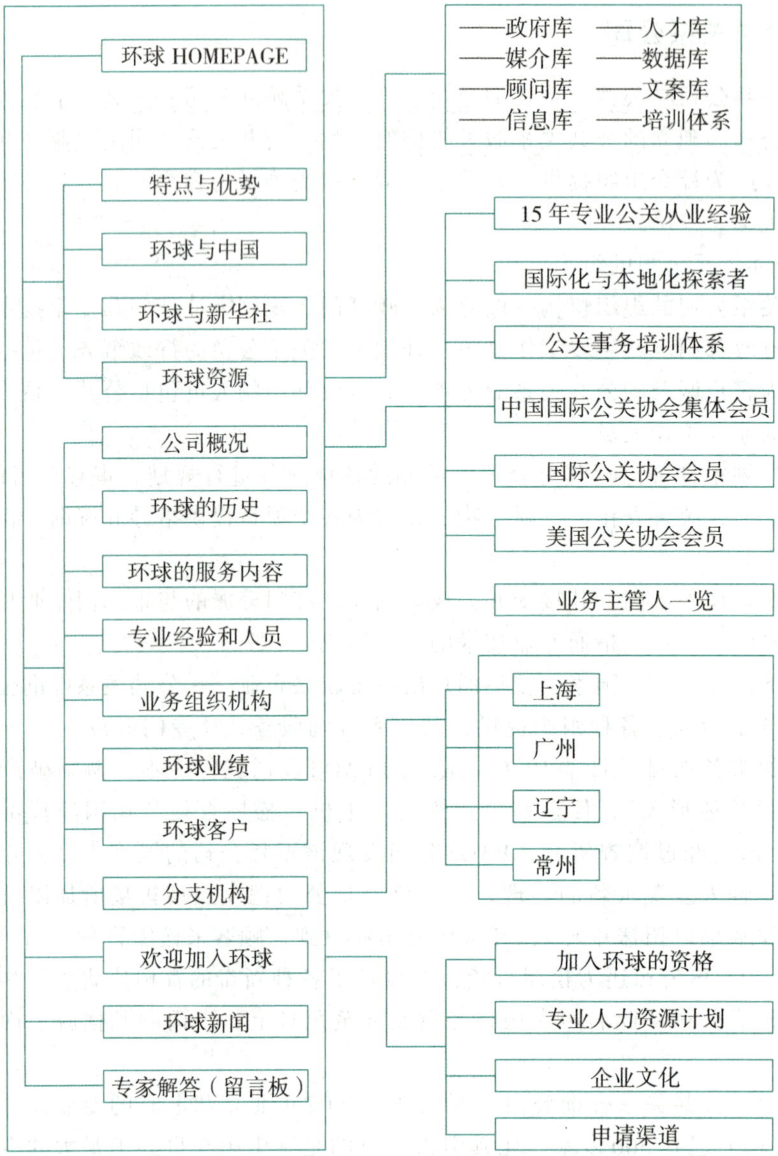

图3-6 中国环球公共关系公司的组织结构图

（2）制订和实施公共关系计划。在确立公共关系目标之后，应和客户一起制订出周密、切实可靠的公共关系计划，经过可行性研究后，帮助客户有效地实施计划。

（3）提供咨询服务，为决策提供参考和依据。针对客户的要求，有针对性地提供咨询服务，解答客户公共关系方面的问题，提供客户需要的公共关系方面的信息。

（4）培训公共关系人员。公共关系公司可以受托为客户提供培训公共关系人才的服务，公共关系公司给客户选派的人员传授公共关系基本理论和技巧，为其开展公共关系工作提供必要的知识准备。

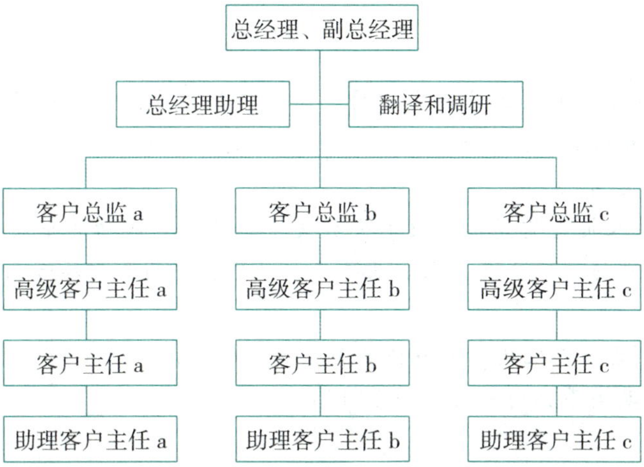

图3-7　中美合资福莱林克公共关系公司的组织结构图

（5）协助客户编制公共关系预算，评估公共关系计划的实施效果。

（6）提供一般性的公共关系服务项目，如受托为客户撰写公文、讲话稿、新闻稿，编辑出版宣传材料，制作影视资料等，都是公共关系公司的日常业务。

3.3.3　公共关系社团

公共关系社团泛指社会上自发组织起来的、非营利性的、从事公共关系理论研究和实务活动的群众组织与群众团体。其主要包括公共关系协会、学会、研究会、俱乐部、联谊会等。

公共关系协会的主要活动包括以下几个方面：

（1）联络会员。与会员建立经常性的联系，并与其他公共关系社团建立横向联系，形成网络系统，建立合作关系。

（2）规范本行业的职业道德和行为准则，维护本行业的形象和声誉。世界各国的公共关系协会都十分重视会员的道德行为。美国和英国的公共关系协会制定了明确的公共关系人员职业道德准则。

（3）专业培训。公共关系协会一般都将专业培训作为一项经常性的工作。英国公共关系协会定期举办CAM证书和文凭两个层次的考核。

（4）普及知识。公共关系协会有义务向公众宣传和介绍公共关系基本知识，为会员和公众提供学习公共关系技巧和深造的机会。

（5）编辑出版刊物。编辑出版公共关系方面的书籍、报刊是宣传公共关系知识的重要手段。

当前，我国的公共关系协会已经形成了不同层次和范围的网络，并且具有国际化的发展趋势。

本章小结

❀ 要想搞好公共关系工作最重要的是树立公共关系意识。公共关系意识的主要内容包括塑造形象意识、服务公共关系意识、真诚互惠意识、沟通交流意识、创新审美意识、立足长远意识。

❀ 公共关系人员素质高低是决定公共关系工作能否成功的重要因素。优秀的公共关系人员必须严格遵守公共关系职业道德，具备良好的素质和专业水平，拥有很强的公共关系能力。

❀ 公共关系的组织机构是开展公共关系活动的保证。组织内部设有公共关系部，组织外部设有公共关系公司和公共关系社团。

主要概念

公共关系意识　公共关系职业道德　公共关系公司　公共关系社团

综合练习

1.填空题

（1）公共关系是一门________，又是一门________，既有________，又强调________。

（2）培养公共关系意识的有效途径包括________、________、________。

（3）公共关系人员指________人员。

（4）公共关系人员角色大体上可分为4种类型：________、________、________、________。

（5）原劳动与社会保障部在《公关员》中规定的公共关系人员职业道德是：________。

2.简答题

（1）公共关系意识的内容是什么？

（2）怎样做一名合格的公共关系人员？

（3）怎样组建公共关系部？

（4）简述公共关系意识的含义。

（5）简述公共关系部的作用。

（6）简述公共关系公司的职能。

3.材料分析题

公安交警部门公共关系科的工作

交通警察简称交警，曾经是许多人眼里最“牛”的警种之一，也是群众接触最多的一个警种。曾几何时，在人们印象里，“耀武扬威”的交警总是和“服服帖帖”的驾驶员形成鲜明的对比。几年前，安徽省芜湖市成立了交警公共关系科。这是我国交警系统中的第一个公共关系科，其核心职能是淡化交警的管理意识、强化群众服务意识，从而改善警民关系。公共关系科成立后的第一项举措就是“交警执法实名制”：芜湖交警在执法时，必须向被执法人出具一张印有实名和联系电话的“警民联系卡”，卡上还有举报和咨询电话。

“卡片虽小，但对执勤交警来说却是不小的约束，同时方便了群众准确投诉和及时了解处理情况。”芜湖市交警公共关系科有关负责人说。

随后，芜湖市交警公共关系科还推出了一系列改革措施：交警执法时通过数码录音笔进行全程录音，以便支队抽查执法态度；与媒体建立“协调”制度，对于市民的投诉和记者提出的问题，新闻媒体可开出“新闻协调单”，交警要在三日内将处理结果回复给新闻单位；群众在救助危重病人时，有权要求附近民警用警车开道；出租车在运送危重病人时可闯红灯，交警核实后不处罚；交警还购买了一批头盔，遇到未戴头盔的摩托车驾驶员不是对其开罚单，而是将备用头盔登记后借给其使用，用后归还。这些措施虽有不完善之处，但体现了为民服务的理念。

资料来源　代群. 交警放下架子　警民收获双赢［EB/OL］.［2020-11-10］. http://news.xinhuanet.com/mrdx/2008-12/31/content_10584798.htm.

问题：芜湖市交警公共关系科是如何体现公关部职能和公共关系意识的？

4.实践训练

（1）组织一次演讲会，培养学生的写作能力、运用语言能力和现场表现能力。

（2）组织一次联欢会，写出策划方案。

（3）模拟成立公共关系部，开展系列公共关系活动。

（4）选择身边发生的事件撰写一份新闻稿件。

第4章

公共关系工作程序

学习目标

知识目标：了解公共关系工作的基本程序，掌握开展公共关系调查和公共关系效果评价常用的方法，了解公共关系策划的内容和公共关系计划实施的步骤。

技能目标：能够制订公共关系活动实施方案。

能力目标：能够运用所学原理和方法组织单项公共关系活动。

引例

通用汽车——上海车展出演中国群英会

项目主体：通用汽车中国公司

项目执行：通用汽车中国公司公共关系部

获奖情况：第六届中国最佳公共关系案例大赛企业形象金奖类

项目分析

相对于国际上其他汽车巨头，通用汽车在中国市场的发展具有独特的战略高度。通用汽车在帮助中国建立世界级汽车工业的核心理念下，如今已经形成了两个重要的基本支撑——在中国拥有从汽车生产到汽车研发的五家合资企业，同时拥有从国产车到进口车的6个品牌最新车型，这些是其他任何一个汽车厂商都无法与其相比的。

如果能充分利用上海车展的国际性舞台，从战略高度上实施一次融企业品牌、产品品牌双重建设于一体的推广策划，以企业品牌统领产品品牌，以产品品牌提升企业品牌，这将是开创性的，是以往任何厂商都没能做到的，对所有看好中国汽车市场、愿与中国市场共同发展的中外厂商具有重要的借鉴意义。如此内涵丰富的活动，不仅可以充分体现通用汽车在中国市场无人可比的竞争优势，更将填补历届车展活动的一项空白。

核心目标

抓住一个核心：借助合资企业与最新进口车型、国产车型，充分宣传通用汽车立足中国的市场战略，用企业实力为产品品牌搭台，用企业品牌魅力为产品宣传铺路，最终带动通用汽车系列产品品牌形象的全面提升。在本届上海国际车展上，所有厂商举行的活动以及传递的信息中，通用汽车的企业品牌与产品品牌信息都独树一帜。

传播策略

实施分阶段传播战略，把握报道节奏，层层铺垫，逐步推进，将上海国际车展视为进行整体企业品牌宣传的最佳平台，将信息传递的广度、深度、力度分布于车展的前期、中期和后期，形成了一次环环相扣、步步深入的系列报道。为了避免主要信息被淹没在车展期间的大量信息中，3月底，通用汽车中国公司首先向全国主要媒体发放了预发新闻稿，告知基本参展情况，让媒体对通用汽车的参展情况充满期待；4月初，将泛亚汽车设计中心的概念车——鲲鹏提前亮相，展示泛亚的设计实力，同时避开与通用汽车另外两款概念车的宣传冲撞；4月19日，在车展前一天，举行通用汽车中国大家庭群星峰会媒体活动，让媒体在车展前夕对通用汽车此次所有参展的全新概念车、量产车产生强烈的视觉印象。

注重点面结合，根据信息内容确定媒体分布，对核心信息扩展报道广度，对重点信息强化报道深度，提高主要信息对媒体的渗透力。通用汽车中国公司事先与核心的汽车、财经媒体进行沟通，根据媒体的不同要求，补充提供背景资料，强化核心信息报道效果。同时，通用汽车中国公司安排北京、上海、广州、深圳的重要媒体对通用汽车中国公司董事长兼首席执行官进行专访，进一步提高核心信息对媒体的渗透力。

有机整合传播内容，在提供给媒体的新闻信息中做到分中有合、合中有分，便于媒体根据自身需要进行信息资料组合，使通用汽车的信息得到最有效的传播。在特别制作的车展新闻资料夹中，通用汽车中国公司将企业、品牌与产品三个方面的新闻资料有序整合，既突出了重点，又保持了信息的整体和一致性。

媒介选择

全国一级城市的核心大众媒体；全国一级城市的经济/财经类媒体；全国一级城市的汽车类媒体。

项目执行

活动创意

有机整合通用汽车在中国市场的成就——4家合资企业、6个品牌和10款新车。通用汽车中国公司需要一个能够准确传递既定信息的宏大载体，而这个载体不仅要有气魄，还要具有不可超越性。参考通用汽车在本届车展上的参展主题——驱动未来，通用汽车中国公司最终选择了借用宇宙星系的概念：通用汽车中国大家庭是一个群星璀璨的星系，而进入50周年的中国汽车工业宛如一片灿烂星空。在浩瀚而深邃的宇宙空间中，通用汽车将举行一次前所未有的“通用汽车中国大家庭群星峰会”，让所有来宾在“通用汽车中国大家庭”的概念下感受企业实力，领略品牌魅力，了解每一款最新车型。以企业品牌统领产品品牌，以产品品牌提升企业品牌，凭借企业品牌、产品品牌两个层面的聚合力量震撼来宾，由此引发媒体对通用汽车中国战略的深度思考。

活动名称

通用汽车中国大家庭群星峰会

新闻主题

3款概念车、4家合资企业、多款最新销售车型

主题释义

通用汽车中国大家庭经过多年的成功发展，通用汽车已经完全融入中国市场。在中国建立起来的通用汽车大家庭是中国汽车工业大家庭不可或缺少的重要一员。

在这个大家庭中，包含通用汽车在中国成功的合作和成功的产品：4家合资企业、泛亚汽车技术中心，上海通用、金杯通用、上汽通用五菱；6个成功品牌：凯迪拉克、SAAB、欧宝、别克、雪佛兰、五菱；10款最新车型：本次车展将首度亮相包括3款概念车在内的共10款车型。

现场布置

为充分表达“通用汽车中国大家庭”的概念，通用汽车中国公司在活动中营造了一个以其为主的宇宙空间：通用汽车中国公司和各合资企业的商标出现在需仰视才见的苍穹中，用激光灯打出的各品牌车标游弋于来宾中间。

3款概念车被白色的幕布覆盖于舞台中央，宛如宇宙中一种驱动未来的神秘力量，等待人们揭开其神秘面纱。两条代表过去和未来的时空隧道连接到会场：一条伸入会场的时空隧道代表通用汽车95年的发展历程，另一条伸出会场的时空隧道代表汽车工业的未来发展。通用汽车中国大家庭的所有成员将聚集在这里，举行一个展示其中国发展成就的空前盛会。

活动内容

•开场篇——主题发布

开场短片：通用汽车中国大家庭。以凝练的镜头语言回顾通用汽车在中国的发展历程，并介绍通用汽车中国大家庭的每一个成员公司。“家长”致辞：通用汽车中国公司董事长兼首席执行官发言。

•现实篇——新车亮相

国产新车亮相：各合资企业高层带自己的最新车型一同亮相（1号人物介绍企业概况，2号人物介绍产品）。

进口新车亮相：通用汽车中国公司最新进口车型亮相。

•未来篇——概念车揭幕

概念车短片：概念车与未来。

儿童演唱：《一个崭新的世界》。一群天使般的孩子在暗场中手持蜡烛从时空隧道进场，在缓缓行进中演唱根据A Wholly New World改编的歌曲，表达人类对未来的憧憬与期待，点亮驱动未来的力量：概念车揭幕。在歌声中，孩子们用手中的烛火点亮概念车周边95支蜡烛，象征通用汽车用95年的成功经验支持中国汽车产业的发展。利用首度在国内使用的“吸幕”技术，概念车上覆盖的幕布在特技光效和音效的配合下被瞬间吸走，活动在全场惊诧的目光中达到高潮。

•大团圆篇——群星荟萃

高潮音乐在巅峰时刻戛然而止，一曲撼动人心的抒情音乐随即切入。通用汽车中国大家庭全体成员一同走上概念车台。7款新车从时光隧道中鱼贯而入，围绕在概念车台周围。通用汽车中国大家庭各成员（高层）在自己的新车前现场接受媒体采访。

场地选择

为了充分表达“家庭大聚会”的概念并凸显通用汽车在中国的独特优势，活动摒弃了在展览馆或酒店内举行车展的一般做法，选择在泛亚汽车技术中心新落成的汽车设计室内举行，高大开阔的内部空间为表达整体构思提供了充分的条件。

舞台策划

优秀的策划和设计要有万无一失的出色舞台效果作为保证，为此，通用汽车中国公司特别邀请了著名大型综艺晚会导演甲丁先生作为总导演，在他的精心统筹下，整个发布会在45分钟之内如行云流水般顺利完成，十款新车的亮相和主要高层的出场演讲简洁紧凑、一气呵成，充分满足了媒体对现场视觉效果、信息量和高效率的要求。

项目评估

热烈的活动现场。来自115家媒体的140多名记者出席了4月19日的现场活动，现场搭建的阶梯式观众台座无虚席，几十台摄像机、照相机始终聚焦舞台，记者们聚精会神地期待着每一部新车和每一位高层的亮相。会后，承接现场活动留下的高潮气氛，记者们纷纷拥向各位高层，在各款新车前对其进行现场采访，采访者与被采访者均情绪盎然。

出色的媒体报道。出席活动的所有记者都对通用汽车此次车展活动进行了充分报道，有些记者甚至连续发出多篇报道。活动共收集到来自印刷媒体和网络媒体的报道340篇，电视报道近100分钟，受众超过6 000万。几乎所有报道都提及了通用汽车中国公司希望传达的企业品牌的核心信息，其中更有54%的报道引述了通用汽车中国公司新闻发言人的讲话。

良好的媒体评价。上海国际车展结束后，专业调查公司就整个车展活动对参加活动的媒体进行了抽样调查。结果显示：“通用汽车中国大家庭群星峰会”在活动创意、信息传递以及活动执行三个方面以显著优势领先于其他汽车公司，在本届上海车展中独占鳌头，更有96%的媒体认为“通用汽车中国大家庭群星峰会”是本界上海车展中最成功的公关活动之一。

极佳的投入产出比。包括活动的现场制作、舞台美术以及人员费用在内的所有开支，由于邀请到场的115家媒体对此次活动核心信息的报道率达到了100%，加上许多大篇幅报道和大量的信息转载，本次活动的媒体报道量达到了180多万美元的广告价值。此次活动所实现的深化企业品牌的领导地位和强化产品品牌可信度与美誉度的目标是难以通过广告价值来衡量的。

资料来源　陈向阳. 最佳公共关系案例［M］. 合肥：安徽人民出版社，2005.

4.1 公共关系调查

公共关系在组织中担负着信息交流、环境监测、趋势预报、组织协调、决策咨询等多项职能。只有进行信息收集和反馈，才能使以上职能得以实现，才能提高公共关系活动的成功率。因此，通过调查，准确、及时、有效地获取组织内外信息，在公共关系中具有重要的意义。

4.1.1 公共关系调查的含义

公共关系调查指组织的公共关系部门和人员运用科学的方法了解组织公共关系状态的活动。通过调查，可以收集资料、反馈信息，客观真实地反映组织的公共关系状态，找到组织面临的问题；通过调查、分析资料，可以透过现象看本质，从而揭示组织公共关系状态的发展趋势。这样才能为组织决策提供科学的依据，提高公共关系活动的成功率，并据此提出加强和改进组织公共关系的策略、方法和措施。

4.1.2 公共关系调查的内容

1）对组织形象地位的调查

公共关系调查，首先必须了解组织形象的状态，即组织形象在公众心目中的地位。组织形象又可以概括为两个基本的维度，即知名度和美誉度。知名度表示社会公众对组织了解和知晓的程度；美誉度表示社会公众对组织的信任及赞许程度。知名度和美誉度反映了社会公众对组织总体的态度和评价。通过组织形象地位分析图，可以确定组织在公众心目中的总体形象（如图4-1所示）。

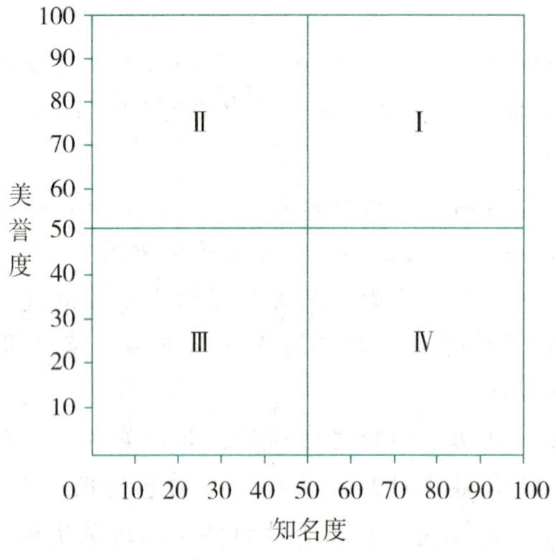

图4-1 组织形象地位分析图

根据图测结果，公共关系部门可以初步了解本企业存在的问题，找到公共关系工作的方向。以一家百货公司为例，1 000人规模的抽样调查结果显示：有400人知道该公司，其中只有20%即80人对该公司表示赞许。其知名度为40，美誉度为20，公司形象地位处于象限Ⅲ。

2）对组织形象要素的调查

组织形象要素的调查概括了公众对组织的总体评价，明确了组织的形象地位。但为什么会形成这种地位？具体情况如何？就需要进一步了解详细的原因。对组织形象要素的调查包括组织自我期望形象调查和组织实际社会形象调查。

（1）组织自我期望形象调查。自我期望形象是一个组织希望具有的社会形象。或者说，是组织自我设计希望达到的形象。它是组织公共关系工作的内在动力、基本方向和目标。

自我形象调查应包括以下几个方面：

① 组织领导层的期望。组织领导层对本组织形象的期望，往往代表了这个组织对自身社会形象的期望，对于组织的社会形象选择和建立具有决定意义。因此，调查组织自我期望形象，首先必须了解组织的领导层对组织形象的期望。公共关系人员必须通过详尽地研究组织的总目标、发展战略和方向、重大的工作项目、重要的政策、经营手段以及领导层成员的言行等，才能比较准确地测定组织领导层的期望。

② 组织员工的期望。员工是组织赖以生存和发展的基础，一个组织的目标和政策必须得到广大员工的认同和支持才能有效地转化为实际行动。因此，需要通过调查了解广大员工对组织的评价、要求、批评及各种意见，了解他们对组织总目标的信心和支持程度，了解和掌握员工对组织形象的期望。

③ 组织的实际状态和基本条件。组织对形象的期望必须与自身能力相符。公共关系人员必须全面准确地掌握本组织的管理政策、财务状况、人事状况、经营状况、产品类型、市场占有率以及员工的基本情况，这样才能为组织设计形象提供客观依据。

（2）组织实际社会形象调查。社会公众评价是组织实际社会形象的反映。调查组织的实际社会形象，就是调查社会公众知晓情况、态度情况和行为情况。

① 社会公众知晓情况调查。知晓情况就是社会公众对组织的了解程度，如组织希望公众知道它的社会地位、经营方针等，那么究竟有多少人知道了？知道的程度如何？还有多少人不知道？他们为什么不知道？这些疑问就是公众知晓情况的调查内容。

② 社会公众态度情况调查。态度情况就是社会公众对组织的行为和政策的看法和意见。这种调查比社会公众知晓情况调查复杂度和难度都大些。公共关系人员可列出与组织的政策、行为有关的具体事项，如经营方针、办事效率、服务态度、业务水平、产品质量、社会效益、企业的规模等，并列出公众对所列举的事项可能持有的态度，如很满意、较满意、稍微满意、不满意、很不满意等，以征询公众的意见，了解和掌握公众对组织的具体评价。

③ 社会公众行为情况调查。行为情况就是社会公众针对组织的具体政策、行为准备或正在采取的行动。比如哪些公众准备或正在予以合作、支持；哪些公众准备或

正在进行抵制、反对，他们这样做的原因是什么？他们的行为将会或已经产生了什么影响，其影响的程度和范围怎样？这些都是公众行为情况调查的内容。

一般可运用组织形象要素调查表对组织的形象要素进行调查。表4-1是某公司设计的组织形象要素调查表。

表4-1　组织形象要素调查表

评价调查项目	非常好	相当好	稍微好	中等	稍微差	相当差	非常差	评价调查项目
管理部门作风正派	80	10	10					管理部门作风不正派
来此办事效率高		20	20	50	10			来此办事效率低
业务时有创新			20	20	60			业务没有创新
产品质量好		20	20	40	20			产品质量差
服务质量好				40	40	20		服务质量差
员工表现好				30	30	40		员工表现差
经理有名气						10	90	经理无名气

根据表4-1所勾勒出来的该公司的形象是：管理部门作风正派，但办事效率平平，缺少创新精神，产品质量和服务质量不够理想，其员工表现不好，公司经理没有名气。该公司总的形象是知名度和美誉度都低，可以通过对该表中内容的逐项分析总结出原因。顺便指出，该表应根据企业的实际需要来增删或改变内容。

（3）形象差距的比较分析。调查了组织的自我期望形象与实际社会形象之后，接下来的工作就是将组织的实际社会形象与组织的自我期望形象相比较，找出两者之间的具体差距。弥补或缩小差距就是组织所面临并必须加以解决的问题，也就是组织的公共关系努力方向。

要比较两者之间的差距，可运用形象要素差距图。形象要素差距图是在组织形象要素调查表的基础上绘制的。它是把组织形象要素调查表中表示不同程度评价的7个档次的相应数值相比，作为数值标尺。如图4-2所示，10表示非常差，70表示非常好。然后根据统计表中的统计数字，计算公众对一个调查项目评价的加权平均值。由于组织形象要素调查表中的公众对各档次的评价都是用百分数表示的，所以组织形象要素的公众评价加权平均值为各档次分值与公众评价的百分比之积的和。图4-2中“服务质量”一项的加权平均值为：40×40%+30×40%+20×20%=32。

计算完以后，将各个平均值分别标定在标尺相对应的位置上，连接各点，即成为组织形象要素曲线图。

图4-2中实线部分是该公司的实际社会形象，虚线部分则是该公司的自我期望形象，两者相比较，就能看出来差距了。除“管理部门作风正派”一项要素两者较接近

外，其余各项要素均有很大差距。找到了企业自我期望形象与实际形象之间的具体差距，自然就可以准确地确定本企业要解决的主要问题。

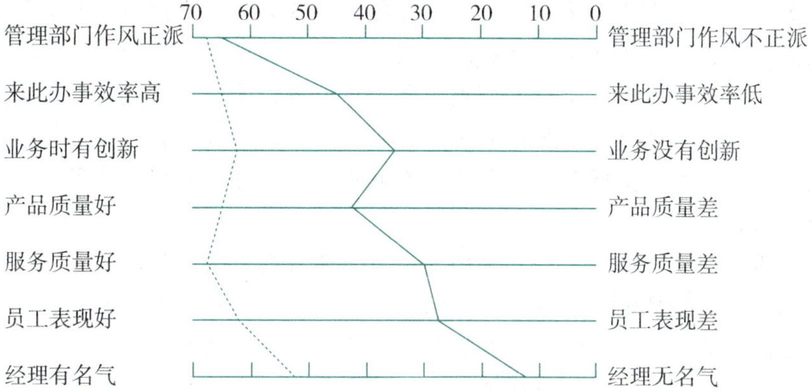

图4-2 形象要素差距图

3）公共关系活动条件的调查

（1）主观条件调查。主观条件指在开展公共关系活动时，组织自身能够提供的人力、财力、物力等条件。例如，为了达到公共关系活动的目的，开展公共关系活动应安排多少名公共关系人员？公共关系人员来自何处？从组织内部挑选还是从公共关系公司聘请？公共关系人员的专长、能力如何？这些属于人力方面的条件。再如，开展公共关系活动需要投入多少资金才能达到目的？通过公共关系活动能带来多大的经济效益或社会效益？资金的使用是否合理？这些就是财力方面的条件。另外，组织能提供多少设施设备？这是物力方面的条件。

（2）客观条件调查。客观条件包括组织开展公共关系活动时所面临的环境和自身物力情况。调查的内容为：

① 社会政治环境。社会政治环境包括经济、政治、思想因素。公共关系人员要认真研究国家有关政策法规，了解社会变化对人们生活习惯、消费心理等因素的影响。

② 经济环境。经济环境主要指市场环境。在进行这方面调查时，必须侧重调查本组织目标市场的变化情况和竞争能力，以及商品的供应销售情况，包括种类、售价、渠道、质量、消费对象、消费心理等。

③ 文化环境。传统文化心理、区域性文化、社会风尚时刻影响着组织人员的思想、行为规范、创业精神。开展公共关系活动考虑社会文化的状态，能使公共关系活动更有针对性。

④ 自身物力。自身物力情况是组织开展公共关系活动所必备的条件。如开展公共关系活动时需要场地，场地是露天的还是室内的？能容纳多少人？食宿、通信设备如何？

另外，对卫生、安保、交通、通信等与组织有关的各种社会环境情况也要注意了解。开展国际公共关系活动，还要了解国外的以上情况。

4.1.3 公共关系调查的方法

公共关系调查的方法有很多，按收集资料的形式分，有直接调查和间接调查；按调查运用的方式分，有访问法、问卷法、观察法等；按调查的对象分，有全面调查和非全面调查。全面调查指对所有的调查对象进行调查，非全面调查是对部分调查对象进行调查，公共关系调查一般采用非全面调查。全面调查包括普查，非全面调查包括重点调查、典型调查、抽样调查。公共关系调查常用的方法有以下几种：

1）访问法

访问法也称访谈法。它是一种利用交谈进行调查的方式。访问法主要有两种具体形式：个别访问（包括电话访问）和座谈会。个别访问通常是面对面进行的。在这种情况下，访问者能根据实际情况随时发问，深入了解有关情况；被访问者内心顾虑较少，可不受给定问题的限制，畅所欲言。座谈会是一种集体交谈式的访问，它便于调查对象之间通过回答来相互启发、相互补充意见，也便于当面调查核实一些情况。公共关系人员在访问时，事先要准备好访问提纲，了解被访问对象的社会环境、宗教信仰、兴趣爱好、生活习惯等，以免产生不必要的麻烦。

2）问卷法

问卷法是调查者围绕调查目的，拟定一份问卷，让被调查者选择答案或填写答案，然后将问卷回收，对答案进行统计和分析，以了解被调查者的情况、态度和意见的调查方法。问卷法是目前国内外社会调查中较为常见的一种方法。

问卷法大多用邮寄、个别分送或集体分发的方式发送问卷，由被调查者按照问卷所问来填写答案。这种方法的主体是提出问题。提问的方式有两种：一种是“自由式”提问；另一种是“选择式”提问，也称开放式提问或封闭式提问。

知识链接4-1

问卷也叫问卷调查表，是根据调查目的而设计的需要被调查者回答具体问题的表格。一份完整的问卷应由以下几个部分组成：(1) 文字说明，包括询问的目的、填表要求、请求被调查者合作等。(2) 调查内容（表格)。(3) 调查者的背景资料，包括被调查者的姓名、职业、性别、年龄等与调查内容相关的项目。

问卷的询问方式有：

(1) 单项选择：询问项目的答案只有两个，被调查者任选其一。

(2) 多项选择：事先拟出两个以上的答案，被调查者可选择其中一项或几项。

(3) 自由回答：调查者根据调查项目提出问题，被调查者不受任何约束，自由回答。

(4) 顺位：列举若干问题，请被调查者按其认为的重要程度排列顺序。

(5) 比较：调查项目有许多种类，将其在好与不好的评价标准下予以排列，请被调查者进行比较。

（6）程度评定：请被调查者对某个项目的好坏程度加以评定。

资料来源　黄荣生. 公共关系学［M］. 大连：东北财经大学出版社，2000.

3）观察法

这种方法就是公共关系人员深入到公众中，走走、看看、听听，从多个角度了解事情的前因后果，掌握大量一手信息。观察法是收集非语言资料的极为有效的方法。观察公众的实际活动能够真实地反映公众的内心世界，不受各种环境影响。因此，公共关系人员要自觉养成观察的习惯，随时随地收集有用的信息。

4）抽样调查

抽样调查是在一定的调查对象总体范围内，按照随机性原则，抽出部分样本作为调查对象进行调查，以此来推算全体的调查方法。抽样调查必须遵循随机性原则抽取样本，要事先通过计算来确定抽取样本的数量，以便将抽样误差控制在一定范围内。

常用的抽样调查有以下几种：

（1）随机抽样。这是依据随机的原则，先对总体的样本编号，然后任意抽取若干号码为样本进行调查的一种抽样方法。

（2）机械抽样。机械抽样又称等距抽样，是将被调查的对象按一定标志有序排列，然后按相等的距离抽取样本进行调查的一种抽样方法。

（3）分层抽样。分层抽样也叫类型抽样，是将被调查对象按主要标准分组，然后在各组中采用随机原则选取样本进行调查的一种抽样方法。运用这种方法应注意选择恰当的分组标准并控制各组抽样比率。例如，对100人进行分层抽样，调查时准备抽20人，占总量的1/5。这100人中有青年人60人，中年人30人，老年人10人，那么这三组中抽样人数应分别占该组人数的1/5左右，即青年人12人，中年人6人，老年人2人。

（4）多段抽样。这是在调查范围广、单位较多、单位之间存在多层次从属关系或较复杂的包容关系、抽取样本比较困难时采用的一种分阶段、分程序选择样本进行调查的抽样方法。例如，一个学校要调查学生的学习情况，在选取样本时，就要先选取若干专业或年级，再从专业或年级中选出若干班级，然后从班级中选出若干学生作为样本进行调查。

5）文献分析法

文献分析法是一种收集、保存、检索、分析资料的方法，即通过各种出版物，新闻资料，政府或行业公报，组织内各部门的工作报告、报表、财务记录、销售记录等书面资料来提取有关信息。采用此法可降低调查费用，节约时间，提高工效，能尽快掌握组织的历史、经营方针、办事效率、管理水平、产品质量、知名度、美誉度等，客观了解组织在不同时期、不同环境下各阶段的发展情况，确定组织公共关系的目标。文献分析法分为收集资料、整理分析资料和保存资料三个步骤。

问题与思考 4-1

公共关系调查与市场调查有什么区别？

分析提示：公共关系调查的目的是了解公众的意见、态度和行为，寻求建立良好的组织形象；调查的对象主要是各类公众，包括组织内外部公众；调查的内容主要是组织的地位、构成要素及公共关系活动条件等。市场调查的目的是研究消费者需求，寻求维护和开拓市场的方法；调查的对象主要是供需双方、同行及有关部门；调查的内容主要是企业产品、市场占有率、竞争者、消费者等。

职业观念 4-1

“箭牌希望图书室”赠书读书仪式公益活动（公关调查）

一、项目背景

美国箭牌糖果有限公司（简称“箭牌公司”）有着100多年的历史。早在1899年，箭牌公司创建人小威廉·瑞格理先生就说过：“如果我们不能正直地做生意，那还不如干脆不做生意。”他强调的是企业作为社会公民的责任和品格。长期以来，箭牌公司一直在其开展业务的国家和地区主动承担企业的社会责任。

箭牌糖果中国有限公司（简称“箭牌中国”）作为箭牌公司在中国设立的独资企业，致力于回馈社会，热心公益事业，一贯积极支持教育、环保和卫生事业的发展，发起和组织的一些公益活动赢得了社会各界的广泛好评。

2003年10月，在广州工厂正式投产十周年之际，箭牌中国正式设立了“箭牌中国教育基金”，准备常年资助一些教育公益项目，并在该基金的支持下首先启动了“箭牌希望图书室”赠书读书公益活动项目，为贫困地区的孩子们传递阅读火把，并决定把“箭牌希望图书室”所点燃的阅读求知的火把不断传递下去，将其打造成箭牌中国教育公益项目的长期品牌。

二、项目调研

1.对于企业社会责任公益活动的调查

箭牌中国经过专业调查和分析，确定了公司实施企业社会责任公益活动的基本方向和领域：教育和环保。其中，通过支持教育项目提升社会公众的文明素质、培养文明习惯也是箭牌中国一直以来倡导的观念。尽管近年来企业对于助学的捐赠活动非常频繁，但是缺乏连贯性和长期性，且大多局限于三个模式：一是捐献教育助学金、设立助学基金会等纯现金捐赠；二是捐助贫困失学儿童，帮助贫困家庭的优秀学生；三是筹集资金为贫困地区的学校添置硬件设备。这些公益活动由于捐赠模式过于直接，缺乏坚持不懈的长年努力，故并没有取得相应的传播效果。

2.对于中国教育背景的调查

在我国很多地区，特别是中西部欠发达地区，教育发展水平普遍较低，当地的农村教育更是非常薄弱，没有足够的资金来配备、添置和更新图书，优秀课外读物更是少之又少。很多学校根本没有自己的图书室，个别设有图书室的学校也因为藏书数量不多、质量偏低而无法为师生提供便利的借阅条件。因此，建立图书室、为学生提供良好的阅读条件、提高学生的阅读能力成为支持当地教育的当务之急。

箭牌中国基于以上调查和分析设立了长期可持续性的公益项目，即由“箭牌中国教育基金”支持的“箭牌希望图书室”赠书读书公益活动项目。箭牌中国通过向贫困地区的学校赠书、协助建立图书室的形式，结合其他丰富多彩的活动来唤醒孩子们对阅读的兴趣；通过持之以恒的公益努力不断回馈社会，打造“箭牌希望图书室”的公益品牌以提升企业形象和声誉。

资料来源 编者根据相关资料整理。

分析提示：企业如何才能获得高质量、高精确度的信息？上述案例在公共关系调查内容方面对我们有何启示？

4.2 公共关系策划

公共关系策划是公共关系工作程序的第二步，研究如何在调查研究的基础上进行决策、制订方案，为公共关系的实施和评价提供依据。因此，公共关系策划是公共关系工作程序的核心，是公共关系成败的关键。

4.2.1 公共关系策划的定义、意义和原则

1）公共关系策划的定义

策划，即深谋远虑地规划或深思熟虑地计划。**公共关系策划**是公共关系人员根据组织形象的现状和组织公共关系目标的要求，在调查研究的基础上分析现有条件，为组织未来的公共关系工作设计出最佳行动方案的过程。从这个定义可以看出，公共关系策划有两个方面的含义：一是公共关系策划是一个设计行动方案的过程，即预测未来的公共关系活动要做什么、何时做、由谁做、如何做，从而制订出行动计划；二是公共关系策划也是一个结果，即确定未来的公共关系活动应该做什么、何时做、由谁做、如何做。

2）公共关系策划的意义

（1）公共关系策划是公共关系活动成功的保证。周详的公共关系策划首先有助于进一步澄清问题，其次能使活动有秩序、有步骤地开展下去，再次可以做好组织内部各部门的协调工作，最后可使每个活动的参与者胸有成竹。

（2）公共关系策划是竞争的法宝。竞争不仅要斗勇，更要斗智。项羽“力拔山兮气盖世”都不免被刘邦打败，是因为项羽依靠其武力斗勇，而刘邦则依靠其谋略斗智。现代社会的竞争，从根本上说已是人才的竞争、智慧的较量，公共关系策划正是公共关系人员智慧的结晶，其中蕴藏着许多出奇制胜的妙计。

（3）公共关系策划是公共关系运作的升华。大量的公共关系调查及一些基础性工作只有通过策划才能得以提炼、升华，普通的形象只有经过策划才会光芒四射。没有

策划的公共关系运作就像一组交响乐缺少高潮，一首歌曲缺少主旋律，使人觉得平平常常，无法振奋。只有策划才能使公共关系运作迈上一个新的台阶，实现巨大的飞跃，从而统率公共关系的运作。

3）公共关系策划的原则

（1）符合实际，便于操作。公共关系活动只有切合组织的实际情况才能开展；只有切合外部环境的情况，开展起来才有意义。因此，公共关系策划必须一切从实际出发，量力而行。策划时，既要考虑组织自身的能力，又要考虑开展公共关系活动的外部环境条件；既要考虑目标公众的情况，又要考虑方法、措施的可行性；既要考虑资金投入的可承受性，又要考虑可能产生的经济、社会效益。

（2）突出重点，兼顾全面。一个组织面临的问题有多个方面，因此公共关系活动的目标也就会有多个，目标公众也就会有多种。这就要求在进行公共关系策划时要分清主次、抓住关键、突出重点。在众多目标中，选定一个最重要的作为重点目标，但在突出重点时还要兼顾到其他目标，以确保公共关系策划的完整性。

（3）灵活机动，具有弹性。策划实际上就是对未来情况进行预测并采取措施。既然是预测，就很难完全把握事物未来发展的一切细节和因素，因此策划方案要有一定的灵活性和弹性。就时间而言，要充分考虑一项工作中的未知因素和可能突发的不可控因素；就人力、财力及物力安排而言，要有机动性。

（4）保持连续，形成整体。从一定意义上说，公共关系活动就是在公众心目中树立组织形象的活动。在进行公共关系活动的策划时，在目标上要考虑与以往的公共关系目标的连续性，还要考虑与下一个公共关系目标的衔接性。在制定具体的活动步骤和措施时，也应考虑与整体目标的一致性，使公共关系活动具有整体性。

知识链接 4-2

公共关系策划一般有两种：一种是单项性的，即为了一个或几个具体活动进行设计和安排，也称策略策划；另一种是对公共关系进行总体的、系统的、长远发展的策划，也称战略策划。

资料来源　林汉川．公关策划学［M］．上海：复旦大学出版社，1994.

4.2.2　确定公共关系目标

公共关系目标指在公众中树立良好的组织形象，即组织通过公共关系工作所希望达到的形象状态。它是在发现公共关系问题的基础上确定的，对搞好组织的公共关系工作十分重要。首先，公共关系目标是指导和协调公共关系工作的依据。公共关系活动的开展要有很多部门和人员配合，在实施过程中又会不断出现各种意外情况，有了明确的目标，可以指导人们的行为，为人们处理意外情况提供依据。其次，公共关系目标是评价行动计划实施效果的标准。各种实施方案的成功与否，最终只能用所确定的公共关系目标来衡量。

1）公共关系目标分类

公共关系目标与组织的总目标是联系在一起的。由于不同类型的组织具有不同的任务，所以公共关系的目标也有所不同。同一组织在不同的时期以不同的标志划分，也会有不同的任务和目标。

（1）按公共关系活动的类型划分，公共关系目标有传播信息、联络感情、改变态度和引起行为。

① 传播信息。在某个特定的时期内，组织的公共关系仅仅以传播信息为目标，对公众的态度和行为暂不考虑，这是最基本的公共关系目标。不少组织在一段时期内，特别是在初创时，大量公共关系工作就是围绕传播信息这一目标展开的。

② 联络感情。情感投资既是一个组织的公共关系部门的长期目标，也是在较短时间就可见效的任务。因此，一方面要细水长流，努力建立起公众对组织的比较牢固的情感基础；另一方面要制定近期的工作目标，以便在短期内达到联络组织与公众感情的效果。

③ 改变态度。在实践中改变公众的态度始终是许多组织公共关系工作的主要目标。其任务就是将公众的消极态度变为积极态度，使不了解变为了解，由了解变为理解。

④ 引起行为。这是公共关系工作的最高目标，也是最容易检验的一种目标。公共关系目标越高，公共关系人员的责任就越大，工作效果也越容易检验。

（2）按时间划分，公共关系目标有长期目标、近期目标、紧迫目标和特殊目标。

① 长期目标。这类目标从公共关系的实施和见效的时间来看都是较为长期的，涉及组织长远发展和经营管理战略等重大问题，与组织的整体目标一致。长期目标比较抽象地反映组织在公众中应有的形象以及能够对社会起到的作用，是组织的理想信条。其时间多为五年以上。

② 近期目标。这类目标是围绕长期目标制定的具体实施的目标。其内容具体而明确，对公共关系工作有实际的指导意义，时间多为五年以下，常见的有年度工作目标、季度工作目标等。

③ 紧迫目标。这类目标指立即实施、不能拖延的公共关系目标。对组织有可能发生的重大事故，如飞机失事、严重火灾和水灾、多人食物中毒、重大的失窃案等，必须立即着手解决。

④ 特殊目标。特殊目标是针对那些与组织目标、信念、发展以及利益相同或相近的公众的特殊要求制定的。特殊目标具有特殊指向性，比如某商店为了提高影响力，在某地受灾的情况下，主持开展大型救灾义卖捐助活动，将义卖和捐助款送到灾区。

（3）按目标发挥作用的方向，公共关系目标可分为内部公共关系目标和外部公共关系目标。

2）常用的公共关系目标

公共关系目标的范围十分广泛，参照英国公共关系专家弗兰克·杰夫金斯所编制的目标清单，可以概括为16种。

（1）新产品、新技术、新服务项目开发之中，要让公众有足够的了解。

（2）开辟新市场、新产品或服务推销之前，要在新市场所在地的公众中宣传组织的声誉，提高知名度。

（3）企业转产时，要调整组织对内对外形象，使新的组织形象与新产品相适应。

（4）参加社会公益活动，并通过适当的方式向公众宣传，增加公众对组织的了解和好感。

（5）开展社区公共关系活动，与组织所在地的公众沟通。

（6）本组织的产品或服务在社会上造成不良影响后，进行公共关系活动。

（7）为本组织的新的分公司、新的销售店、新的驻外办事处进行宣传，使各类公众及时了解。

（8）让组织内外的公众了解组织高层领导关心社会、参加各种社会活动的情况，以提高组织声誉。

（9）发生严重事故后，要让公众了解组织处理的过程、采取的方法，解释事故的原因并表现出正在做出的努力。

（10）创造一个良好的消费环境，在公众中普及同本组织有关的产品或服务的消费方式、生活方式。

（11）创造股票发行的良好环境，在股票准备正式上市前，向各类公众介绍本组织的产品特点、经营情况、发展前景、利润情况等。

（12）通过适当的方式向公众介绍本组织产品的商标、企业名称。

（13）了解组织性质、发展前景、发展需要得到政府支持的情况，协调组织与政府的关系。

（14）赞助社会公益事业。

（15）准备同其他组织建立合作关系时，向组织的内部公众、组织的合作者及政府部门宣传合作的意义和作用。

（16）处在竞争危急时刻，通过联络感情等方式，争取有关公众的支持。

3）确定目标的要求

（1）明确具体。公共关系目标是整个组织的总目标或公共关系目标在某一方面的具体化。这种具体化的内容要视组织的性质、宗旨和在特定环境下所面临的有关问题而定。不同发展阶段的目标显然是不同的。

（2）可分解。例如，我们在某一时期以树立某种产品的形象为目标时，这一目标应当分解为质量、价格、性能、商标、形状、颜色、包装等方面的具体指标。目标可以分解为一个多项指标的体系。

（3）可度量。目标最后能否实现、实现的程度有多大，都应当有一套比较客观的标准来进行衡量，而不能用“大概”、“基本上”或“差不多”等主观色彩浓厚的用语来得出结论。

（4）可操作。目标要在现有人力、物力、财力和技术条件下，通过有关人员的努力可以实现。它不仅是一句激励员工工作积极性的口号，而且可以表现在具体的工作进度表上。

（5）可行性。目标提出要具有可行性和可控性。这就要求确定目标要现实，既不能太高，也不能太低，经过一定的努力可以达到。同时，确定目标要有一定的弹性，要留有充分的余地，当条件变化时能灵活应对。

（6）整体性。公共关系目标必须符合组织整体发展目标的要求，必须能起到从社会效益的角度促进整体发展的作用，还要确保具体目标与基本目标相结合，建立一个协调的公共关系目标体系。例如，某企业经营管理总目标是提高管理水平，扩大产品销路，增强市场竞争力，争创省级明星企业，将产品打入国际市场。该企业的公共关系部门必须围绕企业的这个总目标，分别制定公共关系目标。比如，围绕提高管理水平这一目标，要开展加强员工责任心和工作、学习自觉性的公共关系活动；要实现扩大产品销路，增强市场竞争能力的目标，公共关系人员必须设法收集各种信息，利用各种媒介、各种活动对外宣传本企业的产品，让公众了解、信任、使用其产品。因此，公共关系人员在制订设计方案、确定公共关系目标时，要全盘考虑，使计划、方案与组织总体目标一致。

4.2.3　制订方案

1）确定目标

公共关系目标是组织开展公共关系活动要达到的目的和效果。

2）确定公众

确定公共关系目标后，公共关系人员就应当根据具体公共关系目标确定目标公众，分析每个具体的公共关系目标涉及哪些公众，谁最重要，应接触哪些主要媒介，公众的看法如何，谁是意见领袖。

3）确定主题

主题是统率整个公共关系活动、连接所有公共关系项目的核心，它使公共关系活动形成一个有机整体。主题是确定公共关系计划和实施方案的方法之一。每项公共关系活动都包括一个主题。如一次会议、一则广告、一张宣传画、一份文字材料，都要确定主题，以保证各项活动都围绕主题开展。主题是多种多样的：可以是一句口号，如“IBM意味着最佳服务”；也可以是一句陈述或一段表白。不管是哪种主题，都要提纲挈领，能对公共关系活动起统辖指导作用。

设计主题时，一要让主题与公共关系目标一致；二要让主题的表达有感召力；三要让主题适应公众心理，让人觉得合情合理，可亲可信。

4）确定项目

公共关系项目是为实现公共关系目标，针对目标公众、围绕公共关系主题而开展的一系列有组织的行动。不同的公众对象和主题，要求开展不同的活动项目。组织所采用的项目主要有：举办新闻发布会、记者招待会、演讲会、座谈会、研讨会，赠发刊物和视听材料，接待参观访问，举办庆祝活动，赞助文体活动，支持社会福利事业等。对活动项目，公共关系人员要进行分类，属常规性活动项目，如重大节假日，要在编制计划时标记；一些重大的纪念日或大规模的公共关系活动，要提前一两年列入计划，提前准备。

5）选择媒介

开展公共关系活动时，要凭借传播媒介才能达到目的。选择媒介要视各种传播媒介的特点以及公共关系活动的目的、确定的公众和主题等方面的情况而定。

6）编制预算

编制预算是指在开展某个活动时，对所需的资金、人员和时间等资源进行合理的估算。

7）活动的组织保证及人员职责分工

根据活动的要求，应建立相应的组织机构，如活动领导小组、办公室等。对参加活动的人员进行合理的分工，可以明确各自的职责；提出实现计划的措施，可以保证公共关系活动的正常进行。

问题与思考 4-2

制订公共关系行动方案应注意什么问题？

分析提示：第一，要突出主题，根据组织发展的不同时期和不同情况突出不同的主题；第二，要适宜可行；第三，要富有新意。

4.2.4 编制预算

预算编制得不好，就难以从人力、财力和时间等方面保证公共关系活动的正常开展，难以避免人力、财力和时间等的浪费，同时也难以从成本上对公共关系工作效果进行评价。

1）人员预算

人员预算就是对实现既定公共关系目标所需的人力进行预算。这种预算对于没有设置公共关系部而依靠聘用公共关系人员开展公共关系活动的组织来说，尤为重要。因为不预算出所需人力，就无法确定所需聘用人数，应支付的公共关系人员报酬自然也就估算不出来。设有公共关系部的组织也应进行人员预算，否则就不知道公共关系部的现有人力在保证公共关系部日常工作不受影响和遇到突发事件需要人员处理的情况下，能否满足既定公共关系目标的需要，是否要再另外调配人力或聘请人员。

人员预算包括组织自身的公共关系人员和外聘人员两部分，还应考虑对公共关系人员的培训，以保证公共关系活动的质量。公共关系人员包括编辑人员、调查分析人员、策划人员、其他专门技术人员等。

2）经费预算

（1）公共关系经费预算的构成。其主要包括管理费和活动费。

① 管理费。其包括两种：第一种是劳动力报酬，即公共关系人员的工资、津贴补助、奖金及差旅费等；第二种是行政经费，即开展公共关系活动要支付的房租、水电费、日常接待费等。

② 活动费。其包括以下几种费用：

A.专项资料费。这指编写宣传资料、开展各项专门性的公共关系活动所需的印刷费、复印费、邮寄费等。

B.器材费。这是指制作各种宣传品、纪念品，购买摄影设备及材料、工艺美术器材、视听器材、展览设施及展品、交通及通信设备等的费用。

C.广告宣传费。其包括视听、印刷、自制广告等方面的费用。

D.实际活动费。其包括召开座谈会、招待会、宴会等，组织参观、举行大型纪念活动或庆典活动的经费，为公众免费提供各种教育、培训和服务项目等方面的开支以及其他各项公共关系活动所需的经费。

E.咨询、培训费。这是指在组织遇到难以解决的问题时，委托咨询公司或聘请专家帮助解决问题需要支付的咨询费，以及组织培训公共关系人员要支付的培训费。

F.赞助费。这是指为赞助社会文化活动、教育活动、各种大型体育活动以及参与各项社会福利事业所支付的费用。

（2）公共关系经费预算的方法。其主要包括提成法、竞争对手法、投资报酬法、量入为出法和项目作业综合法。

①提成法。这是指组织按其年度计划销售额或利润额的一定比例提取，作为年度公共关系活动的经费。这种方法最突出的特点是简单、方便，但提成率不好确定，缺乏一定的弹性。

②竞争对手法。这种方法以竞争对手的预算为基础，制定超过或等于竞争对手开支的费用。由于竞争双方对经费的投入是保密的，所以这种方法有一定的盲目性和风险性。

③投资报酬法。这种方法把公共关系的经费作为一般性投资来看待，根据同量资金投入获得同量报酬的原则，按投资报酬的多少获取资金。这种做法的优点是把组织的每一次开支都看成投资，有利于提高资金利用效率。但公共关系部门投入资金所取得的效益是分散在各部门的，是局部投资、全局受益，而且各部门之间存在交叉效应，很难单独计算部门本身所得。

④量入为出法。这是按照组织的财务状况，根据财力可能支付的金额来确定公共关系经费。

以上四种方法先确定公共关系经费总额，然后根据已限定的数额编制公共关系活动方案，有多少公共关系经费投入就进行相应规模的公共关系活动。这几种方法虽然比较现实，但比较消极、被动。

⑤项目作业综合法。这种方法是先列出公共关系项目计划，然后将各项公共关系

活动项目费用详细列出，核定单项公共关系活动经费预算，最后将各项目经费汇总得出一定时期内的公共关系预算经费总额。这种方法具体、准确。其缺点是，当意外事件发生时，需要追加经费，而计划中又没有这笔开支，从而给公共关系工作带来困难。因此，采用这种方案时，必须留有余地，以使公共关系活动有适当的弹性。

3）时间预算

时间预算指对实现公共关系具体目标所需的时间进行预算，也就是为公共关系具体目标的实现制定一个时间表，规定各个时期的具体工作内容，以便公共关系人员按部就班地进行工作。例如，某大酒店要举行开业典礼，这项任务包括的具体工作步骤是布置会场、准备宴会、发放请柬、印刷宣传小册子等，每个工作步骤都需要一定的时间。先确定每个工作步骤所需的时间，工作步骤所需时间之和即为该项活动的总时间。

4.2.5 方案评价

公共关系方案制订出来之后是否可行，还有赖于对方案的分析评价。对公共关系方案评价的标准只有两个：一是看方案是否切实可行；二是看方案能否保证策划目标的实现。如果方案实施成功的可能性大，又能保证策划目标的实现，方案便被认可；否则，方案便要修正。

方案的修正过程是提高方案合理性的过程，可以从三个方面去考虑：提高方案的可行性，增强方案的目的性，降低费用开支。常见的修正方案的方法是综合法，即将制订的各种方案加以全面评估，分析其优点和缺点，然后将各方案的优点移植到被选上的方案中，使被选上的方案好上加好，达到优化的目的。

4.2.6 审定方案，准备实施

公共关系活动方案经过评价优化后，可上报领导进行决策，以最终审定、准备实施。任何公共关系策划方案都必须经过本组织领导的审核和批准，这样才能使公共关系目标和组织总目标相一致，使组织的公共关系活动和其他部门的工作相协调，从而得到全体员工的积极配合和支持。

策划方案一经批准便可组织实施了。

问题与思考 4-3

公共关系策划方案的构成要素有哪些？

分析提示：一份完整的公共关系策划方案应当包括5W、2H、1E：Why（为什么）——策划的目的；What（什么）——策划的内容；Who（谁）——策划的组织者、策划者、策划所涉及的对象（公众）；Where（何地）——策划实施的地点；When（何时）——策划实施的时间；How（如何）——策划的方法和实施形式；How much（多少）——策划的预算；Effect（效果）——策划结果的预测。

职业观念4-2

“箭牌希望图书室”赠书读书公益活动（公关策划）

1.公关目标

通过赠书活动帮助贫困地区学生改善阅读的条件，激发他们的阅读兴趣，并通过持续传递“箭牌希望图书室”所点燃的阅读求知火把，保持“箭牌希望图书室”的延续性，使其成为箭牌中国教育公益项目的重要品牌之一，不断提升箭牌公司的良好企业形象。

2.目标受众

社会公众、政府部门、媒体等。

3.公关策略

（1）不局限于单纯的现金（或物资）捐赠，通过内部捐书、员工与贫困学生“手牵手”助学等形式争取内部员工的参与，使企业的外部传播和内部传播有机地结合起来。

（2）避免了很多公司经常存在的对捐赠要求有求必应、捐赠单纯服从业务需要、相关活动零敲碎打的捐赠形式，活动项目在契合政府需要、大众需要的同时，兼顾社会效应和企业传播效应。

（3）通过箭牌公司自行发起、冠名的品牌——“箭牌希望图书室”不断地开展丰富的活动，一方面持续回馈社会，形成“星星之火、可以燎原”的社会效应；另一方面持续打造企业品牌，不断加深、美化企业传播效应。

（4）箭牌公司每年根据业务增长的情况相应加大对“箭牌希望图书室”项目的投入，但目前年投入是相对固定的，因此必须特别注重将经费用在“刀刃”（即实际的赠书读书活动）上，确保活动项目的社会效用和传播效用。

（5）箭牌公司通过赠送图书（每本书上均盖有“箭牌希望图书室”的印章）、在受赠学校组织阅读征文比赛并与少儿媒体联合刊发优秀征文、在受赠学校派发特别印制的读书海报和书签、在受赠地区组织内容丰富的读书活动并邀请媒体对活动进行采访报道等多样的媒体形式和活动方式，致力于使传播效果最大化。

4.执行策略

（1）伙伴联盟。与目标捐赠地的教育部门甚至政府机构合作，向教育部门传递箭牌公司热心教育事业的信息，有利于箭牌公司与政府关系的建立和加强，是企业对于政府极好的公关契机；可以得到政府部门的帮助和认同，最大限度地调动各方面的资源，积极配合活动的顺利开展；无论对公众还是对媒介，政府部门的介入都在一定程度上加强了活动的权威性，拓展了活动的社会效应。

（2）分层递进。有步骤地策划捐赠活动，使活动组织有序并且层层递进、不断深化。

（3）互动灵活。通过多种互动形式，实现广泛覆盖：一是特别印制了一批倡导阅读的读书海报和书签；二是开展主题阅读征文活动；三是设计丰富多彩的现场互动环节，考虑到“箭牌希望图书室”是长期的系列活动，因此在整个活动的策划和设计过程中保证主题、风格统一的基础上，预留了相当大的空间，随时可深化、延伸，每年都可以增加新的活动内容，力求更好地凸显活动的主题，加深箭牌中国的公益形象。

（4）见机行事。尽量选取有利的传播时机来开展活动，例如在“六一”前夕给孩子们送了一份节日大礼，满足了特定节日期间媒体对相关新闻的需求，有利于增强活动的传播效果。

5.传播策略

（1）现场报道。所有的现场送书环节和捐赠仪式现场，箭牌中国都邀请电视媒体全程跟踪报道，一同见证公司的善举，并组织部分媒体对企业、教育部门的领导和知名作家进行专访，丰富报道的内容。

（2）晕轮辐射。活动结束后，箭牌中国与感兴趣的媒体进行沟通，由其进行广泛报道，有效地在全国范围内扩大箭牌公司公益活动的影响力。

（3）立体传播。箭牌中国在媒体类型的选择上，重视平面媒体与电视媒体的组合，同时合理利用核心网络媒体；在给当地小学实地送书的过程中，全程跟踪拍摄然后提供给电视媒体，突出了强烈的现场感；在捐赠仪式后期则更加侧重平面媒体及网络媒体报道，努力使报道更深、更细、更精。

（4）专刊专版。征文活动结束后，箭牌中国挑选部分优秀作品刊登在知名的少儿刊物上，以此来拓展征文活动的效果。所有获奖作品均有报社编辑专配的点评。

在公共关系策划中，需要重点考虑哪些环节和内容？

分析提示：从以上案例可以看出，公共关系策划需要着重考虑的环节和内容主要有：公共关系的目标是什么？目标公众有哪些？为了实现公共关系目标应当采取哪些相应的策略？

4.3 公共关系计划的实施

公共关系计划的实施是在公共关系计划（即公共关系活动方案）确定后，将计划所确定的内容变为现实的过程。它是整个公共关系工作的中心环节。计划是对未来行动的一种预见和设想，只有经过实施，将它变为现实，才有实际意义；否则，只能是一纸空文。正确制订具有科学性的公共关系计划固然重要，但更重要的是将公共关系计划付诸实践。

4.3.1 加强检查与监督，及时修正计划

1）检查与监督的必要性

对公共关系计划实施过程进行检查与监督，及时修正计划中不切合实际的部分，是公共关系计划实施的主要工作。

通过检查，可以深入了解计划执行的情况，及时发现存在的问题、矛盾和薄弱环节，以便采取相应的措施使计划得以顺利实现；可以发现计划是否符合实际，便于及时提出修改意见，对计划进行必要的调整；可以了解各项措施是否得力、得当，责任是否落实，以便督促各项措施的落实，对不当的措施进行改进，以保证公共关系活动的顺利开展；可以了解各方面工作的进度，把握整个活动的进程；可以总结计划制订和组织执行的经验教训，积累资料，以便提高以后公共关系计划制订的科学性。

2）公共关系计划实施检查与监督的步骤

从图4-3可看出，计划制订出来后，即进入实施阶段，在实施过程中对实施情况进行检查与监督。检查与监督的方法是将实际执行（实现）的情况与计划目标进行对比，了解实际与计划的差距（偏差）。若是主观上、工作上的问题和矛盾而产生的偏差，可以及时调整和解决矛盾，继续实施；若是客观实际发生了较大的变化，实际与原定目标相去甚远，原定目标难以实现，则要重新评价目标和调整计划，并按新计划实施。如此循环，直到计划最终完成。

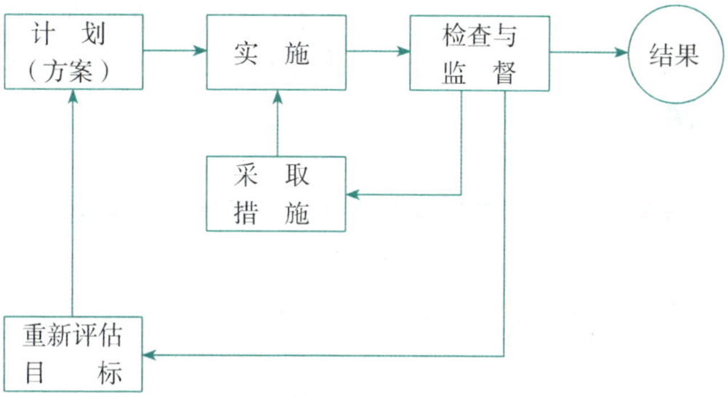

图4-3　公共关系计划实施的检查与监督步骤

3）检查与监督的内容

（1）掌握公共关系工作的进度。公共关系工作必须按公共关系计划实施，但在开展工作的过程中，因为面临的具体情况不同，有时会造成工作脱节，影响公共关系活动的正常进行。因此，要经常检查落实工作的实际进度，及时发现超前或落后的情况，分析产生问题的原因，调整计划，及时协调人力、物力、财力。

（2）检查公共关系工作效果。对公共关系活动进行工作效果检查，既保证了必要的经费开支，又不至于开支无度，使公共关系部门合理使用经费，避免公共关系部门成为没有经济责任的部门。

（3）检查与监督公共关系计划实施中的各种关系。所谓关系，就是公共关系计划实施中所涉及的各方面配合应达到和谐、合理、统一的状态。这就要求公共关系人员要有整体和全局观念，协调好上下级之间的关系和同级各部门之间的关系，做到上下一致、前后统一，尽量消除各种误解和矛盾，并对一些已经发生的矛盾及时协调解决。

4.3.2 公共关系计划实施中应注意的问题

1）建立检查与监督系统

为保证及时发现计划实施过程中的问题，组织应建立起自己的环境监督系统，形成网络，及时发现问题并反馈计划实施情况。

2）发挥具体实施人员的主动性和创造性

实施计划是个不断变化和需要调整的动态过程。实施者要依据整个实施计划中的原则和自己所处的环境、面临的条件确定实施策略。策略包括公共关系人员的主动性和创造性。任何一个公共关系计划都不可能规定出公共关系人员在具体实施计划时该怎么说、怎么做，因此，公共关系人员在实施计划时要发挥自己的创造性，遇到意外的情况，在不背离既定目标和不影响大局的前提下能够自主解决。

3）计划实施中的障碍排除

任何事物的发展都不会是一帆风顺的。公共关系计划在实施中也一定会遇到这样或那样的障碍。这些障碍有内部的，也有外部的；有主观造成的，也有客观的。正视种种障碍并把它们消除是保证计划实施，实现公共关系目标的必要条件。

职业观念4-3

“箭牌希望图书室”赠书读书公益活动（公关实施）

2003年10月，“箭牌希望图书室”赠书读书公益活动项目正式启动，在多次捐赠活动中，我们选取2005年的几个捐赠活动进行项目阐述。

一、活动结构

该活动分三个阶段进行：第一阶段，在4月初正式启动“阅读改变人生”征文活动，活动对象为2004年受捐助的四川省20所学校以及2005年拟捐赠的甘肃省20所学校的学生。第二阶段，在5月份启动现场送书赠书活动，活动选取了甘南、定西地区各一所学校作为目标，并对两所学校的赠书活动进行了全程跟踪报道。第三阶段，将上述捐赠活动在兰州读书活动中汇总，现场进行了优秀征文作品颁奖以及一系列意义深远的助学、交流活动，把整个活动推向高潮。

二、实施过程

1.四川/甘肃征文活动

与四川省教育厅和甘肃省教育厅取得联系并达成合作，在四川已受赠的20所学校和甘肃拟捐赠的20所学校同时开展征文活动。在每个地区分别筛选出8篇优秀文章进行最后一、二、三等奖的评选。在最后的优胜作品中，挑选5篇在2005年5月24日的《少年文摘报》上刊登，刊登版面为两版，每篇作品都配有报社编辑的点评。

2.“箭牌希望图书室”现场捐赠活动

5月18日和5月21日分别选取了甘南夏河县甘加小学以及定西漳县草滩学校作为现场捐赠仪式的目标对象，将图书、读书海报和书签送到了受赠学校。

5月28日上午，在兰州市飞天大酒店3楼宴会厅举办读书活动，活动亮点包括：

（1）小型优秀少儿图书回顾展。箭牌中国特别和上海少年儿童出版社合作，共同展出了200多本（套）中华人民共和国成立以来优秀的儿童读物，特别是不同时期的《十万个为什么》等经典图书。

（2）给优秀学生颁发《十万个为什么》。由箭牌公司领导为受赠学校选出的100名优秀学生代表额外颁发精装《十万个为什么》1套，作为对优秀学生的节日奖励。

（3）征文颁奖。8名获奖学生代表上台接受由箭牌公司领导及甘肃省教育厅领导共同颁发的奖项。第一名获奖者现场朗读了她的获奖作品——《阅读好书改变人生》，感动了在场的听众。

（4）“手牵手”助学环节。箭牌公司员工代表与103名家庭生活困难、学习成绩优秀的学生代表进行现场“手牵手”助学捐赠活动。

（5）“面对面”读书活动。特邀请著名作家叶永烈先生与学生“面对面”交流，学生提问热情高涨，现场气氛活跃，随后的“健康阅读、快乐阅读”签名倡议的场面也异常热烈。

3.2005年“箭牌希望图书室”甘肃省定西读书活动

在甘肃省定西市委和定西市教育局协助下，绿箭中国于定西市漳县大草滩学校举行了一次读书活动，贫困地区的孩子们第一次有机会和著名作家“面对面”，就读书和成才的话题进行了现场交流。

资料来源　编者根据相关资料整理。

4.4　公共关系活动效果评价

4.4.1　公共关系活动效果评价的作用

公共关系活动效果评价是根据制定的标准对公共关系调查、公共关系策划、公共关系计划实施及其效果进行衡量、检查和评价，并以此判断公共关系活动优劣的过程。公共关系活动效果评价是公共关系“四步工作法”中的最后一步。它在公共关系活动中起着不可低估的作用。

1）公共关系活动效果评价是改进工作的重要环节

一项公共关系活动的实施，最终结果通过评价可能出现三种情况：一是效果比较好。对此评价，要找出成功的原因和经验，明确值得发扬的做法，然后安排下一项公共关系活动。二是没有作用，甚至出现偏差。对此评价，要研究为什么没有取得效果，原因是情况变了、目标定得不准，还是方法措施不当等，以便改进下一步的公共关系工作。三是有点成绩。对此评价，要在总结经验教训的基础上着重解决如何完善目标、技术和方法的问题，提出适当的补救措施，以提高公共关系工作的质量。

2）公共关系评价是开展后续工作的必要前提

从公共关系工作的连续性看，任何一项新的公共关系计划的制订和实施，总是以原来的公共关系工作及其效果为背景的。制订新的公共关系计划，要对前一项公共关系工作从制订到实施、从效果到环境变化进行系统的评价。通过评价，可以了解组织形象的现状，发现组织面临的新问题、新情况，为后一项公共关系工作提供决策依据。

3）公共关系评价是鼓舞士气、激励内部公众的重要形式

公共关系人员将公共关系活动效果评价的结果向内部员工解释说明，可以增强全体员工的公共关系意识，使他们自觉地将实现本组织的战略目标与自己的本职工作紧密联系在一起并变为行动，还能使组织的领导看到开展公共关系活动的明显效果，从而更加自觉地重视公共关系工作。

4.4.2 公共关系活动效果评价的程序

1）重温目标

旧的公共关系具体目标和计划是效果评价的基本尺度。有了这个尺度，对整个公共关系活动的质量才有客观的评价标准。公共关系工作是否有成效，其标准就是看公共关系工作的结果是否达到了预期目标，也就是说，将调查得到的结果与预期目标进行比较，看其吻合的程度，以得出正确的评价结论。

2）收集有关信息资料

信息资料是评价效果的基本材料和依据。公共关系部门平时就应注意信息资料的收集、积累工作。在评价时，要继续广泛地收集有关的资料。资料收集一定要全面、客观，能够反映公共关系工作各方面的情况，应尽可能做到准确无误。

3）综合分析

进行综合分析要注意：一是将丰富的材料“去粗取精，去伪存真，由此及彼，由表及里”地进行整理。“去粗取精”，就是对材料进行选择，去掉那些粗糙的东西，把反映本质的材料留下来；“去伪存真”，就是对材料进行鉴别，分别真伪，去假留真；“由此及彼”，就是把握事物间的内在联系；“由表及里”，就是透过现象看本质，把握事物发展的规律性。二是要特别注意纵观全局。经济现象是错综复杂、互相联系的。公共关系活动涉及方方面面，是企业整体行为的综合反映。因此，要按照经济发展过程中各个环节的内在联系来观察，以求比较全面地揭示事物的本质。三是要注意定量分析和定性分析相结合。既要注意量的变化，也要注意质的变化。

职业观念4-4

“箭牌希望图书室”赠书读书公益活动（公关评估）

2003—2005年（主要是在2004年和2005年），“箭牌希望图书室”共捐赠图书近6万册，图书总值近100万元，覆盖了包括广东、四川、甘肃共60所学校的3万多名学生。

有效的新闻运作、贴切的公关形式使得“箭牌希望图书室”赠书读书活动取得了

良好的传播效果。以2005年甘肃捐赠为例，整个活动得到了甘肃省教育厅、当地老师和学生的极高评价。此外，对于整个活动，媒体也给予了相当高的关注和认可，6月和7月，关于“箭牌希望图书室”的赠书读书活动的新闻报道覆盖甘肃省内以及北京、上海、广州、深圳、成都、西安等城市的各大媒体，深化了广大群众特别是中小学生对于“箭牌希望图书室”这一公益品牌的认知度，从而有效塑造了箭牌公司致力于推进中国教育公益事业的正面形象。

资料来源　编者根据相关资料整理。

问题与思考4-4

什么是公共关系活动的定量分析和定性分析?

分析提示：公共关系活动的定量分析就是利用统计及数学的方法和所计算出的各种指标，对公共关系活动的结果进行数量的对比分析，以认识其本质、发展过程、发展趋势及变化规律的方法。公共关系活动的定性分析指运用科学的理论、丰富的经验及已掌握的资料，对公共关系活动的性质、特点、运动过程、发展趋势等进行评价和判断的方法。

4）撰写评估结果报告

撰写评估结果报告就是要将公共关系活动的结果以文字的形式报告给组织领导者，以取得重视和支持。撰写评估报告要注意“五忌”：一忌数字不准，情况失实。二忌数字文字化，没有观点，或者满纸陈述，没有数据、实例。三忌“油水分离”，观点和材料不统一。四忌报喜不报忧。五忌“穿靴戴帽”，套话连篇。

5）把分析结果用于决策

这是公共关系评价工作的最后阶段，也是它的最终目的。分析结果可以用于两个方面的决策：一方面用于组织的总目标、总任务的决策；另一方面用于其他公共关系项目的决策。

4.4.3　公共关系活动效果评价的内容

1）工作程序评价

公共关系工作程序评价就是要对公共关系工作的各个步骤进行客观的评价。评价的内容为：

（1）调查过程评价。其包括：公共关系调查的设计是否合理；收集的公共关系工作信息、获取的信息资料是否准确；公共关系调查对象的选择是否具有典型性、代表性；公共关系调查工作的组织实施合理程度如何；公共关系调查的结论分析是否科学。

（2）策划过程评价。其包括：公共关系策划的目标是否正确、合理，选项是否恰当，总体方案是否可行；公共关系战略构思是否周密、科学；目标公众的选择是否准确；经费预算是否恰当等。

（3）计划实施过程的评价。其包括：各项准备工作、沟通协调工作是否到位；媒体选择及媒介策略是否适宜；信息的内容是否准确；传播效果是否明显；实施过程安排是否恰当；实施效果是否达到目标要求等。

2）专项活动评价

专项公共关系活动评价指对各种公共关系活动效果的评价。评价内容为：

（1）日常公共关系活动评价。其包括：组织全体员工的公共关系运作，具体指领导层内部公共关系活动的开展情况，全体员工的公共关系意识和行为表现状况；组织形象；各部门在经营管理的各个环节上的公共关系投入状况；公共关系网络状况；内部公共关系协调状况；日常组织沟通状况；人际协调状况；外部公共关系状况；知名度、美誉度状况；外部公众传播沟通状况；公共关系人员的日常工作状态和目标情况；公共关系人员与领导工作配合和沟通状况等。

（2）单项公共关系活动的评价。其包括：项目计划是否合适；项目目标与组织总目标、公共关系战略目标是否一致；项目的目标是否已经实现；传播沟通策略、信息策略是否有效；公共关系协调状况如何；对公众产生了哪些影响；公共关系形象有何改变；项目预算是否合理；组织管理工作成效如何等。

（3）年度公共关系活动评价。其包括：年度公共关系计划是否合理，实现情况如何；年度日常公共关系工作成效如何；年度单项公共关系活动的类型、数量及效果分析；年度公共关系经费预算使用情况及合理性研究；内外部公共关系的开展和成效情况；公共关系机构与公共关系人员的绩效情况；组织的公共关系应变能力等。

（4）长期公共关系评价。这是对一定时期内公共关系项目及公共关系长期工作成效的分析。它是总结的过程，需要将前几种专项公共关系活动评价结果一并吸收进行系统分析，从而获得一个总的结论。同时，要对公共关系活动过程进行客观评价，并将前几种专项活动评价的内容加以归纳整理和分析研究。分析中要特别注意公共关系战略的得失问题、公共关系变动规律、公共关系与经营管理的关系问题等。

3）对公共关系机构绩效的评价

对公共关系机构绩效的评价，便于检查公共关系机构人员的工作效率、实际能力、策略手段等。这对改进机构工作效率并提高工作水平很有帮助。该评价主要包括：市场营销分析、广告研究、新闻宣传、专题活动、管理绩效等。

4.4.4 公共关系活动效果评价的方法

1）民意测验法

民意测验法是按抽样法的要求在选定的公众群体中，选择一定数量的测验对象，用问卷、表格等方式征求他们对指定问题的意见、态度、倾向，再进行统计、说明，借以分析公共关系活动的效果的评价方法。

2）专家意见法

这是一种综合专家意见的方法。**专家意见法**是由各方面的专家会同公共关系人员组成评议组，对公共关系活动进行评估、接受质询、予以论证的评价方法。其步骤是：①由主持人拟定调查项目并给出评估标准。②聘请公共关系、管理、心理、传播专家十名至数十名。③请专家们以不记名方式独立发表意见。若意见分散，则将上一轮意见汇集整理，反馈给每位专家，请他们重新发表意见，直至意见趋于一致。④分析、研究专家们的意见，得出能代表大多数专家意见的结论，作为专家对公共关系活动效果的权威性评估。

知识链接4-3

德尔菲法也叫专家调查法或专家意见法。它主要是使专家意见由面对面交谈变为背靠背的意见征询，即采用匿名反馈的形式，用大量的表格或问卷的方式，经过多轮背靠背的征询，将每一轮得到的结果进行汇总整理作为参考资料，匿名寄给各位专家，不断征询、修改、补充，使专家的意见趋于集中。德尔菲法由美国兰德公司首创于20世纪40年代末，是国际上被广泛应用于各个领域的行之有效的调查预测方法。

资料来源　黄荣生．市场调查与预测［M］．北京：中国商业出版社，1998.

3）观察法

这种方法是通过直接观察公众的反应来检验公共关系活动的效果的评价方法。如光顾本组织的公众是否增加了，公众投诉的电话和信件是否减少了，纠纷是否平息了等。

4）传播统计法

传播统计法是运用统计方法分析报纸、杂志、广播、电视等传统媒体和以数字化、网络化为特征的新媒体对本组织的报道情况来评估公共关系活动效果的评价方法。传播统计法应用在传统媒体方面主要有九个方面。

（1）信息传播速度。信息传播速度是单位时间内传播的信息量或传播一定的信息量所需要的时间。单位时间内传播的信息量越多或传播一定的信息量所需要的时间越短，说明传播速度越快。

（2）视听率。**视听率**指媒体或某一媒体的特定节目在某一特定时间内，实际视听人数与被调查人数之比。用公式表示为：

视听率=实际视听人数÷被调查人数×100%

（3）知名率。知名率指掌握公共关系信息的人数与被调查人数之比。用公式表示为：

知名率=掌握公共关系信息的人数÷被调查人数×100%

（4）报道的篇幅和时数。篇幅越长，出现频率越高，时数越多，引起公众注意和兴趣的程度就越高。这是从量上判断的。

（5）报道的内容。报道中，对组织的成就、发展情况报道越多，效果越好，在公众中树立起组织的良好形象的可能性越大。这是从质上分析的。

（6）媒体的级别。那些发行量大、覆盖面广，具有权威性、影响力强的传播媒介所发表的对组织有利的报道，往往比其他媒介更利于提高组织的知名度和美誉度。

（7）新闻资料的使用方法。对新闻资料是正面报道还是反面报道，是全面报道还是摘要报道，是重点报道还是一般报道，是醒目的版面还是次要版面，这些差别均会导致报道效果不同。

（8）报道的时机。报道的时机指是否及时、适时地进行了报道，是否恰好配合组织的实际发展。迟发的新闻报道有时不仅无益，反而有害。

（9）记者、编辑的反应。这是指记者、编辑对于组织所提供的资料是否满意，如资料是否及时、容易编发，是否需要较大的改动，是否适合刊发等。

传播统计法在新媒体方面的应用目前尚未建立统一的指标体系。以报纸新媒体为例，其统计指标有阅读量、转发量、评论量、点赞量、付费用户数量等。

本章小结

❀ 本章阐述了公共关系工作程序四个阶段的内容，即公共关系调查、公共关系策划、公共关系计划的实施、公共关系活动效果评价。

❀ 公共关系调查内容包括：调查的含义、内容和方法。

❀ 公共关系策划内容包括：策划的原则，确定公共关系目标，制订方案，编制预算，方案评价以及审定方案、准备实施。

❀ 公共关系计划的实施内容包括：加强检查与监督，及时修正计划并注意计划实施中出现的问题。

❀ 公共关系活动效果评价内容包括：公共关系活动效果评价的作用、程序、内容和方法。

主要概念

公共关系调查　问卷法　抽样调查　公共关系策划　公共关系目标　公共关系计划的实施　公共关系活动效果评价　民意测验法　专家意见法　视听率

综合练习

1.选择题

（1）公共关系调查的内容除对组织形象、地位、要素的调查外，还应该调查（　　）。

A.社会政治环境　B.经济环境　C.文化环境

D.自身条件　E.公共关系活动的条件

（2）制订公共关系方案的内容包括确定目标、确定公众、确定主题及（　　）。

A.确定项目　B.选择媒介

C.编制预算　D.明确人员安排及职责分工

（3）公共关系活动经费预算的编制方法除提成法、竞争对手法、投入报酬法之外，还可采用（　　）。

A.量入为出法　B.项目作业综合法　C.划拨法　D.综合评定法

（4）公共关系活动效果评价的内容包括工作程序评价、（　　）和公共关系机构绩效评价。

A. 专项活动评价　　B. 单项公共关系活动评价
C. 年度公共关系活动评价　　D. 公共关系人员的能力评价

2. 判断题

（1）公共关系调查和市场调查是一样的。（　）
（2）问卷法是访问法的一种。（　）
（3）公共关系活动计划即公共关系策划。（　）
（4）10年以上的公共关系目标为长期目标。（　）
（5）公共关系计划实施的关键工作是检查与监督。（　）
（6）检查就是将实际情况和计划目标对比。（　）
（7）视听率=掌握公共关系信息的人数÷被调查的人数×100%。（　）
（8）公共关系活动效果评价主要是总结成绩。（　）

3. 简答题

（1）公共关系工作程序包括哪几个阶段？说明它们之间的关系。
（2）公共关系计划实施中应注意什么问题？
（3）公共关系活动实施是否是简单的公共关系策划方案的实施？
（4）为什么要评价公共关系活动效果？常用的评价方法有哪些？

4. 材料分析题

1919年，康那利斯·斯达在上海创立了一家小型保险公司——AIG，目的是进军人寿保险市场。在这之前根本没有其他西方国家的公司做过这门生意，康那利斯·斯达后来将其业务扩展至西方国家，令AIG成为全球知名的保险公司。在“丝绸之路”的发源地，AIG决定举行一次规模空前的庆典活动，庆祝公司悠久的历史及所创造的辉煌成就。此次为期3天的庆典活动在2005年6月初举办，近400人参加。

追根溯源，AIG在中国这片土地诞生，在西方成长，“丝绸之路”这一主题恰如其分地表达了AIG与中国的渊源。

经过反复斟酌，此次活动的场地最后确定在距长城只有10分钟车程的“长城脚下的公社”，该场地能给现场布置以极大的发挥空间。在辽阔深远的夜空下，以雄伟的长城为大背景，能够运用光影勾勒历史的轮廓并彰显现代的华丽。此时此刻，欣赏一组大气而纯粹的中国风情演出，已成为所有来宾的期待。东西方神采的表现形式是庆典的点睛之笔，为此，公关公司经历了一个艰苦的提案、推翻、再提案的过程。为了保证表演的质量，AIG的工作人员在一年半的时间内，与数个知名的文艺团体进行了接触和协商。最后，确定了邀请少林武僧团和女子十二乐坊进行现场表演。近年来，少林武僧团作为中国文化交流的使者经常出访欧美国家，他们已经在国外树立起了很高的知名度和美誉度；与至刚至猛的少林武术形成强烈反差，女子十二乐坊展现的则是柔美和玲珑。

组织者意识到只有注意细节才能避免慌乱，所以活动进行的每一个步骤都尽量做到万无一失。尽管AIG的丝绸之路庆典只在北京举行了为期3天的活动，但实际上AIG却为此进行了整整3年的筹备工作。2005年6月7日，一场盛大的、充满中国特色的庆典给活动画上了圆满的句号。3天的活动，客户给予了高度评价，组织者获得了宝贵的经验。

AIG举行的庆典活动实际上属于企业内部的公共关系活动，它对企业公共关系的发展有着极其重要的现实意义。

资料来源 佚名．促销——公共关系［EB/OL］．［2020-08-07］．http：//www.docin.com/p-456752498.html.

问题：假如你是AIG的公关人员，你将如何组织这次庆典活动？从策划到实施怎样才能确保活动的成功？

5.实践训练

（1）制订一份公共关系活动方案。

（2）为某商场设计一份向公众了解商场整体形象的调查问卷。

（3）参与一次单项公共关系活动并评价活动效果。

（4）选择同学们关心的热点问题组织一次问卷调查。

第5章

企业内部公共关系

学习目标

知识目标：了解企业内部公关的范围，掌握处理员工及股东关系的原则和方法。

技能目标：能够运用所学知识处理组织内部人际关系问题。

能力目标：树立“以人为本”的理念，实现将员工视为生产要素向视同与企业并列的独立主体的观念转变。

引例

诚信为纲　战略结盟　民生为本　打造精品

恒大集团是集房地产规划设计、开发建设、物业管理于一体的国际性、综合性现代化企业集团。其已经在全国30多个城市实现了战略布局，在全国20多个省会城市拥有地方分公司。

一、注重战略，恒大集团的目标已步步实现

恒大集团从1997年成立到现在，在发展战略上经历了三个战略阶段。

第一阶段，1997—2004年，其奉行并坚持“规模取胜”的战略，完成了集团发展的初步积累。随着集团的发展，2004年其开始向全国拓展，并由此进入第二阶段——从“规模取胜”向“规模加品牌”的发展战略进行过渡。到了2007年，恒大集团步入第三个战略阶段，即通过标准化运营模式在全国推行“规模加品牌”的发展战略。

二、金融危机考验下，恒大集团守住两大底线

2008年，在世界金融危机发生的时候，恒大集团在战略决策上很清晰也很有信心。当时其做了两个决定：第一，不卖地，因为这是恒大集团发展的基础；第二，不能销售不符合集团内部开盘标准的项目。

三、强强联手，共同创造市场价值

一个企业要渡过难关、要走向辉煌，光靠企业内部是不行的，要靠很多实力非常强大的战略合作伙伴。2004年，恒大集团就提出了“打造精品”的口号，开始建立战略联盟关系，在建筑施工领域，其选择全国十强企业进行合作；在装修领域，其同全国十大装修企业合作；在销售领域，其项目由专业公司来运作，比如合富辉煌和易居中国，这些都是全国大型的地产销售代理企业；在建材领域，其选择国内国际一流的品牌，走“规模加品牌”的路线。

四、战略目标：共建中国民生工程

在开发建设方面，恒大集团还将立足于民生工程，住宅质量要越来越好，要成为受人们尊敬的企业、品牌影响力强的企业。

五、双赢互利，阳光合作，诚信为本

恒大集团的董事长许家印说过：“我们同战略合作伙伴之间，通常讲两句话，第一句是阳光下双赢合作，第二句是诚信为本。我们都是大企业，都是知名企业，我们合作该谁赚钱就谁赚钱，合同是第一位的。我们在合同和管理上非常阳光，在项目上也非常阳光。我们认为诚信是企业发展的根本。”

资料来源　何南. 传奇许家印：最帅的地产大亨［M］. 北京：中国言实出版社，2012.

从以上案例可以看出，企业的公共关系可分为内部公共关系和外部公共关系。内外部公共关系是相互联系、相互影响、相互作用的。外部公共关系是为了争取外部公众的理解、信任和支持，建立企业的良好声誉，从而树立企业的良好形象。内部公共关系是为了使企业内部团结一致、增强凝聚力，为树立企业的形象打基础，是外部公共关系的基础，也是卓有成效地开展外部公共关系的保证。从根本上来说，公共关系是“内求团结，外求发展”的管理艺术，只有内求团结，才能外求发展。本章将系统地阐述企业内部公共关系处理的基本原理。

5.1　员工关系

员工指一个企业的内部成员，是对企业生存发展产生直接影响的最重要的公众。员工关系指企业内部人与人的关系，它是企业内部最重要的一种关系。

5.1.1　员工关系的重要性

1）搞好员工关系是实现企业目标的前提

员工关系在公共关系中占有极其重要的地位，这是由员工在企业中的地位决定的。企业内部一切工作都从员工关系开始，因为员工是企业的主体。企业目标的实现，绝非一个人的事情，要靠全体成员齐心协力去共同完成。实践证明，企业的员工团结一致、互相配合，其工作成果就较大，各项任务就完成得比较好；反之，员工关系处理不好，内部就会矛盾重重、步调不一，各项工作就难以开展，企业目标也就难以实现。

2）搞好员工关系是塑造企业形象的基础

员工身处对外公共关系的第一线，他们是企业与外部公众接触的“触角”，其一言一行都代表企业。外部公众正是从与员工的接触过程中形成对企业的看法和态度。因此，培养员工良好的举止、正直诚实的美德，使员工为外部公众提供热情周到的服务是建立良好企业形象的基础性工作。

3）搞好员工关系有利于企业信息的传播

在很多情况下，外界公众是通过接触企业内部员工来了解企业的。员工的待人接物、言行举止，乃至气质、风度，都直接或间接地传播企业信息。另外，员工最了解本企业产品的质量和服务方式，他们不一定是推销员、服务员，但他们可以通过家庭、亲友将本企业的产品、服务方式和服务质量的信息扩散给外部公众，这样会增强宣传的可信度，使宣传更容易为外界所接受。同时，企业的员工又是产品的消费者和服务方式的选择者，如果他们能率先购买本企业的产品，选择本企业的服务，这种现身说法的渗透宣传比一般的广告更能影响消费公众。

5.1.2 处理员工关系的目标

处理好员工关系十分重要。那么，处理员工关系应达到的目标是什么呢？归纳起来就是以尊重员工个人权利为出发点，通过传播与沟通方式，追求企业的向心力和凝聚力，树立员工的团体价值，构建和谐员工关系，团结全体员工为企业的发展而奋斗。

1）树立员工的团体价值

树立员工的团体价值指培养员工良好的价值观念。**企业的价值观念**是企业内部绝大多数人认同并持有的共同信念和判断是非的标准，是调整企业员工行为和人际关系的持久动力，是企业精神的表现。如有的企业提出了“敢为人先，敢争第一”的企业价值观念。员工的团体价值是决定企业兴衰成败的根本，对于塑造企业形象具有重要的作用。企业的价值观念是长期逐步培养形成的，可以通过开展内部公共关系工作，逐步培育全体员工认同的价值观念，从而影响企业的经营决策、领导风格及全体员工的工作态度和作风，引导全体员工把个人的目标和理想聚集在企业的目标和信念上，形成一股强大的凝聚力。

问题与思考 5-1

企业价值观念有什么特征？

分析提示：企业价值观念是支配员工精神的主要价值观念，是企业长期积淀的产物，是有意培育的结果。

2）增强企业对员工的凝聚力

增强企业对员工的凝聚力指通过企业内部公共关系活动，使每个员工都从内心真正把自己归属于企业，处处为企业的荣誉和利益着想，把自己的命运和企业的兴衰联系在一起，为自己是企业的一员而自豪，使企业内部“心往一处想，劲儿往一处使”，成为一个协调和谐、配合默契、具有强大凝聚力的集体。这是企业内部公共关系的又一重要目标。

3）协调和改善企业内部人际关系

企业的总目标能否实现，关键在于企业目标与个人目标是否一致，企业内部各类员工的人际关系是否融洽。内部公关活动的开展就是要使企业内部信息交流渠道畅通无阻，消除误会与隔阂，联络感情，在企业内部形成相互交流、相互配合、相互支持、相互协作的人际关系。这种人际关系一旦形成，就标志着企业创造了一种良好的组织心理氛围，可以成为提高工作效率、推动企业发展的强大动力。

5.1.3 搞好员工关系的主要途径

1）满足员工的物质需要

人类的需要可以划分为三个基本层次，即对生存资料的需要、对享受资料的需要和对发展资料的需要。它们之间呈一种层次性排列，其中，对生存资料的需要是人类最基本的需要，对享受资料的需要是人类中等层次的需要，对发展资料的需要是一种较高层次的需要。企业要想搞好员工关系，必须重视和满足员工对基本生存资料的需要，考虑员工对享受资料的需要。生存需要和享受需要首先表现在物质需要方面。企业中员工的物质需要包括工资待遇、福利待遇、劳动条件和劳动环境等。这些物质需要的满足和改善，是企业树立良好的公共关系的基础，是企业管理的目的，也是提高企业经营管理水平、激发员工劳动积极性的手段。

（1）处理好员工的劳动所得。企业要打破平均主义的“大锅饭”，贯彻按劳分配的原则，使员工的劳动所得与他们的劳动成果挂钩，从而形成一个人人关心企业经营、人人重视企业效益、人人努力完成各项工作的局面。在员工的物质利益方面，应拉大工资差距，拉开奖金档次，充分体现“奖勤罚懒、奖优罚劣”“多劳多得、少劳少得”的原则。

（2）努力改善员工的福利待遇。员工享受企业的福利待遇是其合法权益，也是员工物质利益的体现。改善员工的福利待遇不仅可以免除员工的后顾之忧，更重要的是可以培养员工以企业为家的信念，增进企业与员工的感情，激发员工的劳动热情。因此，公关部门应该特别重视收集员工日常生活的各种要求，将其尽量及时、准确地报告给有关领导和相关部门，即使不能尽善尽美地解决员工的困难，至少应该对他们进行合理解释。改善员工福利待遇涉及面广泛，如生老病死、婚丧嫁娶、衣食住行等，都是内部公关活动应该关注的。实践证明，企业领导关心员工生活，不断改善员工的福利待遇，企业的员工就会精神振奋，劳动积极性就会高涨；反之，员工的士气势必低落，企业的领导也不会得到员工的信任和支持。

（3）不断改善劳动环境、劳动条件。企业必须贯彻和坚持安全生产制度，改善劳动条件，做好劳动保护和环境保护等工作，做到安全生产、文明生产。做好这些工作是企业应尽的义务，也是员工应该享受的合法权益。好的工作环境，可以激发员工的工作热情，提高工作效率。因此，企业在开展内部公共关系时，要注意做好这方面的工作，同时还要注意不断总结和提高。

2）满足员工的精神需要

员工的基本生活需要得到满足后，精神需要就变得迫切起来。员工的精神需要主要是对发展资料的需要，包括尊重的需要和自我价值实现的需要，这是一个问题的两个方面。所谓尊重的需要，指尊重和承认员工的价值信念。只有员工的价值信念得到尊重和承认，员工才能把自己的利益和企业的利益捆绑在一起，才能以主人翁的责任感来维护企业的良好形象，在维护企业良好形象的过程中不断实现自我价值的更高层次。员工的精神需要包括多方面的内容，主要有：

（1）重视感情投资。所谓感情投资就是通过情感交流潜移默化地去影响交往的双方，使其思想感情发生预期变化，缩短双方的感情距离，协调企业与员工的关系。重视感情投资首先要尊重员工的人格。人的行为既有为了谋生和赚钱的成分，又有争取地位和人格平等的成分，需要在群体的生活中得到感情上的满足，特别是现代企业的员工都有一定的科学文化素养，往往更看重后者。企业的公关人员应充分认识这一点，即尊重人、爱人，为企业员工施展才能、实现自我价值提供舞台，在企业内部创造一种有原则的、和谐的，相互了解、信赖、支持和合作的气氛；努力创造条件，使下属愿意并毫无拘束地讲真心话，发泄牢骚和怨言；下属犯了错误时能受到公正对待，在人格上仍然受到尊重……总之，使每个员工都感到他在企业中的存在、作用和价值是被别人尊重和信任的，他的努力会得到管理者、企业及社会的承认，只有这样员工才会对企业产生一种亲切感。这种亲切感是一种影响力，能增进彼此间的友谊和信任。其次要主动解决员工的生活困难。工作与生活的协调是企业内部人与人之间，特别是管理者与员工之间感情协调的主要基础。只关心生产（工作）不关心人的管理，必然造成企业内部人际关系紧张，员工士气低落。因此，企业对员工生活方面应给予关心，配备集体福利设施，尽可能地解决员工的工作、学习、生活方面的实际困难，如员工的住房、就餐、洗澡、学习、娱乐、子女入托、子女入学等问题，使员工感到置身于企业处处受到关心，有一种安全感和归属感。

（2）实行民主管理。**民主管理**指企业通过多种形式使员工参与企业的管理和决策。企业实行民主管理能提高员工的主人翁意识，培养他们的责任心，改善领导作风，克服官僚主义、家长制思想和特权思想，从而调动员工的积极性。

实行民主管理必须做到：①保障员工当家做主的权利，使员工享有并实际行使对企业民主管理的权利。员工有权审议企业经营管理的重大决策，监督行政领导，维护员工的合法权益。②企业的重大决策和一切规章制度必须符合绝大多数员工的根本利益和意愿，尊重员工的合理要求。③健全监督网络。实行经理负责制后，为了保证经理行使职权，防止少数领导干部以权谋私，在建立健全自上而下、横向监督机制的同时，更要建立健全自下而上的制约和监督体系。④完善员工代表大会制度，真正使员工代表大会成为民主管理的基本形式，成为企业的监督机构，而不是一种“咨询形式”。员工的主人翁地位从内容到形式切实得到保障，真正实现了员工当家做主，员工就必然会以主人翁的态度积极做好本职工作，主动关心企业的发展，企业的员工关系也能随之得到改善。

（3）注意沟通，尊重员工的知情权。企业内部人际关系的许多障碍是由信息梗阻引起的。管理者不了解情况，就会使相互猜疑和小道消息泛滥，所以要主动疏通信息交流的渠道。企业的发展目标、计划决策、财务开支等情况，应及时让员工知晓。一个企业对于自己的员工没有任何信息值得保密，即使是工作的失误也应如实地向员工报告，求得员工的理解和谅解。同时，管理者应经常深入员工之中，和员工聚餐，对员工进行家访等，在言论和信息的“自由市场”里敏锐地捕捉问题、讨论问题，体察员工的生理、心理需求，适时做出令员工满意的决策等，以联络彼此间的感情，缩短感情距离。

（4）知人善任，创造良好的人事环境。①企业在用人时，要了解人才、尊重人才。每位员工都不可能是“全才”，但都有其长处。用人时要能用其所长，避其所短，把他安排到最能发挥特长的岗位上，使其感到受尊重、受重视，并产生一种自我价值实现的满足感和自豪感，从而最大限度地调动员工的积极性和创造性。②重视人才、保护人才、充分发挥骨干分子的作用也是调动员工积极性的重要内容。尽管先进骨干分子只是少数，但企业的主要工作、关键业务常常是在这些骨干分子的努力和带动下完成的。领导应认真研究本企业骨干分子的特点，尽量满足他们的合理要求；企业所有的规章制度、措施，都要有利于保护骨干分子的积极性，充分发挥他们在生产和科技中的带头作用，并通过他们在广大员工中的积极影响来协调好企业内部的公共关系。③充分信任，用人不疑。“疑人不用，用人不疑”，这历来是有见识的领导所遵循的一条原则，是对员工信任和尊重的表现。每个人都有自尊心和成就感，都希望得到他人特别是领导的信任。因此，领导用人就应当信任他们，让他们在自己的职权范围内大胆工作，切不可又用又疑。④创造良好的人事环境，通过各种形式给员工的成长和发展提供机会。为全体员工提供各种形式的培训，使他们掌握必要的技术并进行创新。对员工的良好工作表现与成绩给予各种形式的奖励，在企业内部形成必要的竞争气氛，对于在工作岗位上有成绩、有才干的人，要给予鼓励和支持，为其提供更多的晋升机会。

（5）善于运用激励的方法调动员工的积极性。人是生产力中最积极、最活跃的因素，人的作用的发挥程度和人力资源的利用程度，直接关系到企业经营的成败。要充分发挥和利用人力资源，关键在于激发员工的工作热情，调动员工的积极性。

① 要了解员工的需要，满足员工的正当要求。要想激发员工的工作热情，必须了解员工的需要，解决员工迫切希望解决的问题。人的需要是多层次的，而且年龄不同、受教育程度不同、生活背景不同和社会地位不同的人，其需要也不一样。所以，要因人、因时、因地，有针对性地满足员工的合理要求，关注员工的切身利益。在满足员工物质需要的同时，还应注意使员工的精神需要、发展需要得到满足，从而充分发掘其潜能。

② 目标激励。目标激励即通过设置目标来激发人的动机、指导人的行动。企业要使员工的需要与组织的目标紧密联系在一起，激发员工的积极性、主动性和创造性。在运用这一方法时，要把总目标与阶段性目标有机地结合起来，要让员工参与目

标的制定，以增强员工的责任心和自觉性，更好地理解企业目标的意义。

③ 榜样激励。榜样激励的作用来自模范人物尤其是领导者自身的言行。古人云："其身正，不令而行；其身不正，虽令不从。"领导者要善于树立工作上的先进典型，更要以自身的表率作用来激发员工的工作热情。

④ 奖励激励。在企业的内部创造一种平等竞争的机制，对那些取得成绩和有突出贡献的员工，要及时给予表扬和恰当的奖励，鼓励他们继续努力，同时给予他们更多的晋升机会。

3）规划员工的职业生涯

职业生涯是一个人一生连续工作和担负职务的发展道路。员工的职业生涯可分为四个阶段：进入期，即员工最初进入该职业的时期；成长期，即员工的专业水平逐步提升和工作范围不断扩大的时期；饱和期，即员工逐步进入管理工作、需要职位变换或岗位转换的时期；衰退期，即员工逐步退出该职业的时期。在不同的阶段，企业应该帮助员工进行相应的职业发展计划的制订、管理和实施。员工职业生涯规划的目标是缩短起步阶段、加速成长阶段、延长成熟阶段，防止衰老阶段的过早来临。

规划员工的职业生涯就是以人为中心，以人的全面发展为出发点，以企业员工的潜能开发为基础，以工作内容的确定和变动、工作业绩的评价、待遇、职务的变动为标志，以满足员工的需求为目标的综合性的动态管理过程，是人本主义管理理念的重要体现。做好员工职业生涯的规划管理，就可以充分调动员工的主动性、积极性和创造性。

知识链接 5-1

人本管理

"人本管理"是相对于传统管理而言的。在传统管理中，员工被视为企业的生产要素，企业经营以利润、产量、股票价格等为目标。而人本管理是将员工视为与企业并列的独立主体，尊重其自身的价值观念、发展目标等，争取实现员工个体目标与企业整体目标的一致。

资料来源：杨加陆，方青云．管理创新［M］．上海：复旦大学出版社，2003.

4）处理好与非正式团体的关系

按照管理学中的"人群关系理论"和"行为科学理论"分析，群体可以分为正式团体和非正式团体两种。在企业中，科室、车间等都属于正式团体。同乡、同学、志同道合者、兴趣相投者等不约而同地自发组织在一起并自然产生自己的核心，有的形成了固定的组织，有的较松散，有的连本人都没意识到，这就是**非正式团体**。这种以感情、观念、利益的一致而构成的非正式团体是一种客观存在，并在一定程度上和一定范围内左右员工的行为。因此，注意与非正式团体的沟通，善于发挥它们的作用是非常重要的工作。

（1）非正式团体的作用。

① 非正式团体的积极作用。利用得好，非正式团体可以发挥许多积极作用。

第一，有利于企业目标的实现。企业目标如果得到非正式团体的支持，企业组织中的成员就会主动发挥积极性、创造性，齐心合力、团结一致地去完成或超额完成任务。

第二，有助于企业加强管理。非正式团体成员常对企业的经营管理进行评价，不拘形式地提出赞同或批评意见，有时还提出建议，促使企业合理解决某些问题，改善和加强经营管理。

第三，有助于沟通信息。非正式团体是一条灵活的、信息传递迅速的渠道，交流信息不受机构层次的约束，不受时间、地点、形式的限制，因而有利于企业及时获得信息、把握情况，进行正确决策。

② 非正式团体的消极作用。

第一，抵制企业正式组织的决策。企业的正式组织进行的决策如不符合其要求，非正式团体就会不予理睬，或者寻求对策，或者消极应付，刺激员工产生抵制心理，从而妨碍企业领导行使职权，影响企业工作的顺利开展。

第二，散布流言蜚语。非正式团体成员习惯于东走西串，捕风捉影，传播小道消息。那些毫无根据的消息一旦传开，就可能引起员工的思想混乱，有时甚至会干扰企业的正常决策和经营计划。

第三，产生不正之风。非正式团体和正式团体组织往往会互相渗透，使有些人利用正式组织为非正式组织成员提干、入党、晋升等说情、“开后门”，产生不正之风。

第四，有碍企业员工的团结。非正式团体的成员常来常往，感情贴近、融洽。有亲就有疏，这就不利于企业成员之间的团结。

综上所述，非正式团体到底起什么样的作用，关键在于企业的管理和引导。企业的公共关系部门处理与非正式团体关系的目的就在于发挥其积极作用，克服其消极影响。

（2）尊重非正式团体的“意见领袖”。非正式团体没有法定的“领袖”，但事实上有能影响其成员行为的实力人物，传播学将这种人物称为“意见领袖”。这种人或者是足智多谋、消息灵通，或者是有非凡的经历、有超人的胆识，或者是有一定的人际关系。他们在员工中具有一定的影响和权威性。尽管他们可能是领导眼中的“反对者”“捣蛋鬼”，但公共关系人员要善于同他们交朋友，观察他们的思想动向，掌握他们的兴趣爱好，发挥他们的特殊作用。因此，要努力做到以下几点：

① 尊重他们的意见，对他们反映的情况要表示重视，及时处理并进行回答，否则容易引起一大批员工的反感。

② 平时要多与“意见领袖”联络，把组织的各种情况及时转告给他们，以争取他们的合作和支持。

③ 在人事安排上尽可能让“意见领袖”担负一些比较重要的职务，使他们成为企业的正式领袖。把正式信息交流同非正式信息交流有机结合起来，达到双重控制的目的。

④ 不要使用行政压力手段使“意见领袖”变成企业领导单方面的“传声筒”，这样很可能使企业领导在员工中失去好感和威望，从而使企业难以与非正式团体进行沟通。

（3）与非正式团体沟通的方法。

① 企业领导和公关人员应亲自深入到非正式团体中去，参与它们的活动，成为它们的伙伴。要与非正式团体建立和谐、协调的关系，等感情融洽后企业领导和公关人员再有目的地引导与控制，促使其发挥积极作用。

② 企业的领导和公关人员应通过自己的模范言行来影响和改变非正式团体的整体心理和行为。

③ 满足非正式团体的合理要求，使它们对企业自然产生亲近感、忠诚感。

④ 通过各种手段促使非正式团体解体。有时候非正式团体的存在对企业来说是弊多利少，所以要通过一些措施促使非正式团体解体。在处理方法上可以调动某些成员的工作岗位，将其分派到其他单位，为解体创造必要条件。

⑤ 运用奖励与惩罚手段充分发挥非正式团体的积极作用，克服和限制它们的消极作用。

职业观念 5-1

IBM公司与松下公司的信念

美国国际商业机器公司（IBM）最基本的信念是：尊重个人，服务顾客，杰出工作。其核心的一条是尊重个人价值。日本松下公司的经营理念是“松下是培养人的公司，并兼做电器商品的生意”“经营始于人，也终于人”。

资料来源　白光，马国忠．企业创新力［M］．北京：中国经济出版社，2003.

分析提示：IBM公司与松下公司之所以能够长期名列世界企业的前列，凭借的就是严守其独特的信念和以人为本的管理方式。

知识链接 5-2

员工满意度

美国一些公司近年来利用“员工-客户-公司目标”的模式，得到较快发展。它们通过研究发现：员工满意度提高5%，客户满意度随之提高1.3%，企业效益也能提高0.5%。提高员工满意度有以下几个作用：（1）可以提高员工的敬业精神和工作效率；（2）可以提高客户的满意度；（3）提高员工满意度的管理空间大，成本小。

员工满意度包括：（1）对薪酬的满意度；（2）对工作本身的满意度；（3）对工作环境的满意度；（4）对自身发展以及人生价值实现的满意度；（5）对企业内部人际关系的满意度；（6）对企业发展前景的满意度。

资料来源　杨加陆，方青云．管理创新［M］．上海：复旦大学出版社，2003.

5.2 股东关系

股东即股份制企业的投资者。股东关系是企业与投资者之间的关系。这种关系不是所有企业都有的，而是股份公司所特有的一种内部关系。虽然股东很少参与或者完全不参与企业的日常生产经营活动，并且不完全集中于企业内部，但他们在企业中具有一定的权力，如选举董事会，制定公司的规章制度，参与批准或否决董事会关于下列重要事项的决议：提议修改公司章程，减少资本，合并、联合、出售或出租公司全部财产或者部分财产，解散公司等。因此，我们仍把股东关系视为企业内部的一种公共关系。

5.2.1 股东关系的重要性

股份制企业实行“收益共享、风险共担”的政策，企业生产经营的好坏，直接影响股东的利益。股东与企业关系十分密切。股东十分关心企业的生产经营管理状况，他们既是企业的投资者，又是盈利的受益者；既是顾客，又是企业形象的传播者；既是内部公众，又是外部公众。股东关系处理得好坏，直接关系着股份制企业的兴衰成败，直接制约着企业的集资量和所发行股票的稳定性，最终影响到企业的经济效益。

现在越来越多的企业员工开始购买本企业的股票。一方面，他们以员工的身份参与企业的日常生产经营活动；另一方面，他们以股东的身份参与企业的经营决策。这种双重身份使员工的个人利益同企业的经济利益更加紧密地捆绑在一起，调动了员工的生产积极性。在这种情况下，处理好企业与股东的关系显得更为重要。

维护、改善企业与股东之间的关系，可以使企业在需要扩大规模、增股筹资时及时得到股东的帮助，对企业经营有极大的好处。反之，如果不重视股东关系，企业不但筹集不到发展所需资金，还可能由于众多股东抛售企业股票而造成股市对企业丧失信心，导致企业破产。因此，要十分重视股东关系。

知识链接 5-3

现代企业制度——股份公司发源于铁路建设的需要，其产生的直接原因是为了集资，它能够使资本迅速地集中以便实现大规模的投资和生产。股份公司把预定的资本总额划分为若干均等的单位，每单位都用等量的金额表示，这种资本单位就是股份。股份公司的出资人因持有股份而被称为股东。

资料来源　侯光荣，吴奕湖. 企业管理创新：理论与实践［M］. 北京：电子工业出版社，2003.

5.2.2 处理股东关系的目标

西方经济学家把股东分为三类：一是人数众多的股票持有者，一般持有的股票份额不多；二是董事会成员或者社会名流，持有较多的股票份额；三是专业金融人士，包括证券分析师、股票经纪人、投资银行家等。股东关系的目标就是要树立企业在上述三类公众心目中的良好形象，千方百计地在股东中树立与企业同呼吸、共命运的意识，推进企业的发展。

具体来说，处理股东关系的目标包括以下内容：

（1）鼓励股东关心企业的事务，促进企业与股东互相了解，促使股东关心和参与企业的重大决策。

（2）劝说股东消费或者介绍其购买本企业的产品。

（3）鼓励股东长期持有股票，减少股票转手，增加投资，增强企业资金实力。

（4）争取股票顾问和证券专家对企业股票进行有力推荐。稳定公司证券市场预期，以提高公司在股东心目中的地位和在公众中的声誉。

（5）争取股东对企业决策的理解和支持。

（6）争取股东对企业的好感，在股东中树立良好的企业形象，通过股东提高企业在公众中的信誉和声望，从而吸引新股东。

总之，处理股东关系的目标是：维持已有股东，吸引更多新股东。

5.2.3 处理好股东关系的途径

1）保障股东的权益

协调企业与股东的关系非常重要的方面是维护和确保股东的正常权益。股东的权益主要表现在三个方面：一是知情权，即利用一切可以利用的方式和渠道与股东保持经常性的对话，把企业经营管理及绩效等情况及时告知股东并反馈股东信息，让股东对企业政策、决策及行为及时了解、支持。二是参与管理权。企业要采取有效的手段，吸引和激励股东参与经营管理活动，鼓励股东献计献策，提合理化建议，使其成为企业的消费者、宣传者、推销者。三是保证股东应有的经济权益。及时发放股息红利，确保股东有退还或转让股份的权利。股东的各方面权益得到了充分的保障，必然能成为企业命运的共同体。

2）加强与股东的联系和沟通

作为股东，他们都关心自己的投资利益，关心企业的经营状况。加强与股东的联系和沟通，有利于和股东保持密切合作，具体包括以下几个方面：

（1）为股东提供全面准确的生产经营管理资料。这指为股东提供企业的生产经营项目、目标、方针、业务情况、财务状况、盈余分配政策及经营预测等。企业可以定期或不定期地发送财会报表，也可以召开股东大会通报情况，还可以通过印刷小册子沟通信息。股东只有了解了企业的可靠性和发展前景，认为可以获得投资效益，才会更乐于投入资金。

（2）企业应加强同股东的感情联系。经常与股东进行沟通、交流，以取得他们对企业的了解、信任和支持。情感交流的方式有很多，如个人拜访、写信、电话联系等，也可以办内部刊物、向股东赠送有意义的纪念品等，还可以召开股东年会、联谊会、联欢会等。企业和股东的感情融洽了之后，即使企业在生产经营中一时发生了重大失误或者出现了严重困难，股东也不会轻易落井下石。

（3）广泛收集股东的意见和建议。对股东的意见和建议应认真分析、慎重对待，进行恰当处理。如果采纳，应主动致谢，以树立榜样，扩大影响；如果未采纳，也应给予答复或者解释，使他们继续关心企业的成长和发展。

（4）开好股东大会。**股东大会**是指由全体股东组成的，决定公司经营管理的重大事项的机构。在大会上，企业要向股东如实汇报企业的经营状况，既要报喜，也要报忧，还要向股东报告企业政策、目标、发展计划、资金流动、股利分配、盈利预测等各项详尽的统计数字。大会议程、股东发言要记录整理好，编成简报，发给每一位股东。

问题与思考 5-2

股东大会作用弱化的原因有哪些？

分析提示：股东大会作用弱化的原因包括：第一，股东大会每年召开一次，往往带有事后的特点。第二，股权高度分散，对于大量中小股东而言，普遍存在“搭便车”的心理，缺乏参与大会的热情。第三，信息不对称使中小股东处于无奈和无助的地位。

（5）策划以股东关系为主题的公关专门活动。以股东关系为主题的公关活动，目的在于吸引股东对企业的关注，促进股东与企业之间的理解与合作。公关专门活动实施的内容包括调查股东意见、测定股东特征、策划与股东的沟通。公关专门活动除了股东大会和年度报告以外，还包括座谈会、咨询会、吹风会、联谊会和股市分析会等。

职业观念 5-2

良好股东关系的作用

美国通用汽车公司的每一位新股东都会收到董事长签名的欢迎信，信中列举公司的主要产品，并写有“‘通用’是你的公司，请购买并推荐使用‘通用’产品”。美国通用食品公司每逢圣诞节都要向股东赠送一套公司的罐头产品，并申明股东及其亲朋好友购买可享受优惠，还可按股东列出的亲朋好友名单把罐头寄给他们作为圣诞礼物。

资料来源　张百章．公共关系案例［M］．北京：中国财政经济出版社，1994.

分析提示：良好的股东关系，不仅可以增强股东对企业的自豪感和认同感，还可以发挥稳定股东、扩大市场的作用。

本章小结

❀ 企业内部公共关系是通过有效的公关方法，协调企业内部公众之间的关系，使内部公众对企业产生信任感、自豪感，创造一个良好的内部环境，激励全体成员的士气，促使企业获得较高的效益并顺利发展，概括地说就是“内求团结”。

❀ 企业要使内部公共关系良好，主要应处理好与员工的关系、处理好与非正式团体的关系、处理好与股东的关系。

❀ 股东作为企业的“主人”，与企业存在共进共退的关系，应该鼓励和吸引他们参与企业的生产经营活动。

主要概念

企业的价值观念　民主管理　非正式团体　股东　股东大会

综合练习

1.选择题

（1）处理员工关系的目标包括树立员工的团体价值、增强企业对员工的凝聚力和（　　）。

A.满足员工的需要　　B.调动员工的积极性（激励）

C.做好员工与管理者的沟通　　D.协调和改善企业内部人际关系

（2）非正式团体是由企业员工以情感、观念、（　　）一致而构成的。

A.兴趣爱好　　B.利益　　C.性别　　D.亲情

（3）加强与股东的联系和沟通的主要形式有：①为股东提供全面准确的生产经营管理资料；②加强同股东的感情联系；③（　　）；④（　　）；⑤（　　）。

A.广泛收集股东的意见和建议

B.开好股东年会

C.策划以股东关系为主题的公关专门活动

D.保障股东的权益

2.判断题

（1）公共关系就是“内求团结、外求发展”。（　　）

（2）奖金多、福利好的企业员工的凝聚力就强。（　　）

（3）非正式团体的形式一般是固定的组织。（　　）

（4）非正式团体的积极作用是有利于企业目标的实现，帮助企业加强管理，有助于沟通信息。（　　）

3.简答题

（1）为什么说内部公关是外部公关的基础？

（2）怎样才能处理好股东关系？

4.材料分析题

工厂要像个家样

湖南某水泥厂坐落在距市区30多千米的山沟里，工人们叫它夹皮沟。虽然这里很偏僻，但水泥厂却对员工们有着强大的吸引力。主要是因为这家水泥厂的领导们关心广大员工，把工厂建设得好像是员工们的家，于是就使得员工们纷纷以厂为家、爱厂如家。水泥厂的厂长在上任后常说："你让工人以厂为家，首先这个厂要像个家样儿。"

为了活跃员工们的文化生活，水泥厂建起了电视台，购置了电视差转机、卫星地面接收天线、摄像机等。深居夹皮沟的员工每晚打开电视机，可以任选省电视台和中央电视台的节目。每逢"工厂新闻"节目，员工们还可以看到自己的身影在屏幕上出现。厂里还同市歌舞团合作，请其每年到厂里演出10场，上半年5场，下半年5场。水泥厂还建起了文化中心，内设电教电视厅、电子游艺厅、图书阅览厅、象棋围棋活动厅、桥牌活动厅、舞厅、老干部活动厅、美术活动厅、音乐欣赏厅、冷饮咖啡厅等。这简直是把上海的"大世界"、北京的"龙潭游乐园"搬进了夹皮沟。生活在这样的环境条件下，员工们很高兴。

为了使工厂像个家样儿，厂长和其他领导还在关心员工的生活及工作上下功夫。得知上夜班的员工们常常打瞌睡的时候，他们不是运用权力搞惩罚，而是查明原因，拨款兴建了一幢专供上夜班人员居住的宿舍楼，装上冷暖气设备，配上十几名服务员，被褥脏了有人洗，提供真正的宾馆式服务。这样，上夜班的员工不仅不再打瞌睡，而且劳动生产的积极性更加高涨。

员工以厂为家，自然会全心全意建设它。该厂生产的水泥，质量年年提高，产量大幅度增长。该厂被评为国家二级企业，这在湖南是第一家，在全国建材行业也是第一家。

资料来源　张百章. 公共关系案例［M］. 北京：中国财政经济出版社，1994.

问题：

（1）结合案例分析"人本原理"。

（2）偏僻地区的企业需要这样做，城市中的企业是否也要这样做？

5. 实践训练

（1）在本班范围内，观察一个非正式团体，并列出其特点，提出搞好与该团体关系的意见。

（2）调查典型企业处理员工关系所使用的方法。

第6章

企业外部公共关系

学习目标

知识目标：了解企业外部公共关系的范围及内容，了解搞好外部公共关系的方法。

技能目标：掌握与顾客关系、政府关系、新闻媒体关系沟通的技巧。

能力目标：通过本章的学习，掌握与外部公众沟通的技巧，不断提高沟通能力。

引例

抗疫复工：见证迸发的中国企业力量

非常情况，非常时期，凝聚的是非常之力。

新冠肺炎疫情突如其来，社会生活生产受到重大冲击。困难面前，危机之中，我们看到的是风雨同舟、守望相助，各方力量迅速凝聚在一起战“疫”。

人心齐，泰山移。疫情就是命令！新冠肺炎疫情发生后，湖北武汉告急。广大医务工作者忘我勇敢逆行。与此同时，大企业成为强大的后方支援力量——前线缺什么，就生产供应什么！

缺负压机，我供！

1月24日，上汽接到60辆负压救护车生产任务，大年初一，改装分公司员工返厂上班，确保在2月5日完成交付。

缺口罩，我产！

2月初，广汽集团决定辟出专门力量转型生产口罩。广汽集团董事长曾庆洪前往东莞口罩生产设备制造商调研，了解制造技术。2月13日，广汽首台口罩生产设备开始试生产。

缺熔喷布，我上！

2月24日、3月9日，中国石化党组经过调研后两次决定，在燕山石化、仪征化纤紧急上马16条熔喷布生产线。燕山石化应用新技术在聚丙烯装置上直接成功产出合格熔喷专用料，填补国内空白，实现熔喷料产能成倍数放大。中国石化凭着“有条件上，没有条件创造条件也要上”的精神力量，在考验来临的时候顶得上、顶得住。

团结战胜一切，拼搏铸就辉煌。站在新的历史交汇点上，中国企业在奋斗磨砺中锻造的力量，将帮助它们克服前行中的任何困难，成长壮大；中国经济更因此展现出坚强韧性及巨大潜能。

6.1 顾客关系

6.1.1 顾客关系的重要性

顾客关系是企业与产品或服务的购买者、消费者之间的关系。良好的顾客关系是企业生存发展的首要外部条件，协调好与顾客的关系是企业最重要的外部关系。

问题与思考 6-1

什么是顾客关系管理？

分析提示：顾客关系管理是培育和维系顾客对企业满意和依恋感情的手段。读者在当当网第一次购书后，公司的管理系统就会记录下其购买或浏览过的图书。当读者再次进入该书店时，系统就会根据读者的喜好推荐有关书目。读者去的次数越多，系统对读者的了解也越多，就能够提供更完美的服务。

6.1.2 处理好顾客关系的措施

1）维护消费者的权益

消费者的权益是顾客关系的基础。建立良好的顾客关系，必须首先维护消费者的权益。消费者的权益具体可以分为：

（1）有权决定是否购买商品。

（2）有权挑选商品的品种、式样。

（3）有权了解商品制造、使用、维修等方面的信息和知识。

（4）有权对商品的质量、款式、性能、价格等提出意见，有权要求这些意见被有关企业听取。

（5）当使用不合格的商品蒙受损失时，有权得到补偿。

2）为顾客提供满意的商品

顾客对企业的期望是其需求得到最大限度的满足。顾客到企业来，能够买到称心如意的商品必然满意而去，因此企业就需要在所经营的商品上多花费心思，具体来说包括以下工作：

（1）做好市场调查和预测。深入市场进行调查和预测，充分了解顾客的需求，根据顾客的需求来组织适销对路的商品，使顾客对商品的品种、质量、花色、规格等方面有充分的选择余地，真正做到顾客需要什么就经营什么。

（2）企业要有自己的经营特色。市场上的商品品种繁多，消费者需求千差万别、不断变化，任何企业都不可能经营所有顾客需要的商品，但企业可以根据经营范围，形成自己的商品经营特色，更好地满足顾客的需求。

（3）商品价格适宜。商品价格是顾客购买商品的一个重要因素。虽然有优质的商品、优质的服务，但没有相宜的价格，顾客是不会购买的；质量一般但价格低廉，可能引起顾客的兴趣。因此，企业在制定价格时，应结合市场供求状况和顾客对价格的心理反应，制定顾客乐于接受，又能为企业带来效益的价格。

知识链接6-1

"满意"是人的一种感觉状态的水平。《美国市场营销学会顾客满意度手册》中对顾客满意的定义是：

满意水平=可感知效果-期望值

根据这个定义，可知满意水平是可感知效果和期望值之间的差异。若可感知效果低于期望值，顾客就会不满意；若两者相匹配，顾客就满意；若可感知效果超过期望值，顾客就会高度满意或欣喜。

资料来源　饶伟红，等. 公共关系谋略百术［M］. 北京：中央广播电视大学出版社，1995.

3）为顾客提供优质的服务

服务不是以实物形式而是以提供劳动的形式满足顾客的某种需要。企业在进行商品销售的过程中，为顾客提供各种服务，是企业塑造良好形象的重要途径，也是企业与顾客建立友好关系的重要内容。销售服务的内容主要有售前服务、售中服务和售后服务。

（1）售前服务。商品销售前，要开展以宣传商品为中心的消费引导服务，包括通过广告、橱窗、商品陈列等形式宣传商品、指导消费、激发购买。例如，通过报纸、电视、橱窗、广告牌、商品目录、商品说明书等形式宣传商品的性能、特点 、质量、使用和保养方法，介绍企业的经营范围、服务项目和服务方式；利用柜台、货架展示商品，做到商品摆放整齐美观、重点突出，便于顾客参观选购。

（2）售中服务。商品销售过程中，要开展以方便顾客购买为中心的售货服务。在营业时间的安排上，要按照习惯和季节的变化合理安排，做到学习、开会、盘点、休假时不关门；根据实际需要与可能，延长营业时间；售货方式应当灵活多样，尽量方便顾客，尽量简化手续，节约顾客购买时间；要本着讲究实效、符合核算的原则，因地制宜地增加服务项目和便民措施，开展修补业务、代营业务、租赁业务；接待顾客态度要和蔼可亲，语言动作要有礼貌，耐心帮助顾客挑选商品；严格遵守商业道德，不以劣充好，不掺杂使假，不硬性搭配。宣传介绍商品要实事求是，不出售有害人体健康的食品、药品和过期失效的商品。

（3）售后服务。商品销售后，要开展以解除顾客后顾之忧为中心的服务。售后服务是整个服务过程中的一个重要组成部分，对树立良好的企业形象有重要的作用。售后服务包括：

① 送货服务。较为笨重及体积庞大的商品或者顾客一次购买量过多、自行携带不便的商品等均有必要提供送货服务。

② 安装服务。顾客购买的商品在使用前需要在使用地点进行安装，应由企业派人上门服务，并可当场试用，保证出售商品的质量。

③ 维修服务。维修服务有不同的形式，有的实行长期免费维修，有的实行定期免费维修，超过保修期限则收取维修费用。企业还可以在一定的商品销售范围内设立维修部门代客修理。维修的商品，有的限于企业出售的商品，有的则不限范围，属于附带性的生活服务。

④ 加工服务。商品出售以后，根据顾客的不同需要，企业可以进行再加工，为顾客提供服务。例如，商店接受顾客来料加工、代客剪裁等。

⑤ 退换服务。商品退换是售后服务的重要组成部分，应作为为顾客服务的主要内容之一。企业实行商品退换，是建立企业声誉、促进销售的竞争手段，也是一种经营策略。企业应当根据不同商品的特点和不同条件，制定具体的商品退换办法，正确处理商品退换问题。

⑥ 技术服务。许多顾客购买操作规程复杂、技术性强的商品后，如录像机、电脑等，不会使用和维护。企业可以举办短期的技术讲座，传播技术知识，为顾客操作和维修提供指导。

4）重视与顾客的信息交流

企业都希望商品或者服务能满足顾客的需要，要做到这一点就必须了解顾客的需要、愿望和各种意见。企业与顾客之间的沟通可以通过口头交流、会议、广告宣传、专人访问或书面征求意见等途径进行。只有通过这种双向信息沟通才能加深企业与顾客之间的相互了解，形成良好的关系。

5）正确处理顾客意见

（1）处理意见必须及时。如果对顾客的投诉能马上着手解决，那么顾客就会觉得有人重视他们的意见，会比较快地恢复平静；如果等几天才收到答复，顾客总会觉得不痛快，免不了会向他们的同事或者亲朋好友诉说一番。时间越长，其向别人诉说的机会就越多，对企业不信任的人也会随之增多。所以，即使遇到一时不能解决的问题，企业也要先有回复，告诉对方已经在研究处理。

（2）态度要诚恳。对于已经产生不满的顾客，企业首先要做的是不要让事情扩大。如果缺乏诚恳的态度，不让对方充分陈述，有时会把本来很容易解决的问题闹大。即使顾客是不对的，也要把握时机，心平气和、委婉地加以疏导。对批评企业的来信要进行答复，无论如何不可让对方感到企业缺乏诚意。

（3）要有对顾客负责的精神。顾客从企业购买的商品发生了故障，顾客会要求调换或赔偿。如果顾客的意见是对的，就应该诚恳道歉，迅速给予解决，而不应推卸责任。对于确因使用不当而损坏的商品，用户仍要求赔偿的，企业也不要与之争辩，要在表示道歉的过程中说明正确的使用方法，消除误解。

（4）要以最好的服务补救。如果问题出在企业，那么唯一的办法就是派最好的技术人员去维修，甚至更换新的商品，努力取得顾客的谅解。

对于投诉的顾客，企业要设身处地为其着想，及时消除他们的忧虑，解决他们的困难，企业信誉自然会得到进一步提高。受益的顾客可能会成为企业最好的义务宣传员。

职业观念6-1

更多地为顾客着想

美国岂特彼公司的广告称："购买了本公司的产品，不管在世界上哪个地方，如果需要更换零配件，我们保证48小时之内送到。"有时为了将一个价值50美元的零配件送到边远地区，该公司不惜开支2 000美元动用直升机。美国亚特兰大市一家公司使用IBM公司的计算机出了故障，几小时内，IBM公司就派出了8位专家去维修检查，其中有4位来自欧洲。农村消费者反映用海尔公司的洗衣机洗地瓜时，出水管经常阻塞，海尔公司就研发了既可以洗衣服又可以洗地瓜的洗衣机。

资料来源　熊源伟. 公共关系案例［M］. 合肥：安徽人民出版社，1994.

分析提示：为顾客提供优质的产品和服务，满足顾客的需求，更多地为顾客着想，是搞好顾客关系的基础。

6.2　商贸关系

6.2.1　供应商关系

1）供应商关系的处理方法

处理供应商关系时应遵循下列原则：

（1）互惠互利原则。企业与供应商之间应该建立互惠互利、密切合作的关系。与供应商发生利益冲突时，企业应力求在目标一致的前提下，以大局为重，通过协商，以互谅互让的精神求得互惠互利，不应只考虑自己的利益，不顾对方的需要和目标，更不应以损害对方利益的手段来达到自己的经营目的，否则不仅违反行业道德，也将严重破坏双方的关系和企业的公众形象。

（2）平等协商原则。企业与供应商虽然各自的职能、经营目标不相同，但它们都是相对独立的经济实体，彼此都是平等的，不能以大压小、以强凌弱，应以平等的身份相互协商，了解彼此的需要和意见，争取达成一致的协议。不应过分强调自己的利益和需要而全然不顾对方的利益和需要，甚至损害对方利益。

（3）真诚相待原则。企业与供应商是互相依赖、互相需要的，都是社会经济活动不可缺少的部分。双方在解决利益矛盾时应该真诚相待，树立整体观念，不有意扩大矛盾，不存心欺骗对方和社会公众，真心实意地解决存在的问题和矛盾。如果缺乏解决问题和矛盾的真诚愿望，以欺骗手段为企业赢得暂时利益，不仅损害对方利益，从长远看，也将损害企业自身利益，落得害人又害己的结局。

企业处理与供应商的关系时，除了遵循上述原则外，还要重视与供应商之间的信息交流。企业公关部门还要重视训练企业的采购人员，因为他们直接与供应商交往，企业能否与供应商建立和维持良好的关系，主要取决于他们。

2）处理供应商关系的措施

（1）主动向供应商反映顾客及市场需求信息。企业在经营过程中，要充分运用已有的信息网络，随时收集顾客对某类商品的使用情况及意见要求，同类商品的供给与需求，性能、价格、销售前景等方面的信息并加以整理分析。企业可以把这些信息通过各种形式反馈给供应商，以便供应商按照市场需求改进，促进商品生产和组织经营。

（2）主动为供应商提供帮助。企业要积极协助供应商解决生产上的技术问题，甚至可以投入资金、设备等生产要素，参与生产，努力开发新产品，增强供应商的生存和发展能力。

（3）为供应商开拓市场。供应商所生产、经营的商品能否很快进入市场并被消费者接受，直接关系到供应商的生存问题。企业要利用自己的优势广泛收集和了解有关产品广告、新闻报道、性能介绍材料、产品销售使用情况、顾客意见要求、市场供求状况、科研开发趋势、竞争对手动态等信息，将与本企业经营业务有关的信息加以整理分析，对市场发展趋势进行科学判断并采取有效的推销手段，竭力为供应商生产经营的产品打开市场，与供应商做到生死与共、共存共荣。

（4）增进与供应商的感情联系。企业与供应商的关系主要靠企业经营人员，特别是采购人员维系，因此公关部门需要重视对采购人员的培训，采取符合心理学规律、社会学规律、人际学规律的行动去增进与供应商有关人员的感情交流和感情沟通，以此推动企业与供应商之间关系的和谐。

6.2.2 经销商关系

处理好经销商关系的方法是：

1）为经销商提供适销对路的商品

为了与经销商建立良好的关系，企业必须为经销商提供适应市场消费者需要、质量优良、价格适宜、设计新颖的各种产品和服务。这是维系良好的经销商关系的物质基础。

2）为经销商提供技术服务

技术服务指企业应该为经销商提供各种必要的技术培训，帮助他们掌握产品使用、保管、维修等方面的技术，为他们经销企业的产品打下技术基础。

3）为经销商提供销售方面的各种服务和便利

这包括销售、管理、广告等方面的服务。销售服务指企业要帮助经销商掌握市场行情，改进销售方式和手段。管理服务则指企业应帮助经销商改善管理方式，提高管理水平，以适应经销商品的要求。广告服务指企业要为经销商提供必要的广告样本、广告工具或广告媒介，让他们能够很方便地进行广告宣传。同时，在经销商遇到与销售有关的困难时，企业应给予必要的资金、人力、物力和舆论等方面的支持，从而调动经销商经销本企业产品的积极性。

4）为经销商提供信息服务

这是建立良好经销商关系的一个重要方面。企业应该与经销商建立经常、稳定的信息交流关系，这种交流不仅能够促进双方形成良好、和谐的关系，加深双方的相互了解，还能调动经销商的积极性。交流活动可以通过多种形式进行，如举行经销商招待会、订货会、协作会；发行各种刊物、小册子、年度经营情况报告，向经销商介绍企业的生产、经营、销售、盈利、社会公益等方面的情况；举办产品展览，邀请经销商来参观；通过电话、直接交谈、信函、电子邮件等方式与经销商保持联系，促进双方感情交流。

知识链接 6-2

关系营销是由美国市场营销学家杰克逊在20世纪80年代中期提出来的。它把营销活动看成是一个企业与消费者、供应商、竞争者、政府机构及其他公众发生互动作用的过程，其核心是建立和发展与这些个人和组织的良好关系。关系营销注重与这些个人和组织建立和保持一种长期的经济和社会关系；企业在为公众创造最大化价值的同时提高自己的效益。为达到以上目的，企业所有部门都应关心质量问题。

资料来源　黄荣生．公共关系学［M］．2版．大连：东北财经大学出版社，2005.

职业观念 6-2

沃尔玛公司的合作伙伴

沃尔玛公司在销售商品时，销售商品的信息不仅流向沃尔玛公司总部，还流向供应商。这些供应商几乎在沃尔玛公司的商品刚从货架上被人取走时就得把需补充的商品送到沃尔玛公司；美国制造商70%的促销费用用于争取零售商方面；宝洁公司派出20名营销人员长期工作在沃尔玛公司总部，及时了解零售商的要求与市场信息，以便迅速采取种种有效的措施。

资料来源　黄荣生．公共关系学［M］．2版．大连：东北财经大学出版社，2005.

分析提示：这些企业把供应商和经销商看成合作的伙伴，致力于与其建立长期稳定的关系。

6.3　社区关系

6.3.1　社区关系的含义

社区指人们共同生活、工作的一定区域，如城市、区、街道、乡、镇、村庄等。因此，**社区关系**也被称为区域关系、地方关系，即与所在地的政府机构、社会团体和其他组织以及当地居民之间的睦邻关系。

企业的社区关系主要指企业与相邻的机关、学校、工厂、旅馆、医院、公益单位、其他社会团体以及居民的相互关系，这些团体和个人虽然不直接与企业发生经济业务联系，却是企业外部环境的重要组成部分，对企业的生存与发展起着重大的影响作用，是构成企业外部公共关系不可忽视的内容之一。

6.3.2 处理社区关系的方法

1）维护社区环境

企业所在的社区也是千百万社会公众居住、生活的区域，这一区域直接关系到社区居民的生活和健康。社区公众最基本的愿望是：社区中的企业不要污染社区环境，保证社区的空气、水源、土壤等不受污染，能够让居民安静地生活。这是社区公众最基本、最合理的要求。如果企业满足了公众的这一要求，社区公众至少不会因此而厌恶企业。

在免受污染之苦的基础上，社区公众的进一步期望是：企业能够帮助美化所在社区的环境，增强社区的吸引力。所以社区公众十分愿意看到企业出人出资绿化环境，企业的建筑物外表美丽宜人，企业的经营和车辆往来不会制造令人难以忍受的噪声，企业的商业广告牌配合环境而不杂乱无章等。

知识链接 6-3

“绿色公关”指社会组织通过长期的、有计划的公关活动，在环境保护方面树立优秀形象的活动。绿色公关的内容有：重视和突出环保意识，加强与环保组织的沟通和合作，主动承担保护环境的社会责任，以积极的态度参与环保工作，支持和遵守国际环保公约和条例，广泛运用环保产品并宣传环保知识，产品的生产销售符合环保条件和要求，大力提倡绿色消费等。

2）支持社区公益活动，为社区提供服务

支持社区公益活动，为社区提供服务主要包括以下方面的工作：

（1）赞助社区工作、艺术和体育团体。

（2）帮助社区医院及其他卫生部门。

（3）资助各种福利事业，包括养老院、残疾人基金会、疗养院等。

（4）为本社区排忧解难，如组织义务抢险队、救护队、治安队，在社区居民遇到险情、天灾人祸、安全受到威胁和其他困难时，向他们伸出援助之手。

（5）对企业的左邻右舍，尽力提供服务，如修路、设路灯、打扫公共场所、播放电影或举行音乐会。

3）用社区沟通信息，调解矛盾

（1）通过多种形式向社区公众介绍企业的运作情况，如企业的经营宗旨、经营范围、环境治理和美化情况、员工人数、工资和福利情况、上缴税金的情况以及对社区的种种支持等，使社区公众能保持对企业情况的了解。

（2）消除误解，回复批评意见，解释企业的政策和行动，及时平息社区公众对企业的种种不满。一方面，通过让公众了解企业来消除他们的误解；另一方面，及时调整、改善企业的政策和行动，以满足公众的要求。

（3）让员工充分了解企业的情况，然后再鼓励员工将这些信息带回家中，让其家属了解企业，与企业共荣辱。

（4）同社区管理机构保持接触，让他们了解本企业的经营情况及在市场的地位，本企业存在的重大意义和它对社区所作的贡献，以取得社区管理机构的支持。

职业观念 6-3

日本在美国的付出

在世界各地，日本都是强有力的竞争对手。在美国，日本人的影响无处不在、无时不有。日本人一踏入美国国土，就对“慈善事业”表示出十二分的热情，并以此作为改善社区关系的“出马枪”。不论是老牌的日本企业，还是刚刚建立的新企业，在年度预算中总要专门拨出一大笔款项作为慈善经费，用于当地社会公益和社区建设。例如，日立公司拿出2 500万美元建立了日本在美国最大的基金会，其在美国各地的分公司都成立了“社区行动委员会”。山田总裁带头使用美国汽车，并大胆起用美国人作为企业部门经理。日本员工及其夫人们也主动与邻居交友亲善，日立公司的一位高级职员还担任了当地红十字会会长。当地图书馆收到了日立公司3万美元的捐款。日立公司的许多员工都是当地居民。

日本人的感情投资在学术界的运用更是得心应手。在美国政府不断削减美国教育和科研经费、美国知识分子怨声载道之时，日本人不失时机地乘虚而入，慷慨解囊，以种种方式对美国名牌大学、科研机构、智库捐款资助。三菱公司每年向麻省理工学院捐赠400万美元，50多家日本企业每年各拿出10万美元作为各个大学基金会的会费。数量众多的驻美各大城市的日本领事馆频繁的外交活动以及日本各企业主动承担的各种文化、体育活动赞助，使美国人逐步接受了日本传统文化，与日本人的共同语言日益增多。某些由日本捐款的传播公司甚至毫无顾忌地利用各种大众传播手段为日本人唱赞歌。日本人在美国各地都受到欢迎。

可以说，日本人是慷慨大方的。日本人每年用于美国各种“软活动”的支出为几亿美元，但是，与日本在美国直接投资的近千亿美元和对美国出口的几百亿美元相比，这些只能算“小菜一碟”。靠着“这一碟小菜”，加上日本人深厚的公关意识和熟练的公关技巧，改变了日本人在美国的形象，使美国各界人士为日本企业界摇旗呐喊。日本人在美国左右逢源，创造了一个十分有利的赚钱环境。

资料来源　杨家栋．现代公共关系案例［M］．北京：中国商业出版社，1997.

分析提示：日本人要在美国立足，取得美国公民的支持，就必须在美国公众中树立起良好的形象，让美国人看到，日本人既是一个“合格公民”，又是一个“乐善好施”的施主。日本人的到来，不仅没有损害美国公民的利益，反而带来了实惠和利益。要得到社区公众的认可和支持，一不能做有损于社区公众的事，二要进行有效的交流和沟通，三要担负起一定的社会责任。日本人正是这样做的，并取得了令人满意的效果。

6.4 政府关系

6.4.1 政府关系的重要性

政府即国家机关，是行使管理国家和社会事务职能的权力机构。企业作为社会的一员，必须服从政府对整个社会的管理，因此，就存在与政府的关系。

政府关系指企业与作为其对象公众的政府之间的关系。政府关系的重要性是由政府这一“公众”的特殊性所决定的。政府公众的特殊性就在于它是一个拥有权力的公众，是综合协调、宏观调节企业行为的权力机构，还是一个信息中心和重要的资金来源。企业如果能得到有关政府部门的支持、援助和赞赏，往往就会获得优越的竞争条件和有利的发展环境。因此，任何企业都必须高度重视并努力改善政府关系。

6.4.2 处理政府关系的方法

政府关系是企业重要的外部公众关系之一。要处理好这个关系，必须重视和做好三方面的工作。

1）恪守政府关系原则

（1）遵纪守法原则。政府通过各种法律、法令、条例、政策等来管理社会生活，规范个人和组织的各种行为，企业必须严格遵守。只有这样，企业才有可能赢得多级政府的信任、赞赏和支持，树立遵纪守法的良好形象。

（2）国家利益至上原则。从理论和宏观上说，企业的利益和国家的利益是一致的，但在许多具体问题上，两者之间常常会出现利益上的冲突。当企业利益与国家利益相冲突时，企业应以国家利益为重，服从国家利益。如果事事处处都计算自身的利益，置国家利益于不顾，那么企业就会失去政府及公众的信任和支持。

（3）多做贡献原则。企业必须力争为国家多做贡献，多积累资金。企业的盈利是国家财政收入的主要来源之一，国家利用这些资金来扩大再生产，进行国家经济建设，提高社会福利水平，改善人民生活。如果企业不能为国家积累资金，就难以赢得政府的支持。

2）重视同政府的沟通

企业与政府沟通，既要熟悉政府的政策和法令，又要了解政府各组织机构的职能，这是沟通的一个方面；另一方面，也要通过各种渠道将企业的各种情况通报给政府，让政府了解企业。企业应该做到以下几点：

（1）熟悉和掌握政府的法律、法令、条例和政策。企业要做到遵纪守法，前提是必须了解有关的法律、法令、条例和政策，分析政府所颁布的各项政策和法令，随时注意其变动情况和变化趋势，研究其适用范围，注意其变通性和灵活性，及时修正企业的方针政策和实际活动。只有这样，企业才能得到更多的实惠。

（2）熟悉政府组织结构及职能。政府有不同的层次，其中有比较高层次的间接领导关系，还有比较低层次的直接领导关系。要充分了解和熟悉政府机构的设置、职能、结构、工作范围和工作程序，主动与主管部门的工作人员保持联系，以减少“踢皮球”“公文旅行”等现象，提高办事效率。

（3）主动与政府保持联系。企业要取得政府对自己的了解和支持，就需要与政府有关部门保持密切的联系，主动、及时地向政府部门传递各种信息。

① 主动请示、汇报。企业应经常、主动、及时地将本企业的情况向政府有关部门进行事前请示、事后汇报，使政府有关部门能全面深入地掌握情况，给予指导和帮助。请示或汇报可以采用口头或者书面形式。

② 重大活动邀请政府有关部门负责人参加，密切双方关系，增进了解，联络感情。

③ 邀请政府有关领导出席本企业主办的签字仪式、开工仪式等活动，使领导对企业的经营情况更加了解，通过活动提出意见、指导工作。

3）主动协助政府解决问题

对企业来说，应主动资助社会公益事业，如参与修建文化设施、扶持公益机构、训练待业人员和改进供水设施等，以求得政府的信赖。同时，还要尽可能满足政府有关部门提出的工作要求，如配合上级部门的各种检查等。当企业与政府在工作中出现矛盾时，企业要做到主动调解矛盾、淡化矛盾。

问题与思考 6-2

政府在企业生产经营活动中具有什么作用？

分析提示：(1) 指导作用。政府是企业生产经营的指导机构。它负责在方针、政策、发展规划等方面的总体指导。(2) 管理作用。它是一种间接的宏观管理，主要以经济杠杆、法律手段和必要的行政手段，通过政策、法规来实施。(3) 监督作用。政府有督促企业执行国家的法律、政策的职能。(4) 协调作用。协调企业与政府以及企业与企业之间的矛盾，以达到国民经济的综合平衡和协调发展；在计划、生产资料、金融信贷等方面发展横向联系，进行战略、政策、计划、职权、人事等方面的协调。(5) 服务作用。政府还是企业资金、经济情报等资源的重要来源。政府给予企业多方面的经济扶持，为企业的发展提供便利条件。(6) 保卫作用。它包括保护企业的合法权益等。

6.5　金融关系

6.5.1　金融关系的重要性

金融指货币资金融通。金融关系指与企业发生货币资金往来的关系。企业的生存和发展离不开资金的筹集和运用，特别是为了使生产经营活动顺利进行，企业必须根据国家金融政策多渠道筹集资金，于是形成了方方面面的金融关系。就企业而言，主要的金融关系包含以下内容：

1）企业与银行的信贷关系

我国企业的流动资金较多地来源于银行贷款，其闲置货币资金也有一部分要存入银行。因此可以说，企业生产经营规模的扩大通常要受制于银行信贷。

2）企业与保险公司的关系

保险公司也是一种金融企业。保险是保障生产和经营持续发展，使人民生活安定，防止和减少社会财富损失的一种经济补偿制度。保险公司正是为履行这样的社会及经济职能而产生的。企业积极投保，能够使得保险公司与企业共担风险，在一定程度上能够保障企业生产经营活动顺利开展和员工生活安定，调动员工积极性。

3）企业与其他公众的信贷关系

企业与其他公众的信贷关系指除银行、保险公司以外的一切信贷关系。例如，上市公司要时刻注意维护与投资者的关系。

知识链接6-4

企业要进行生产经营活动或者扩大再生产，首先要筹集资金。筹集资金的具体形式即企业取得资金的手段和方法，就是筹资方式，主要包括吸收直接投资、发行股票、内部积累、银行借款、发行债券、融资租赁和商业信用。前三者构成企业的自有资金，又称主权资金。后四者构成企业的借入资金，又称负债资金。

（1）吸收直接投资是企业按照“共同投资、共同经营、共担风险、共享利润”的原则吸收国家、企事业单位、个人、外商投入资金的筹资方式。目前，它是非股份制企业筹资的主要方式。（2）股票是股份有限公司为筹集自有资金而发行的有价证券。它可以使大量的社会闲散资金得到集中和运用，是企业筹资的一种重要途径。（3）内部积累主要指企业将税后利润用于生产经营活动和扩大再生产。（4）银行借款是企业根据合同向各种金融机构借入的、需要按期还本付息的款项。它是企业非常重要的筹资方式。（5）债券是经济主体为举债而发行的到期还本付息的有价证券，是债权债务凭证。由国家发行的债券为国债，由金融单位发行的债券是金融债券，由企业发行的债券是公司债券。债券持有人无权参与企业的投资和经营决策。（6）融资租赁是现代租赁的主要方式，它是由租赁公司按租赁单位要求出资购买设备，在较长的契约或合同期内提供给承租单位使用的业务。它是以融通资金为主要目的的租赁，其借贷对象是实物，是融资和融物相结合的、带有商品销售性质的活动，是企业筹资的一种新方式。（7）商业信用指企业之间在商品交易中以预收货款或延期付款等方式发生的直接借贷关系，是企业之间相互提供融资的形式。

资料来源　黄荣生．公共关系学［M］．2版．大连：东北财经大学出版社，2005.

6.5.2 处理与银行关系的方法

银行是一个复杂的系统，它包括中央银行即中国人民银行；各商业银行，如中国工商银行、中国建设银行、交通银行、中国农业银行等；政策性银行，如中国进出口银行、中国农业发展银行等。企业贷款渠道主要是各商业银行。因此，在诸多金融公众中，商业银行是最主要的金融公众。企业与银行的关系是企业生产经营发展的又一条生命线，这就要求企业必须与银行建立长期良好的合作关系。

1）搞好企业生产经营活动

企业要加强市场调查研究工作，准确掌握市场需求，按照市场需求组织生产经营活动，扩大产品销售，提高资金周转速度和经济效益，提高还款能力，牢固树立企业的良好形象。

2）熟悉银行业务

了解银行业务，既可以避免企业在使用资金的过程中与银行的规章制度发生矛盾，增强银行对企业的信任感，又可以使企业及时从银行寻求到所需的资金，以满足企业发展的需要。

3）讲究信用

企业应该让银行信得过，贷款要有借有还，保证按期归还，专款专用；严格遵守国家政策、法令、法规等，坚决遵守财经纪律，不伪造账目和虚报开支等。

4）及时通报企业的经营管理和财务情况

银行对企业的信任程度主要取决于企业的经营管理水平和财务成果。通过企业的经营管理水平，可以看出企业有无竞争能力和发展前途。通过财务成果，可以了解企业经济实力的强弱和经营管理的好坏。企业应及时向银行通报资金流动情况、财务收支情况以及企业经营情况和存在的问题，争取其指导、支持和帮助。

5）聘请银行有关专家当顾问

银行是国民经济的综合部门，聘请银行有关专家当顾问，不仅是企业获取重要经济信息的极好来源，还是企业与银行保持良好关系的纽带。银行有关专家作为企业的顾问，无疑会更关注企业的命运。企业要经常向他们提供详细的经营活动计划，征询他们的意见，从而加深银行对企业经营活动的了解和对企业的信任。这样，不仅企业向银行借款容易得到满足，而且在贷款方式、资金数量和贷款利率等方面，银行还会向企业提供最佳的筹资方案。

6）组织参观

为加深银行对企业的了解，企业除及时向银行通报有关情况外，还可借助开展的具有影响力的活动，邀请银行领导和信贷人员到现场参观或列席。这样能使他们更深入地了解企业的现状及长远发展规划，给他们留下企业具有发展前景的良好印象，从而加深银行对企业的认识和信任。

6.6 新闻媒介关系

6.6.1 新闻媒介关系的重要性

新闻媒介关系即新闻界关系，包括处理与报纸、广播、电视、杂志等大众传播媒介及编辑、记者的关系。

（1）新闻界是影响社会舆论的权威机构。新闻界将源源不断的信息经过处理输送给社会，在日积月累中形成了公众对它的依赖性。新闻界在公众中具有一定的威信，能影响公众对事物的态度。企业利用新闻界提高自己的知名度和美誉度，或者利用新闻界进行危机公关，是其他传播媒介所无法比拟的。

（2）新闻界是企业与公众之间信息交流的加速器。

6.6.2 处理新闻媒介关系的方法

1）熟悉新闻媒介

熟悉新闻媒介是处理好新闻媒介关系的前提。

（1）要了解和熟悉各种新闻媒介的性质、特点和特殊需要，了解它们的编辑方针、发刊周期、截稿时间、印刷或播放方法、行销传播的范围及公众特点。这样，需要发表某些文章、报道企业的情况或推广某个新产品时，企业就可以恰当地选择某个新闻媒介，抓准适当的报道时机，使企业的宣传报道有针对性，达到预期的目标和效果。

（2）要了解和熟悉新闻工作者的职业要求、工作特点、工作性质以及所处的地位和环境。例如，新闻记者的工作是对总编辑负责，贯彻编辑方针，其所写的文章或报道必须有利于报刊的行销和广播电视受众的收听、收看，考虑受众的要求和兴趣以及新闻媒介在社会上的影响。只有在此基础上企业才能使宣传工作与新闻媒介互相适应，才能很好地与编辑、记者交朋友，建立良好的关系。

（3）了解和熟悉基本的新闻写作知识与技巧，提高公关人员自身的知识素养和社会交际能力。企业公关人员要懂得什么样的信息具有新闻价值，这些有价值的信息又该怎样用文字、图像来表达，这样才能避免向新闻媒介提供毫无新闻价值的信息。

2）掌握处理新闻媒介关系的原则

企业利用新闻媒介做公关工作，一方面，可以通过广泛宣传扩大企业的影响；另一方面，可以在不必支付费用的情况下，借助新闻媒介的优势来塑造企业形象。企业应尽可能提供新闻消息，使得新闻媒介乐意成为企业的义务宣传员。为此，在与新闻媒介交往中应坚持做到以下几点：

（1）以礼相待。对待新闻媒介的记者或其他人员要友好热情。不管他们对企业所进行的报道是褒还是贬，都应为他们的工作提供必要的帮助、支持和服务，不得向他们封锁消息，为他们的工作设置障碍。即使记者出现了工作失误，企业也应诚恳地接待，如实反映事件的经过、产生的原因及纠正的措施。记者对企业的以礼相待产生好感之后，就会客观地报道事件发生的真相，有助于赢得公众的谅解。

（2）以诚相待。企业对待新闻界要真诚，为新闻界提供实事求是的材料。真实是新闻界的生命，企业提供夸张、虚假的材料，不仅会扭曲企业本身的形象，而且会影响新闻界的权威性和影响力。

（3）平等相待。新闻界所属的层次不同，影响力有大有小。同样是报纸，国家级的大报如《人民日报》《经济日报》的影响力就比省、市级地方报要大；同样是电视台，中央电视台就比地方电视台传播信息的实际效果好。作为企业，不论对大报还是小报，对中央电视台还是地方电视台，对有名望的记者还是无名望的记者，在接待上都应做到一视同仁，给予其平等获得信息的机会。对新闻机构中的工作人员也要平等对待，不能厚此薄彼。

（4）迅速及时。新闻界的重要职业特点是“快”，因为新闻信息的时效性很强。在特定的时间内，新闻价值与传播速度成正比例关系，超过时间就要失效。因此，记者采访企业或与企业有其他业务时，要优先、及时接待。企业邀请记者采访时，要事先做好一切准备，争取在最短的时间内向新闻界提供较多有价值的信息。记者对企业工作失误的报道，只要情况属实，企业就要立即改进，把改进情况及时反馈给记者和新闻媒介。

在与新闻界交往中，企业还要遵守“四不要”原则：不要一厢情愿，干扰新闻机构和记者；不要以利相交，贿赂记者；不要以广告为诱饵，交换要挟；不要“平时不烧香，临时抱佛脚”。

3）正视批评报道

如果新闻媒介发表了对企业的批评报道，显然会损害企业的形象。在这种情况下，企业不能抱有消极、对抗态度，埋怨、指责新闻媒介，而应采取积极补救措施，理解和谅解新闻媒介，争取其配合，对问题加以妥善解决。

（1）针对属实的报道，企业一方面要对新闻媒介的报道给予肯定，并感谢其监督；另一方面，应当老老实实地承认错误，诚恳地进行检讨，采取积极有效的补救措施，以实际行动表明接受批评的诚意，以求得公众的谅解。在处理整个事件的过程中，企业应保持与新闻媒介的关系，及时向其通报情况，充分利用因报道而引起的公众对企业关注的时机，扩大企业的有利影响，变坏事为好事。这里就需要有高超的公关艺术。

（2）针对失实的报道，如果新闻报道与事实有出入，企业不能暴跳如雷或者草率地诉诸公堂。理智的做法是：在肯定新闻单位开展舆论监督的前提下，心平气和地指出报道失实之处，邀请记者一起参加调查、核实事实的工作，并明确、婉转地提出刊登说明或者予以更正的要求。这样会给新闻媒介留下宽宏大量、通情达理的印象。

职业观念 6-4

雅科卡与新闻媒介打交道的策略

美国著名企业家雅科卡是这样与新闻媒介打交道的：一是善于与新闻媒介接近，无论是在顺境中还是在逆境中；二是坚持每年度召开记者招待会，公布生产经营结果，无论是好结果还是坏结果；三是讲真话，坦率诚实地对待新闻界人士；四是对有意刁难的记者也不恼怒和驳斥；五是当记者陷于困难需要帮助时，给予真心实意的帮助。

资料来源　岳川，赖亚滨．公关锦囊三十六［M］．长春：吉林大学出版社，1992.

分析提示：雅科卡是美国原第三大汽车公司克莱斯勒的总裁，他特别重视与各类公众打交道，特别是与政府和新闻媒介的关系。因为要想树立良好的企业形象，必须借助大众传播，而新闻媒介是大众传播的重要组成部分。

6.6.3　利用新闻媒介的方法

1）提供新闻稿及有关资料

新闻媒介总希望社会各界能主动向其提供有关稿件或者资料。企业的公关人员应当迎合新闻媒介这一要求，积极主动地撰写质量较高的新闻稿或者提供录像、录音等资料，经常了解新闻媒介所关心的重点和热点，有的放矢地提供有关资料，以提高新闻媒介对企业的报道率，借以扩大企业的社会影响。

2）举办新闻发布会或记者招待会

对企业在工作中所取得的重大成就或其他具有重要价值的事情，企业可以通过举办新闻发布会或记者招待会的形式来引起新闻界的重视，扩大信息传播面。

3）安排记者与专家、领导会面

为提高新闻报道的重要性和权威性，新闻机构往往喜欢采访一些专家和领导，企业的公关人员应主动做好这方面的安排。

4）利用新闻的时机

何时向新闻界提供新闻材料，这关系到企业所提供的新闻素材能否引起新闻机构的兴趣，使其乐于传播。企业有效地利用新闻媒介，可选择以下时机：

（1）企业开业之时，可通过新闻媒介将企业的性质、规模、宗旨、经营范围、服务项目等内容传播出去。

（2）企业更名或与其他企业合并时，可通过新闻媒介传播企业更名或合并的意义以及给社会公众带来的利益和希望。

（3）企业推出新品种或新服务时，可通过新闻媒介的宣传来影响更多的公众，吸引更多的顾客。

（4）企业在重大改革措施和经营管理上取得重大的成就时，可通过新闻媒介宣传提高企业的美誉度。

（5）重要人物来访或者企业举行重大的纪念活动及其他活动时，可通过新闻媒介扩大影响。

（6）企业在经营管理活动中涌现出先进人物或先进事迹时，可通过新闻媒介宣传先进，提高企业的知名度。

本章小结

❊ 企业外部公共关系是公共关系的重要组成部分，处理好与外部公众的关系，就会给企业的开拓发展创造一个良好的外部环境。

❊ 企业外部公共关系的宗旨是：促进企业与社会各类公众之间的理解和信任，协调彼此间的利害关系，消除可能出现的矛盾，树立良好的企业形象，为企业的生存和发展创造有利的社会环境。概括地说就是“外求发展”。

❊ 不同的外部公众有不同的特点。在外部公关活动中，企业应根据自身的条件和公众的特点，采取灵活多样、具有创新意识的工作方法，以取得良好的公共关系效果。

主要概念

顾客关系　社区关系　政府关系

综合练习

1.选择题

（1）企业为顾客提供的服务包括（　　）。

A.售前服务　　B.售中服务　　C.售后服务　　D.送货服务

（2）社区可以为企业提供的条件包括（　　）。

A.后勤服务　　B.良好的员工生活环境

C.劳动力资源　　D.稳定的顾客

E.生产经营所需的物质资源

（3）主动地与政府保持联系的方式包括（　　）。

A.主动请示汇报　　B.邀请政府有关人员参与企业的活动

C.主动协助政府解决问题　　D.以上都是

（4）企业处理新闻媒介关系时应做到（　　）。

A.熟悉新闻　　B.以礼相待　　C.以诚相待

D.平等相待　　E.迅速及时

2.判断题

（1）企业只要注意维护消费者的权益，提供优质的商品和服务，就能处理好与顾客的关系。（　　）

（2）互惠互利、平等协商、真诚相待是处理企业与供应商、经销商关系的重要原则。（　　）

（3）社区所指的区域是没有明确界线划分的，只是一个大致的范围。（　　）

（4）只要是政府需要的，企业都要积极去做。（　　）

（5）“得之者锦上添花，失之者声誉扫地。”这说明了媒介公众的重要性。（　　）

3.简答题

（1）为什么说与顾客关系的好坏会影响企业的命运？

（2）为什么说新闻界在外部关系中具有双重性质的作用？

4.材料分析题

要求换新美钞

一天，一位陌生的顾客走进豪华的美国花旗银行营业大厅，要求换一张崭新的100美元钞票，准备当天下午作为礼品用。花旗银行是世界上最大的银行之一，每天的营业额高达数亿美元，业务十分繁忙。接待这位陌生顾客的银行职员微笑着听完顾客的要求后，请这位顾客稍候。然后他先在一沓沓钞票中寻找，又拔了两次电话，15分钟后，终于找到了一张崭新的100美元钞票，并把它放进一个小盒子里递给了这位陌生的顾客，同时附上一张名片，上面写着：“谢谢您想到了我们银行。”事隔不久，这位偶然光顾的顾客又回来了，这次来是在这家银行开了个账户。在以后的几个月中，这位顾客所在的律师事务所在花旗银行存了25万美元。

资料来源　查灿长．公关实务与案例分析［M］．青岛：青岛出版社，1994.

问题：你认为花旗银行的做法是否可取？为什么？

5.实践训练

（1）试举一例说明社区对企业发展的影响。

（2）某报刊登了一篇题为“美丽冻人的鸭鸭”的文章，诉说了天津市大港区赵连庄乡新房子小学刘某饱受冻人的鸭鸭牌防寒服带来的苦恼。这立即引起了鸭鸭牌防寒服生产厂家——江西共青羽绒厂驻津办事处人员的注意。假如你是这位办事处人员，你如何处理这次报道产生的影响？试写出处理方案。

第7章

CIS 工程

学习目标

知识目标：了解CIS工程的基本要领，掌握CIS要素的具体内容，了解CIS方案和设计的具体过程。

技能目标：掌握CIS工程的实际操作技能。

能力目标：提高解决CIS工程的具体问题的能力。

引例

星巴克：企业形象策划史上最赚钱的咖啡

星巴克（Starbucks）咖啡公司成立于1981年，是世界领先的特种咖啡的零售商、烘焙者和星巴克品牌拥有者。其旗下的零售产品包括30多款全球顶级的咖啡豆、手工制作的浓缩咖啡和多款咖啡冷热饮料、新鲜美味的各式糕点食品以及丰富多样的咖啡机、咖啡杯等商品。

一、星巴克理念识别系统

目标市场的定位：不是普通的大众，而是一群注重享受、休闲，崇尚知识，尊重人本位，富有小资情调的城市白领。

星巴克六大使命宣言：

（1）提供完善的工作环境，并创造相互尊重和相互信任的工作氛围。

（2）秉持多元化是我们企业经营的重要原则。

（3）采用最高标准进行采购、烘焙，并提供最新鲜的咖啡。

（4）以高度热情满足顾客的需求。

（5）积极为社区和环境做贡献。

（6）认识到盈利是我们未来成功的基础。

星巴克的诉求：顾客体验是星巴克品牌资产的核心诉求。

体验的元素：视觉的温馨，听觉的随心所欲，味觉的咖啡香味等。

星巴克的价值观：星巴克销售的不是咖啡，而是人们对咖啡的体验。这是星巴克自己创造出的“咖啡之道”，使每个光临的顾客都有独特的体验。

经营理念：

（1）把咖啡店装点成生活的“绿洲”，让附近民众享受喝咖啡的时刻，营造除了家和上班之外的生活空间。

（2）他们要的不是一杯咖啡，而是享受喝咖啡的时刻。

（3）始终坚持品质，保证品质。

（4）始终保持风格。美好的音乐，丰富多彩的视觉享受，创造统一的外观又不失变化。

二、星巴克视觉识别系统

星巴克的标志具有神秘色彩，是根据16世纪斯堪的纳维亚的双尾美人鱼木雕图案设计出来的，标志上的美人鱼像传达了原始与现代的双重含义。

三、星巴克行为识别系统

星巴克的每一位工作伙伴在每天营运的过程中就是不断地创造独一无二的服务与体验价值，承诺用自己的智力、心力和劳力热情地解决问题，而且绝不争功避过。

资料来源　佚名．星巴克服务营销（精）[EB/OL]．[2020-10-25]．https：//wenku.baidu.com/view/c8205449fe00bed5b9f3f90f76c66137ef064f1f.html.

7.1　CIS概述

7.1.1　CIS的含义

CIS是英文Corporate Identity System的缩写，一般译为“企业识别系统”，或者称为“企业形象战略”，CIS是一个系统工程。

CIS工程指将企业的经营理念识别、行为识别和视觉识别三大系统经过同一化整合，共同塑造良好的企业形象的工程。

19世纪六七十年代，CIS开始从美国传到日本、欧洲等国家和地区。1970年，日本PAOS公司为马自达（MAZDA）公司策划CIS，开创了日本企业导入CIS的先河。

中国最早接受CIS理论的是美术院校。1984年，浙江美术学院从日本引进一套CIS资料，并作为教材使用。1988年，广东新境界设计公司为太阳神集团公司设计了以红色图形与黑色三角形构成的太阳神商标（详见图7-1中的太阳神标志）。太阳神集团实施CIS工程的当年，营业额便达到520万元，1990年的营业额为4 000万元，1991年的营业额达到8亿元，1993年的营业额超过12亿元。此举被理论界誉为“中国特色的CIS经典”，开创了我国企业界导入CIS的先例。

图7-1 太阳神标志

知识链接7-1

一轴、二轴、三轴

日本专家通过研究指出，第二次世界大战以来，企业的经营力量已经由一轴指向变为三轴指向。

1945—1955年的10年间，由于物资缺乏，产品供不应求，企业生产和提供的商品只要物美价廉就会十分畅销，即处在“生产力”一轴指向时代；1955—1965年的10年间，由于技术开发，大量商品涌现，企业除了生产物美价廉的产品，还要依靠强有力的推销才能在市场上赢得较大的份额，即处在“生产力+销售力”二轴指向时代；1965年以来，市场上充满了各种商品，企业都使出浑身解数推销商品，只有形象好的企业和名牌产品才能在强手如林的竞争中独占鳌头，即现代企业处在“生产力+销售力+形象力”的三轴指向时代。

资料来源 沈祖德. CI现代企业形象战略［M］. 北京：中国物资出版社，1972.

7.1.2 CIS的构成

1）CIS的构成要素

CIS工程是由企业理念识别系统（mind identity system，MIS）、企业行为识别系统（behavior identity system，BIS）、企业视觉识别系统（visual identity system，VIS）三个要素构成。

（1）企业理念识别系统。**企业理念识别系统**指经营企业的指导思想。它由企业价值观念、企业精神、企业信仰、企业目标以及企业的标语口号等方面的内容组成。

（2）企业行为识别系统。**企业行为识别系统**指企业经营理念动态的表现形式。企业行为识别系统包括对内和对外两部分。对内指对企业员工的组织管理、教育培训、文明礼貌的规范等；对外指企业与社会的联系与沟通。

（3）企业视觉识别系统。**企业视觉识别系统**指企业的静态识别形式，即企业识别视觉表达。企业视觉识别系统包括基本要素和应用要素两部分，基本要素包括企业标志、企业色彩、企业字体、企业象征图案、企业专用印刷书体、企业宣传标语和口号、企业产品的品牌标志（商标）等；应用要素包括产品系统、事物用品系统、办公用品和设备、企业建筑物、环境系统、交通系统、广告媒体、员工的服装服饰、个人名片等。

2）MIS、BIS、VIS的相互关系

CIS工程的三个基本构成要素是相互联系、不可分割的统一体，具有整合性、层次性和关联性。

（1）整合性。图7-2表明CIS是三个要素协调运作的整合性成果。

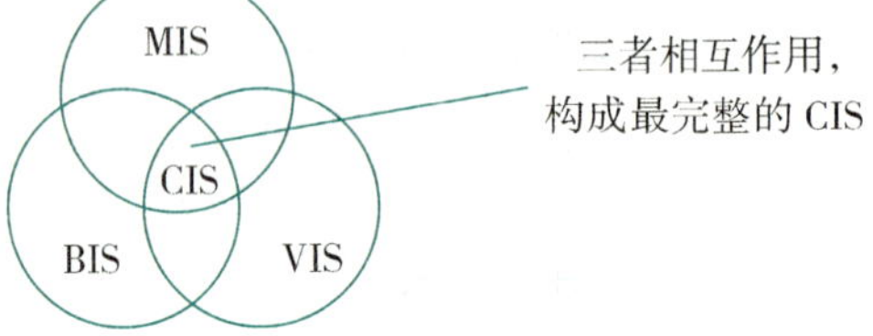

图7-2　CIS三要素构成关系图

（2）层次性。图7-3表明，CIS工程具有鲜明的层次：理念识别系统是企业的经营理念，也是CIS的基本精神所在和灵魂，它是CIS工程的最高决策层次，是CIS工程运作的原动力和实施的基石；行为识别系统是中观运作层次，也是CIS工程运作的主体；视觉识别系统是CIS工程的微观表象层次。三个要素层次分明，形成一个金字塔形的结构层。

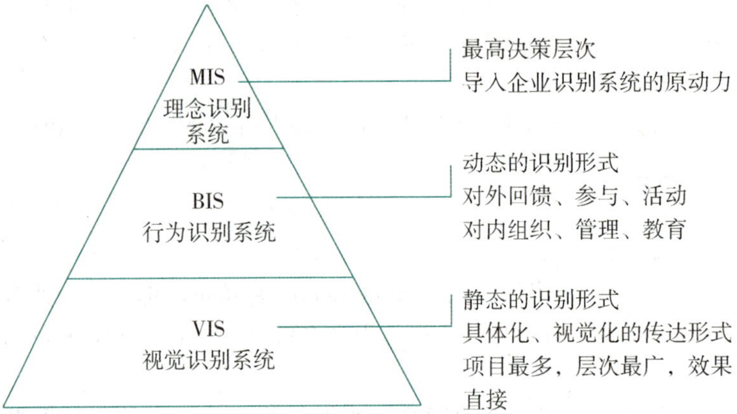

图7-3　CIS三要素结构层次图

（3）关联性。图7-4表明，CIS作为一个系统工程，具有很强的关联性，不可分离，更不能偏废。只有通过理念识别系统、行为识别系统和视觉识别系统的有机结合，才能向社会显示企业的整体形象。MIS、BIS、VIS这三项要素相互联系、相互影响、相互交融，构成一个整体。其具体表现为：MIS-BIS-VIS是视觉化的过程，VIS-BIS-MIS是理念化的过程，三项要素共同作用产生认识的同一化。

综上所述，构成CIS的三项要素不仅具有整合性、层次性，还极具关联性。它们之间相互联系、相互制约，构成一个完整的系统工程。理念识别系统是企业形象识别系统的基础，是企业的“心”，力求美好；行为识别系统是企业形象识别系统的直接

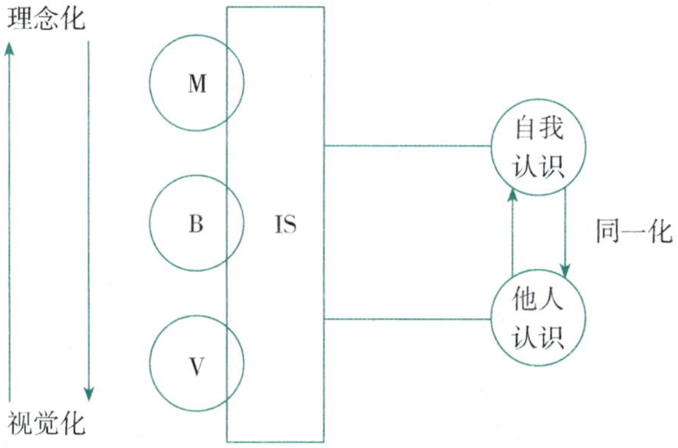

图7-4 CIS三要素相互联系、相互影响的示意图

结果，是企业的“手”，力求真实；视觉识别系统是前两者的直观形态，是企业的“脸”，力求美丽。其中，企业理念识别系统是最重要的，因为形象即“相”，“相”由“心”生，企业形象是由企业理念等内在精神产生的；“相”由“心”转，企业形象随着企业理念更新而相应变化、更新。

职业观念 7-1

可口可乐公司成功的奥秘

美国Coca-Cola公司为了迅速打入中国市场，耗费5 000万美元，从4 000多个中文译名中煞费苦心地选用了“可口可乐”这个绝妙无比的名称，并设计出独特的字形加以表现，给中国消费者以强烈的视觉冲击。可口可乐公司在中国市场开拓成功，其名称的作用功不可没。

资料来源 林汉川，李觅芳. 公共关系案例教程［M］. 上海：复旦大学出版社，1995.

分析提示：美国Coca-Cola公司在中国市场的开拓成功，除了产品质量、产品本身的口味，更得益于CIS的视觉识别系统，因为可口可乐的中文翻译实在是又好听、又好记。

7.1.3 CIS的功能

CIS的功能如图7-5所示。

1）管理功能

企业制定的CIS推进手册一般被视为企业内部的“宪法”，全体员工必须共同遵守、执行，以保证企业识别系统的统一性和权威性。因此，CIS手册体现了CIS统一管理的规范功能。

2）识别功能

对企业识别系统的开发，能够促使企业产品与其他同类产品区别开来。如今，在各企业的产品品质、性能、外观、促销手段日趋雷同的情况下，CIS将会帮助企业树立特有的、良好的企业形象，可以提高企业产品的非品质竞争力，依靠形象

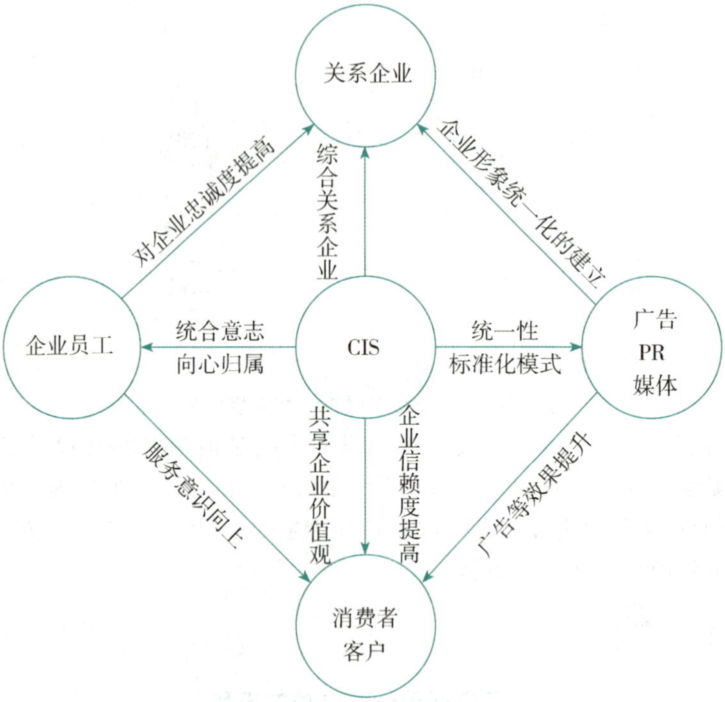

图7-5　CIS的功能

在市场上独树一帜，便于消费者识别和认同并产生好感和信赖。

3）应变功能

在瞬息万变的市场环境中，企业要随机应变。变是绝对的，不变（稳定性）是相对的。导入CIS能促使企业商标具有足够的应变能力，同一商标可以随市场变化和产品更新应用于各种不同的产品，从而提高企业的应变能力。

4）传播功能

企业导入CIS能够保证信息传播的同一性和一致性，收到统一的视觉识别效果，使传播更经济、有效，产生事半功倍的效果。例如麦当劳在中国新开设的分店，其广告费用开支很少，但生意兴隆，这主要得益于麦当劳统一的、一致性的、世界性的CIS传播效果。

5）协调功能

企业集团导入CIS可以加强下属企业的归属感和向心力，发挥群体效应，在市场竞争中协调统一，构成强大的竞争优势。

6）文化教育功能

CIS的文化教育功能表现在两个方面：第一，企业导入CIS后，增强了文化整合功能，形成了独特的企业文化，增强了企业整体性、统一性和凝聚力，可使企业运作有序、协调统一；第二，文化导向功能能够推动企业的进步发展，为企业引进最新的科学技术，提高企业管理水平，提高员工素质。

7.2　CIS设计

7.2.1　CIS设计的程序

CIS设计的程序包括：CIS调查和企业形象市场定位，CIS的企划。

1）CIS调查和企业形象市场定位

（1）CIS调查的内容。CIS调查的内容广泛，归纳起来，主要有以下几点：

① 社会环境调查。它包括政治环境、法律环境、经济环境和文化环境的调查。

②企业形象调查。第一，对企业形象要素的调查。因为人们对企业形象的认识是从具体形象开始的，这种认识经过一定时间反复验证后就会上升到对企业总体形象的认识，所以对企业形象的调查可以在这两个层次上再具体化为若干可量度的要素（详见图7-6中企业形象若干可量度的要素）。第二，对企业的知名度和美誉度的调查。企业知名度是社会公众对企业的认知程度。企业美誉度是衡量社会公众对企业信赖和有好感的程度。

- 企业形象要素
  - 综合形象
    - 经济效益
    - 经营作风和策略
    - 企业管理
    - 基础工作
  - 产品形象
    - 新产品的设计开发
    - 产品质量
    - 包装装潢
  - 人员形象
    - 管理者的素质
    - 员工素质
  - 服务形象
    - 服务态度
    - 服务技艺
    - 服务效率
  - 环境形象
    - 购物环境
    - 商品陈列
    - 设备设施
    - 建筑物
  - 其他形象、标志、口号等

图7-6　企业形象若干可量度的要素

企业知名度=认知企业的人数÷被调查的总人数×100%

企业美誉度=对企业信赖和有好感的人数÷认知企业的人数×100%

③企业内部调查。第一，企业理念识别部分。从经营思想、价值观念、企业精神等方面调查企业理念的现代性和未来性，员工的认同感、责任感和凝聚力；分析意识清晰或模糊、盲目或有的放矢，认同度高或低，老化或具有活力。第二，企业行为识别部分。对企业内部运行状况及行为表现进行调查，如管理水平及效率、经营机制及活力、员工观念及作风、人员素质、行为规范等。第三，企业视觉识别部分。企业现有的视觉识别是否统一、有个性，能否体现企业理念、引起社会公众的

注意和赞赏。

（2）CIS调查的方法。CIS调查的方法主要有访谈法、观察法、问卷法等。

（3）企业形象的市场定位。企业形象的市场定位指在CIS调查的基础上，根据企业经营确定的目标市场，满足顾客的要求，并将这种满足与争取公众的认知、感受、希望衔接起来，从而在公众心目中确定企业的位置，树立期望的形象。

企业形象的市场定位主要包括以下两个方面：

①公共关系形象定位。公共关系形象定位指确定企业希望在公众中塑造的形象，并以此为基点凝聚公众的心智，促进其对企业的认识和偏爱。

公共关系形象定位是企业形象市场定位的基础，其主要内容包括员工心目中的定位、股东心目中的定位、消费者心目中的定位、金融界心目中的定位、同行业心目中的定位、政府心目中的定位、社会公众心目中的定位、国际社会关系中的形象定位、大众媒体心目中的定位。

②品牌形象定位。品牌形象定位指企业通过产品品质、特点、包装、名称、价格等因素在消费者心目中形成的印象，以达到认识、认同、认购和偏爱。其主要内容包括：第一，一元化品牌形象定位策略，即企业、产品标志采取一个名称，结构单一。这种策略有较强的形象识别性，但风险也大。第二，多元化品牌形象定位策略，即在发展一个核心机构或拳头产品品牌的同时，发展与其相独立的品牌产品。这种策略有很大的灵活性、可塑性，但企业形象识别性差。第三，大品牌、小品牌形象定位策略，即把企业名称冠于所有产品，各个产品又具有自己独立品牌的名称。其优点是以企业的情报、形象传播，市场细分明确；缺点是容易发生“城门失火，殃及池鱼”的危险。第四，商标化品牌形象定位策略，指企业通过一系列似乎毫不相关的产品商标进行经营的策略。其优点是任何产品品牌失败都不会直接关联到整个企业和其他产品，缺点是企业形象识别性差。

2）CIS企划

CIS企划指以充分调查研究的成果为基础，重新考察、评估企业形象状况，以确定新的形象策略为重点，为今后的CIS设计与管理指明方向。CIS企划的内容包括以下几点：

（1）调查研究结果的要点。扼要整理出事前调查的结果，对其中的重点问题加以解说，通过重点问题的稽核，探求CIS的新方针、新概念，创造性地解决问题。

（2）本企业的CIS企划。本企业的CIS企划主要包括对未来的作风、理念、形象、活动领域、方针、重要概念等一系列问题进行简要叙述。

（3）制定具体可行的形象策略。要根据行业特征，强调企业某一方面的形象特征或注重某些影响企业形象的因素，制定具体可行的企业形象策略。

（4）设计开发要领。具体而详细地记载CIS设计开发计划，使企业能够立刻展开作业。

（5）与CIS相关的补充计划。为了顺利实现CIS目标，除了必需的设计开发计划外，还要配合公司对内、对外的信息，传递各种与CIS相关的计划。

职业观念 7-2

中国国际航空公司的CIS战略

中国国际航空公司在实行CIS战略时，提出服务准则是实施BIS的表现。同时，中国国际航空公司推出“五心服务”和顾客的“四心结果”。“五心服务”是指“真心服务”“诚心服务”“热心服务”“细心服务”“耐心服务”；“四心结果”是指“放心”“顺心”“舒心”“动心”。这些服务行为准则能体现中国国际航空公司“服务至高境界”的价值观和“爱心服务世界”的经营理念。中国国际航空公司的“五心服务”让旅客感觉到了“放心”“顺心”“舒心”“动心”。

资料来源 编者根据相关资料整理。

7.2.2 CIS设计的项目

CIS设计的项目主要有企业理念识别系统的设计、企业行为识别系统的设计、企业视觉识别系统的设计。

1）企业理念识别系统的设计

（1）企业理念识别系统设计的原则。

① 个性化原则。在企业理念设计上要力戒一般化，拒绝平庸。例如，海尔的“真诚到永远”企业精神，温暖了千百万用户和消费者的心，让海尔品牌成为中国制造的诚信标签。再如恒大集团的“艰苦创业、无私奉献、努力拼搏、开拓进取”企业精神，是恒大快速成长的优良基因。

② 民族化原则。在进行理念识别系统的设计时，必须充分考虑民族精神、民族习惯、民族特点，体现民族形象。上海庄臣有限公司坚持“以人为本”的企业理念，深刻地体现了与中国悠久的历史文化传统之间的联系，蕴含丰富的民族精神。这种视员工为公司财富的观念自然能够使全体员工树立起这样的信念：“我们深信，公司的基本活力与朝气来自全体员工。”

③ 多样化原则。所谓多样化就是语言结构、表达方式的多样性，围绕理念传达、理念宣传的活动设计要力求丰富多彩，标语、口号等要富于思辨色彩；活动要注意寓“理”于乐，尽量避免呆板的“大报告”。

（2）企业理念识别系统设计的内容。企业理念是一个抽象的概念，在设计企业理念时，要将其具体化为理念识别系统的基本要素和相关的应用要素，然后再根据具体要素进行设计。

第一，经营宗旨设计。经营宗旨就是企业的经营哲学，或者说经营观。它主要包括经济观、社会观、文化观。经营宗旨的设计事实上就是企业自我的社会定位。设计的好坏，决定着企业与社会的关系、性质及未来的发展前景，以及企业社会地位的高低。

经营宗旨的设计类型大体有三种：第一种是经济型，突出的是企业经济效益。第二种是经济社会型，讲求经济效益和社会效益并重。第三种是经济、社会、文化并重型。它讲求经济效益，也讲求社会效益，十分重视对人类社会的文化贡献。在选择经营宗旨的类型和具体设计时，特别要注意以下三点：一是可行性，即经过努力能够实现；二是目标性，即必须经过努力才能达到目标；三是提升性，即宗旨的提出要对企业形象的提升有利。

第二，经营方针设计。经营方针是企业运行的基本准则。在设计企业经营方针时，要根据不同的情况突出不同的因素，应掌握好以下三点：一是把握行业特点；二是要注意方针的指导；三是要符合企业公众的期待。

第三，经营价值观的设计。经营价值观的主要内容包括目的观、竞争观、道德观、服务观、质量观、人才观。

第四，企业精神的呈现形式。企业精神的设计表达形式多样，主要有五种：一是条例。把反映企业精神的行为准则以条例的形式加以表现，制定成文件公布。例如，大庆的铁人精神是“三老四严”。二是标语。把企业精神用箴言、警句的形式加以表述。例如，天安高效益技术研究所提出：“愿天下人幸福平安。”三是广告。宣传企业精神的广告用形象化的宣传语。例如，太阳神集团公司打出的“当太阳升起的时候，我们的爱天长地久”企业广告。四是歌曲。用歌词来反映企业精神，配上乐曲，运用艺术手段感染、激发人的心智。五是座右铭。座右铭反映企业精神，时刻给人提醒，也是一种力量。例如，北京市煤炭总公司的企业座右铭是：“辛苦我一个，温暖千万家。”此外，还有以品牌口号的形式来反映企业定位和对用户的价值，如抖音的口号是“记录美好生活”。

职业观念 7-3

美国麦当劳企业理念外部传播设计

为增强影响力、打动公众的心，美国麦当劳的企业理念为Q、S、C和V。Q——质量，麦当劳的食品要求标准化，做到无论国内国外，所有分店的食品重量和配料相同，并制定了各种操作规程和细节。S——服务，提供周到、细致的服务是麦当劳成功的法宝之一。为了给日益增多的外出驱车的顾客提供方便，麦当劳开设了汽车餐厅，当车开到店侧小窗时，乘车人就能一手交钱，一手取货，并马上驱车上路。C——清洁，提供典雅、清洁的环境是麦当劳追求的目标。店内不许出售报纸和香烟，器具全部都是不锈钢的。店内始终保持窗明、地洁、桌面净。V——价值，麦当劳强调“提供更有价值的物质商品给顾客”。

麦当劳从芝加哥总部派出“巡回地区督察团”，不定期到全世界14 000多家连锁店巡视，就是为了保证Q、S、C和V理念的执行。

资料来源　沈祖德. CI现代企业形象战略［M］. 北京：中国物资出版社，1997.

分析提示：美国麦当劳的产品在世人眼里无非是面包夹牛肉、油炸马铃薯等。麦当劳公司的员工也承认，面包夹牛肉的味道和其他十几种牌子的牛肉饼没有什么两样，那么为什么这再普通不过的产品能在世界各地建立14 000多家分店呢？1992年4月23日，北京麦当劳分店开业当天，竟有13 000人涌入餐厅……其原因主要是麦当劳有着与众不同的形象内涵与推销方式：不凑合的品牌意识，温馨的文化氛围，严中有活的价值追求。质量标准化、服务周到细致化、环境清洁典雅化，这就是麦当劳企业理念外部传播设计，也是CIS战略的具体内容。

2）企业行为识别系统的设计

（1）企业行为识别系统设计的原则。

①体现和贯彻企业理念。企业行为识别系统的设计必须依据企业理念所指引的价值方向。企业行为识别系统的设计必须做到：第一，能促使员工把行为作为实现企业理念的途径和手段。只有贯彻企业理念的企业行为才有现实的意义，要自觉地制止、避免和反对违背企业理念行为的发生。第二，能够对贯彻企业行为过程中出现的突发性问题，依据企业行为的价值准则，找出正确而有效的解决问题的方法。

②保证行为设计现实有效。要在设计中找到企业理念价值与现实行为操作者的有效结合点，使企业行为目标成为员工的共同追求，使企业理念价值变成每一个员工的自觉行动。

要在设计中保证企业行为能够按预计的操作规范，在每一个方面、每一个环节得到最有效的贯彻实施。

③企业行为设计要规范化。一般规范化的行为准则应包括的可操作内容有：行为目标、岗位职责、行为要求、奖罚办法。要避免用一般性的指导原则和政治化的口号替代具体的行为准则。

④企业行为设计要系统化。在设计中，要把企业的每一个行为作为企业发展过程中的有机组成部分，要在企业行为发展的完整结构和系统中把握每一项行为和其他行为的联系。

（2）企业行为识别系统设计的项目。

①企业内部组织结构的设计。企业内部组织结构的设计必须按照现代企业制度的要求，依据《中华人民共和国公司法》的有关规定进行设计。一般有两种组织结构模式可供参考：

第一，功能垂直结构模式（如图7-7所示）。功能垂直结构模式是将权力集中于企业最高层的企业管理体制。其优点是：有利于将有限的资源按照经营方针和目标，投入到最有效益的方向；有利于产、供、销各个环节之间的紧密配合。其缺点是：不利于发挥中层管理人员的主动性和创造性；财务管理和利润集中使用，各部门缺乏积极性。

第二，事业部制分权结构模式（如图7-8所示）。事业部制分权结构模式是以企业最高决策层与中层管理者之间的分权为特征的企业管理体制。事业部是相对独立的实行独立核算和自负盈亏的利益实体，每一个事业部在企业整体发展战略指导下谋求自我发展，拥有较广泛的经营自主权和财务独立性，适合较大型或多元化经营的企业。

②员工行为规范化的设计。企业员工是实施CIS工程的主体，其行为直接关系到企业形象。成功的企业十分注重对员工的宣传、教育和培训。

从导入CIS企业实践总结的经验分析，企业内部员工教育和引导要注意设计好六个方面。

第一，编制印刷《CIS说明书》和《员工手册》。

第二，制作员工教育宣传片。

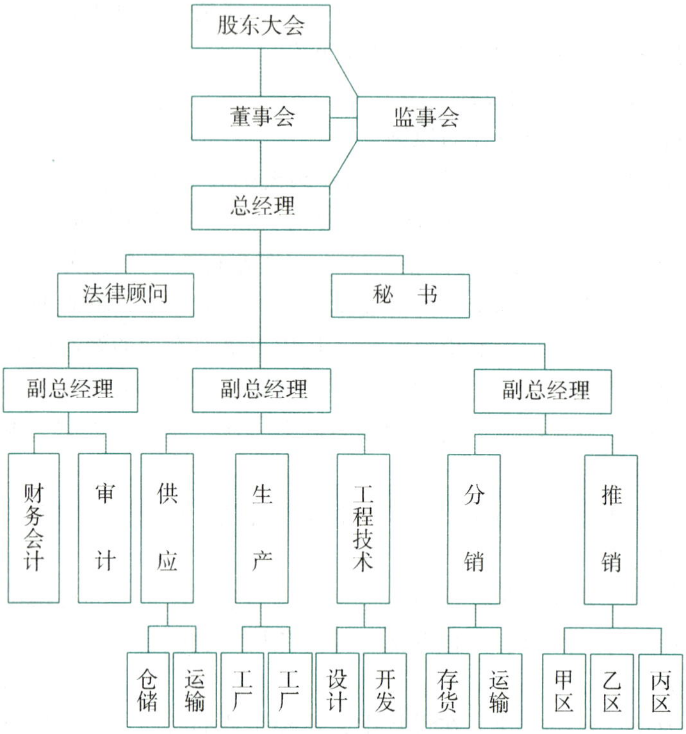

图7-7　功能垂直结构模式

第三，运用企业内部各种宣传手段制造舆论。

第四，加强企业内部沟通，如通过恳谈会、每周例会、专题座谈会、个别谈心等方式进行沟通。

第五，开展内部公关活动。

第六，举行各种活动，展示企业风采。

③企业行为管理的设计。企业行为管理的设计包括企业行为规范和行为模式的设计，其具体内容主要包括企业运行的规章制度和对各部门、员工的具体要求等。

④企业对外传播行为的设计。企业对外传播行为的方式有很多，主要有广告、宣传、参与社会公益活动等，在设计中各有不同的要求。

第一，企业广告的设计。其包括形象广告、公益广告、赞助广告、祝贺广告、响应广告等的设计。

第二，宣传活动的设计。宣传活动有多种方式，其中CIS设计人员要精心设计的是“新闻事件”、新闻发布会和记者招待会，策划以宣传企业形象为目的。具有轰动效应的“新闻事件”是一种比较理想的企业形象识别宣传。

第三，公益活动的设计。在CIS设计中，赞助社会公益事业，借助社会公益活动的影响力宣传企业能起到一举两得的作用。

3）企业视觉识别系统的设计

（1）企业视觉识别系统设计的原则。

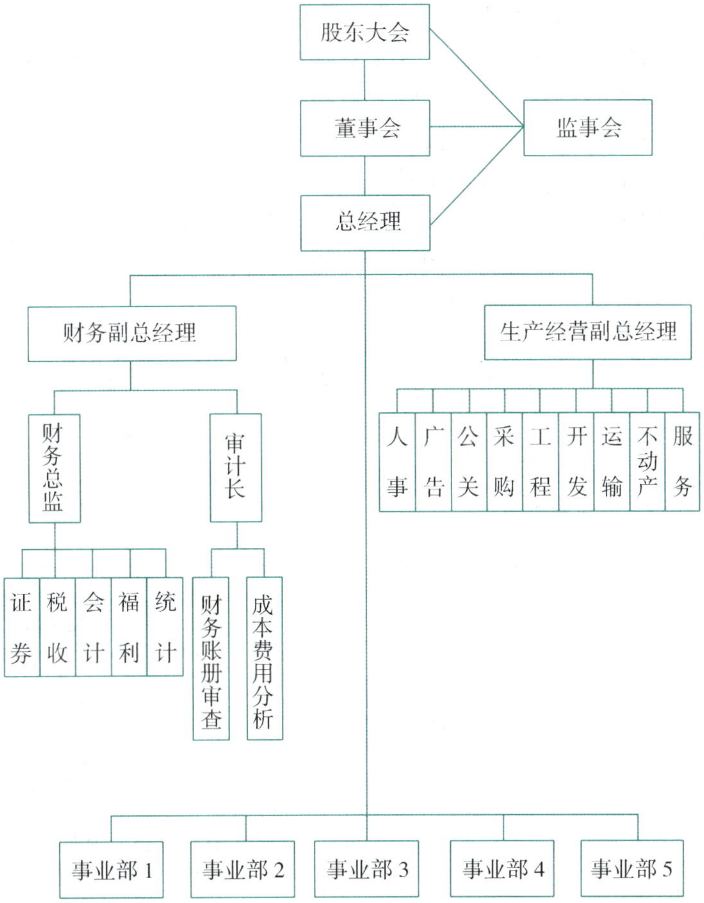

图7-8　事业部制分权结构模式

①坚持以企业理念为核心的原则。企业视觉识别系统的设计是全方位传达企业的经营理念。脱离了企业理念、企业精神的设计符号只能作为普通的商标，并不是视觉识别设计。

②坚持民族化与国际化相统一的原则。在CIS设计中，不仅理念识别系统和行为识别系统的设计要富有民族文化的特征，视觉识别系统的设计也要富有民族情趣，迎合民族心理。

不同国家、不同民族有不同的信仰和习俗，在设计时要尽量不与之冲突，这样才能获得国际上的认同和接纳，并取得最佳效果。

③坚持遵循美学的原则。视觉识别是通过视觉传达完成的。从一定意义上说，视觉识别符号是一种视觉艺术。作为艺术，要追求内容美与形式美的完整统一。在视觉识别设计时，必须根据艺术形式的规律，充分运用对称、平衡、秩序、韵律、调和、比例等美学原则，这样才能更好地、更有创意地从事视觉识别系统的设计和形式美的创造。

④追求简洁、明快的原则。视觉识别系统设计呈现的是这样一种发展趋势：由繁

到简、由静到动、由具体到抽象，体现设计者追求简洁、明快，谋求最佳的传播效果。

⑤坚持设计风格统一的原则。在视觉识别设计中，基本要素和应用要素的设计在风格上应该保持高度的一致性、统一性。设计风格的一致性、统一性无疑是充分体现企业理念、强化公众视觉的有效手段。

（2）企业视觉识别系统设计的项目。

企业视觉识别系统设计的项目具体分为两大类：一类是基本设计要素；另一类是应用设计要素。每一类中又分为不同的设计项目，内容丰富。企业视觉识别系统两大类设计要素的关系及设计项目如图7–9所示。

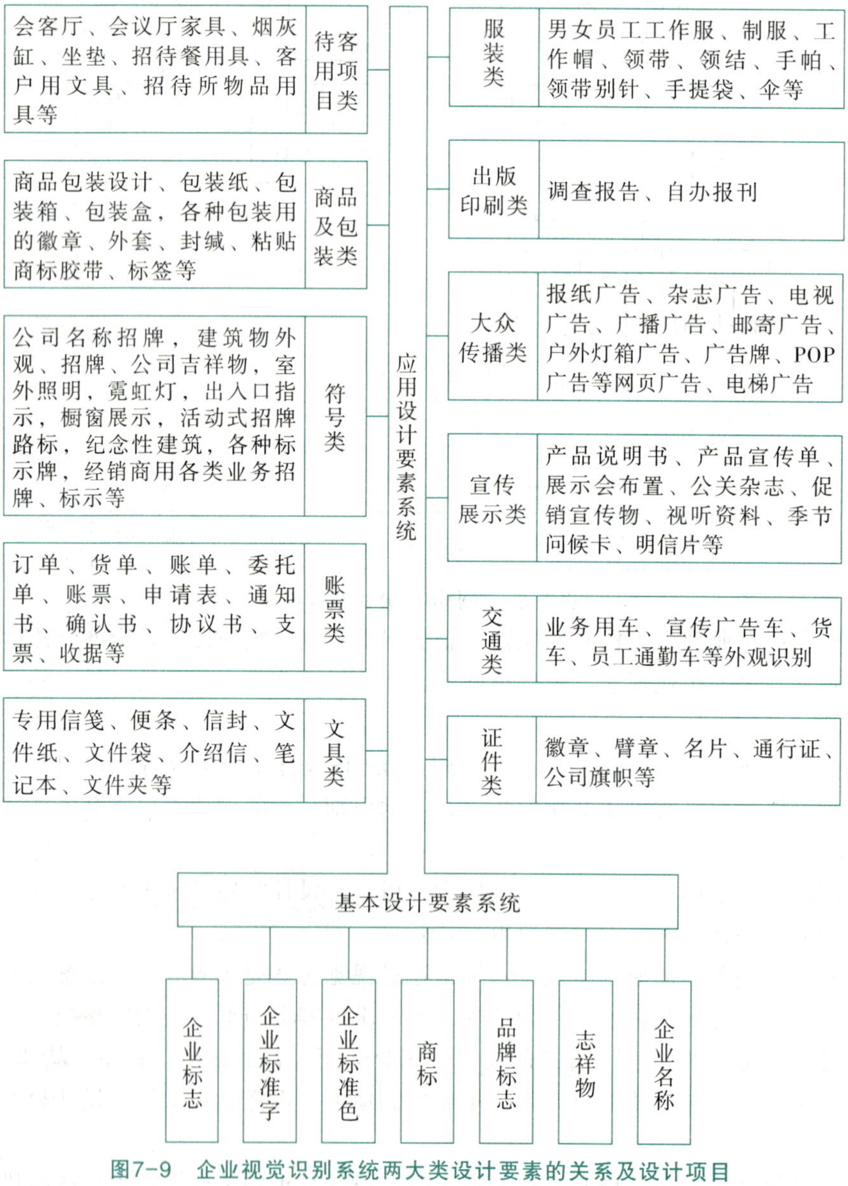

图7–9　企业视觉识别系统两大类设计要素的关系及设计项目

①企业名称的设计。从广义上解释，企业名称是企业名、商标名、品牌名的通称。企业名称的设计要把握好以下三个要素：一是识别性，要具有独创意义，力避雷同，以反映企业特有的经营理念；二是统一性，企业名称与企业其他形象因素如品牌、商标等，必须具有形象的一致性；三是可传达性，企业名称必须具有较强的传达力，如在听觉传达中最好响亮，在视觉传达中最好简洁，在文字书写布局时力求优美、传神等，力争做到易说、易读、易记，具有形象表现力。

②企业标志的设计。标志是用特定的和明确的造型、因素、文字、色彩来表示某种事物或象征某种事物。企业标志指从事生产或经营活动的经营者的标志。企业标志的类型有以下三种：

A.图案型标志。用不同形状的几何图形或线条构成企业标志，参见图7-10中的图案型企业标志。

皇家壳牌石油公司标志

苹果公司标志

奔驰汽车标志

耐克公司标志

图7-10 图案型企业标志

B.复合型标志。由图案、文字复合而成，是当今流行的一种企业标志设计手法，参见图7-11中的复合型企业标志。

C.文字型标志。以语言文字的造型或组合来表现企业名称、品牌等企业要素的标志，参见图7-12中的文字型企业标志。

③企业标准字的设计。企业标准字指将企业的理念、性质、精神，通过文字的可读性、说明性等明确化特征，创造独特风格的字体或文字造型。企业标准字的设计分类如下：

A.企业名称标准字。企业名称字体造型是各种企业标准字设计的基础。企业名称标准字设计要以能传达企业精神、表现企业理念、建立企业品牌和信誉为准绳。

B.字体标志。其是将企业的名称设计成具有独特风格和完整意义的标志，达到容易阅读、认知、记忆的目的。在企业视觉识别系统中，企业字体标志设计具有精

中国人寿标志

沃尔玛标志

中国工商银行标志

思科系统标志

图7-11　复合型企业标志

可口可乐公司标志

宝洁公司标志

今日头条标志

菜鸟网络公司标志

图7-12　文字型企业标志

炼、统一、与听觉同步诉求的优点，目前已成为企业标准字设计的发展趋势。以华为公司的Logo为例，第一代Logo由一朵有15个花瓣的太阳花组成。2006年开始，华为将Logo中的花瓣减少至8个。而第三代在保留第二代Logo图案不变的基础上，优化字体，移除渐变，使其变得更加适应数字媒体平台的传播和应用（如图7-13所示）。

1987-2006　　2006-2018　　2018.3至今

图7-13　华为公司Logo标准字体演变示意图

C.品牌标准字。在市场经济社会，基于市场营销的需要，如跨国经营、开拓国际市场、提高市场占有率、建立品牌形象等，企业应该强化品牌个性，塑造产品形象，从而使品牌设计标准字与商标组成品牌特有的传播方式。例如，可口可乐公司在中国市场推出的“雪碧”“芬达”等就有中文的品牌标准字。

D.产品名称标准字。企业为了开发新市场而不断推出新产品或将同一产品系列化，为了表现个别产品的功能和特性，一般会设计一个有亲切感、容易记忆的产品名称。为了方便传播和广告宣传，企业需要设计专门字体造型。日本松下电视机在中国市场用“Panasonic”品牌，其新产品的中文是“新画王”。

E.活动标准字。活动标准字指专门为新产品推出、节日庆典、展示活动、竞赛活动、社会活动、纪念活动等企业的特殊活动所设计的标准字。

F.标题标准字。标题标准字指对于企业的广告文案、专题报道、电影广告的开头、产品说明书、企业介绍等，通过精心设计其标题标准字体造型，突出个性并表达其内容。

企业标准字的设计要求易识别、易读、造型好、系统（参见图7-14中不同企业标准字体的比较）。

人民日报（报纸）标志

万宝（电器）标志　　美加净（化妆品）标志

皮炎平（药品）标志　　霞飞（化妆品）标志

图7-14　不同企业标准字体的比较

④企业标准色的设计。标准色指企业指定某一特定的色彩或一组色彩，运用在其设计的所有视觉传达媒体上，通过色彩的知觉刺激与心理反应来表现企业的经营理念和产品的内容特质。标准色象征企业的形象，它在企业所传达的整体视觉设计系统中具有强烈的识别效应。例如，美团外卖员身着黄色制服，穿梭的身影非常醒目。红色或橙色更让人有购买欲望，所以淘宝、京东、拼多多等电商的Logo多配以这两种颜色。

问题与思考 7-1

色彩会对人的心理产生什么影响？

分析提示：心理学表明，各种色彩对人的感觉、注意力、思维都会产生影响，它具有冲击力、感染力、诱惑力和想象力。例如：红色——热情、喜庆、兴旺、革命、烦恼、愤怒、强烈；黑色——文雅、庄重、严肃、悲哀、黑暗、沉默；白色——纯真、洁净、神圣、寒冷、不吉；绿色——青春、生命、和蔼、理想。

⑤企业招牌、旗帜、标志、办公用品、吉祥物等的设计。企业招牌是挂在企业门口写明企业名称的牌子，是企业的脸面，是指引性和标志性的企业符号，是社会公众第一个接触到的企业视觉形象。

企业旗帜是企业专用、具有象征意义的旗子，是企业的象征物。企业旗帜对外是企业的识别标志，对内是团结员工齐心奋斗的号召代表，应用于视觉项目中有着特殊的作用和意义。

企业标志有两种：一种是室外标志，如广告塔、建筑物壁面标志符号或标志性立体雕塑造型；另一种是室内标志，是以指示性为主要功能，兼顾企业视觉要素的室内、场所、设施的标记牌。

企业办公用品主要为纸制品类，包括名片、信封、信纸、便笺、请柬、合同等。这些是扩散面广、传播率高、渗透力强、作用时间持久的视觉传播媒体，企业可将电子化格式的设计母版置于企业服务器，便于各部门自行下载使用。

主打线上业务的公司，往往更偏爱吉祥物。例如，天猫的吉祥物是一只大眼睛熊猫，京东的吉祥物则是一只银色的机器狗。

⑥企业交通工具、建筑物与环境的设计。企业交通工具（如车、船等）由于其活动性大、宣传面广、经济灵活、持续时间长，所以是企业固有的重要的传播媒体。在企业交通工具的识别应用设计中要力求做到：第一，总体设计风格统一，正确传达企业信息；第二，设计时要注意动感效果。

企业建筑物与环境是企业的一部分。它不仅是企业生产、管理、经营的场所，而且是企业的象征。企业建筑物和环境的风格如同人的面孔与仪表，是凝固无声的语言，清楚地向世人表达了企业的形象、性质、特征以及深刻的企业文化特色。

⑦企业员工制服的设计。企业员工制服指企业统一设计和制作的员工工作时穿的服装。它不仅具有服装的一般功能和特点，而且对于不同的工作性质和工作岗位还有不同的要求。企业员工制服是企业重要的视觉传达媒体：对内，可以使员工明确自己的工作岗位的性质和特点；对外，则可传达统一的、整体的企业信息，起到传播企业经营理念、行业特点、工作风范、精神面貌的重要作用。

⑧商品包装的视觉识别应用的设计。商品包装既有保护商品的功能，又可传播企业形象。美国杜邦化学公司在市场调查中了解到："有63%的消费者是根据商品的包装、装潢来购买商品的。"这个结果在国外被称为"杜邦定律"。商品包装是企业视觉识别系统的一个重要组成部分。在商品包装的视觉识别应用设计中要做到：第一，包

装文字设计要运用企业标准字和专用字体。第二，包装设计构图要突出主题，主次兼顾。第三，商品包装色彩设计要结合商品的本色属性。第四，商品包装设计要明确地传达企业信息，确立企业的统一形象。

职业观念7-4

蒙牛乳业集团的CIS战略

蒙牛乳业集团成立于1999年1月，总部设在内蒙古呼和浩特市和林格尔县盛乐经济园区，其产品以优良的品质荣获“中国名牌”、“中国驰名商标”、“国家免检”和“消费者综合满意度第一”等荣誉称号，产品覆盖国内市场，并出口到蒙古国、美国等国家及中国香港、中国澳门等地区。

目前，蒙牛集团正按照既定目标全面深化整体形象，以提升蒙牛品牌的核心竞争力。

1.蒙牛的理念识别

（1）蒙牛的战略目标：以国际竞争的眼光来制定发展战略，强化学习型企业文化建设；用创新的方法整合全球有效资源，用5~10年的时间成为中国乃至世界乳制品专业制造商的领导者。

（2）经营理念：百年蒙牛，强乳兴农。

（3）企业精神：学习沟通，自我超越。

（4）蒙牛人的工作观：把生活和工作理解成一个学习、创新、创造的过程。蒙牛企业文化的三个氛围——制度氛围是保证；物质氛围是基础；情感氛围是核心。

（5）蒙牛企业文化：两高——目标高（全球乳业领先者）；境界高（百年蒙牛，强乳兴农）。两强——企业文化创新力强；企业核心竞争能力强。

2.蒙牛行为识别系统

（1）公益贡献。蒙牛乳业集团积极致力于社会公益事业，董事长牛根生更是捐出全部个人股份设立了“老牛专项基金”。

（2）高层学习能力。牛根生与其他高层领导非常优秀，具有很好的洞察力和学习力。

3.蒙牛视觉识别系统

图7-15是企业名称“蒙牛”的表意造型。

图7-15　“蒙牛”的表意造型

其厚实飘逸的一抹横笔，象征内蒙古广阔肥沃的土地，独特的区域优势表明企业的发展条件尽得天时、地利；弯角坚挺如峰，表明牛的坚韧、勤劳，象征积极向上、稳健、奋进的企业理念。整个标志由白色、绿色构成，突出追求天然、远离污染的主题。

4.蒙牛听觉识别系统

蒙牛乳业的广告语：

（1）百年蒙牛，强乳兴农。

(2) 只为点滴幸福。

(3) 蒙牛绿色乳品，传播健康理念。

(4) 诚信蒙牛、绿色蒙牛、科技蒙牛。

(5) 每一天，为明天。

资料来源　编者根据相关资料整理。

7.3 CIS实施

7.3.1 CIS实施的流程

CIS实施的流程基本要经历六个阶段，其具体内容详见表7-1。

表7-1　CIS实施的流程

实施阶段	作业内容	作业方式	关键点
一、CIS概念确立阶段	1.CIS规划目的 2.CIS规划效益 3.CIS导入重点 4.CIS执行评估 5.成立CIS委员会	1.制定规划名称、意义、目的 2.双方沟通 3.制定实施程序	明确化： 1.确认方向 2.规划作业 3.规划内容
二、企业实态调查阶段	1.经营者访谈 2.高层主管沟通 3.全体员工调查 4.外界认识调查 5.视觉设计现状调查	1.人员访谈 2.问卷调查 3.情报资料收集 4.统计分析 5.养成教育	具体化： 1.问卷整理报告 2.情报资料分析报告
三、形象策略确立阶段	1.营运市场策略 2.营运理念 3.精神标语 4.形象策略概念 5.沟通策略	1.营运概念总构筑 2.视觉设计的方向 3.行为规范的准则 4.活动推广的方向	视觉化： 1.经营理念的确定 2.选定精神标语 3.企业定位的确定
四、设计作业开展阶段	1.识别概念 2.VI视觉设计 3.BI教育训练 4.企业经营环境设计 5.大事件活动规划	1.设计模拟、测试及调查的工作 2.完成设计规划，制定标准	系统化： 1.完成VI基本实用系统 2.完成企业经营环境设计与规划大事件活动
五、完成与执行导入阶段	1.宣布导入程序 2.信息发布 3.执行者教育 4.全面执行、推广	1.教育训练 2.针对不同单位采取一致性的宣传 3.制作对内对外的宣传资料并加以规范	行动化： 1.定期进行CIS教育训练 2.确定CIS发布时间 3.整体活动的进行与串联效益
六、监督评估阶段	1.成立CIS管理委员会 2.制作监督 3.定期评估 4.效益统计	1.定期评估、检讨 2.提出改进方案 3.进行年度效益报表统计	标准化： 1.制定CIS权限 2.印制BIS手册 3.印制VIS手册 4.监督评估方式

7.3.2　CIS实施的机构

企业导入CIS必须设置CIS的推进主体，即成立CIS委员会，具体确认导入CIS的方式、目标和所要解决的问题，负责CIS计划的具体推进。

1）CIS委员会的组建原则

（1）权威性。CIS的推进一般是自上而下地进行，为了最大限度地排除推进的阻力，CIS委员会必须具有高度的权威性。例如，我国上海柴油机股份有限公司建立的形象工程工作委员会（即CIS委员会）是由董事长、总经理、党委书记等主要负责人和员工代表组成的，是具有高度权威性的工作机构。

（2）代表性。CIS的导入需要企业全体员工的广泛参与。员工的认识和行为在很大程度上决定着CIS工程能否顺利实施。因此，CIS委员会的人员组成必须具有代表性。通过各方面代表，CIS委员会能够与企业中各部门员工进行有效沟通，便于CIS工程顺利实施。

（3）知识性。CIS的实施需要多方面专业人员的参与，为此，CIS委员会应有不同专业、不同经历、不同知识的人士参加，以便在CIS实施中相互交流，发挥各自特长。

2）CIS委员会的基本职能

CIS委员会主要具备以下基本职能：确定CIS导入的基本方针、目标和计划；组织和策划CIS调查；对员工进行CIS启蒙教育；对导入CIS进行各种有效的沟通和宣传；审定各种设计方案，将方案的活动计划报送企业最高负责人；向企业内外发布CIS成果；组织企业内部CIS设计的具体实施；确定CIS的管理模式。

3）CIS的执行委员会

企业在实施CIS工程中，需要解决很多技术性强、专业化程度高的问题，所以要在CIS委员会的下面按照各类问题的性质和所需解决的问题分别成立相应的执行委员会，专门对技术性强、专业化程度高的问题进行深入研究和处理，以提高导入CIS的成效。

知识链接7-2

“金利来”的秘密

曾宪梓先生创造的世界名牌领带“金利来”的名称设计也曾经历过波折。该产品原取名为“金狮”，在港台发音近似“尽输”，所以虽然产品质量好，但是销路差。改名为“金利来”后，领带销路迅速打开，成为了畅销世界的名牌产品，企业也相应改名为“金利来”。

资料来源　张百章．公共关系案例［M］．北京：中国财政经济出版社，1994.

7.3.3　CIS实施的项目

1）CIS手册的编制、应用与管理

为了保证CIS工程的顺利实施，强化管理的标准化，在CIS设计全部完成以后，要将所设计的内容和操作细则编撰成CIS手册，以文本形式编制、记载下来。

编制CIS手册的目的和作用在于：

第一，记录CIS设计成果，及时用图文载体将CIS设计成果加以保存，以便随时运用。

第二，为企业CIS工程实施作业提供工作手册和依据。CIS设计一旦以手册的形式固定下来，就成为了CIS工程实施的纲领性文件，无特别理由不得随意更改。

第三，CIS手册能够规范企业行为和员工个人行为。CIS手册应该是人手一册。它是企业的统一规章，每个员工都必须依照手册的规定行事，不得违背。

CIS手册应包括三大部分的内容：

第一，企业理念识别。

第二，企业行为识别。

第三，企业视觉识别。

在CIS手册的应用与管理上，企业要注重以下三项任务的布置和执行：

第一，沟通与协调。

第二，制作与督导。

第三，应用项目的制度化管理。

2）CIS的内部传播与推行

CIS的内部传播是CIS工程实施阶段的一项重要任务，必须有计划、有步骤地进行。为此，要制订一个科学、严谨的内部传播计划。其主要内容有：

（1）拟定内部传播方针。拟定内部传播方针旨在整体上把握内部传播工作的性质、对象、方法、预期效果及目标。

（2）确定内部传播的内容。其主要包括七个方面：

第一，CIS工程的性质、意义、基本理论、历史沿革、国内外同行业导入CIS的效果和业绩，通过实例说明导入、推行CIS的重要性。

第二，本企业的CIS计划。

第三，宣传企业新理念。

第四，企业标志说明。

第五，设计应用说明。

第六，行为识别准则。

第七，统一对外的CIS说法。

（3）选择内部传播的媒介。其主要包括六个方面：

第一，CIS推行说明书。

第二，CIS简报或CIS内部刊物等。

第三，视听教育资料，如幻灯片、宣传片等。

第四，员工手册。

第五，宣传海报等。

第六，例行会议、讲座、仪式等。

3）CIS的对外发布

（1）对外发布的资料准备。企业的CIS对外发布一定要事先准备好各种资料，以统一宣传内容，提高宣传质量。对外发布的资料主要应从七个方面进行准备。

①企业CIS对外发布的计划。其具体内容有：

第一，前言或整体CIS计划介绍。说明企业导入CIS的背景、计划和主要任务。

第二，发布策略。根据CIS导入计划与重点，制订发布的总计划与重点。

第三，发布对象与区域。根据发布战略对发布对象与区域进行定位，并总结其个性特征和对策。

第四，媒体策略。详细说明发布媒介的安排，采用新闻类媒介对外发布时，要确定报刊级别（指国家级或省市级、专业性的或综合性的）、刊登时间和期望的版面。

第五，发布预算及分配。详细列出各种传媒的刊播费用、举办公关活动的费用。

第六，效果预测。根据CIS导入的战略目标，预测对外发布可达到的目标。

第七，负责人。确定每一项发布工作的负责人，要责任到人、明确职责。

②对外提供企业的CIS导入计划说明书与导入过程介绍。

③供新闻机构采写新闻报道的参考新闻通稿。

④CIS设计手册或照片等。

⑤企业理念说明或CIS教材。

⑥企业说明书或介绍、产品或新产品说明书等。

⑦CIS导入后的成果材料。

（2）对外发布的主要对象。对外发布的主要对象包括：政府及有关机构；社会公众，包括消费者、希望求职者、潜在投资者、同业人士等；企业直接经济关系者；大众媒体，如网站、短视频分享平台、资讯类App、报纸、电台、电视台和有关刊物等。

7.3.4　CIS实施效果的测评

企业在实施CIS工程中，必须对其效果进行系统测试与评估，以了解导入CIS所取得的成效，发现不足，对下一步的推行工作要进行策略性的调整，以期取得更好的成效。

CIS工程实施效果的测评方法分为内部测试和外部测试两种，实施具体测试时可以采取当面采访、问卷回答、统计分析等多种作业方法。

问题与思考7-2

如何撰写CIS的调查报告书？

分析提示：CIS调查结束后，根据调查资料进行系统全面的分析，并将调查资料和分析结果写成调查报告书，作为进行CIS设计的依据。调查报告书的结构和内容如下：

（一）标题

标明调查对象、内容范围或报告的主旨。标题一般有两种：

第一，单标题，只用一行，比较严谨，如《××公司CIS调查报告》或《关于××公司营运与形象识别状况的调查》。

第二，双标题，即一个正标题和一个副标题，借设问、对偶、比喻、顶针等修辞手法增强标题的吸引力，如《企业形象的问题何在？××公司CIS情况调查》。

（二）导言

导言由两部分构成：

第一，简述调查活动的一般情况，如目的、时间、地点、调查者、内容、方法等。

第二，概述本报告的主要内容、核心观点。

导言要有导读效果，为理解报告打基础，并增强调查报告的真实感，突出核心内容。

（三）正文

正文是调查报告书的主体，着重反映调查研究的成果，要有典型的事例、确凿的数据、合理的分析和明确的判断。写作时要求对调查资料进行科学的分类，进行合乎逻辑的组合。一般CIS调查报告书的正文采取横式结构：表述时不考虑时间序列因素，将不同层次的问题并列论述。在正文中要注意以下两部分内容：

第一，CIS调查研究的成果综合表述。

第二，提出企业导入CIS的必要建议与措施。

两部分要条理清晰，相互联系、相互照应。

（四）结语

结语是调查报告书陈述内容的一种结论，其总结全文、深化主旨、提出问题、引发思考。调查研究的结果就是CIS设计的开始，创意的灵感往往就产生于调查研究过程中。

本章小结

❀ CIS是英文Corporate Identity System的缩写，CIS是一个系统工程。CIS工程指将企业理念识别、行为识别和视觉识别三大系统经过同一化整合，共同塑造良好的企业形象。

❀ CIS工程由企业理念识别系统（MIS）、企业行为识别系统（BIS）和企业视觉识别系统（VIS）三项要素构成。CIS工程的三项基本构成要素是相互联系、不可分割的统一体，具有整合性、层次性和关联性。

❀ CIS具有管理、识别、应变、传播、协调、文化教育六大功能。

❀ CIS的设计要遵循CIS调查和企业形象市场定位、CIS的企划两大程序。CIS的设计项目主要有企业理念识别系统的设计、企业行为识别系统的设计和企业视觉识别系统的设计。

❀ CIS实施的基本流程要经历六个阶段：第一，CIS概念确立阶段。第二，企业实态调查阶段。第三，形象策略确立阶段。第四，设计作业开展阶段。第五，完成与执行导入阶段。第六，监督评估阶段。

❀ CIS实施机构——CIS委员会的组建原则：权威性、代表性、知识性。CIS委员会的基本职能包括：①确定CIS导入的基本方针、目标和计划。②组织和策划CIS调查。③对员工进行CIS启蒙教育。④对导入CIS进行各种有效的沟通和宣传。⑤审定各种设计方案，将方案报送企业最高负责人。⑥对企业内外发布CIS成果。⑦在企业内部组织CIS设计的具体实施。⑧确定CIS的管理模式。

❀ CIS工程实施的项目主要包括：第一，CIS手册的编制、应用与管理。第二，CIS的内部传播与推行。第三，CIS的对外发布。

主要概念

CIS工程　企业理念识别系统（MIS）　企业行为识别系统（BIS）　企业视觉识别系统（VIS）

综合练习

1.填空题

（1）CIS工程的三个基本构成要素是相互联系、不可分割的统一体，包括________、________、________。

（2）CIS调查的内容包括：________、________、________。

（3）企业形象市场定位的主要内容包括：________、________。

（4）CIS的内容包括：________、________、________、________、________。

（5）CIS设计的项目主要包括：________、________、________。

2.单项选择题

（1）传统的平面设计实质上是（　　）图形设计。

A.三维　B.二维　C.多维　D.以上都对

（2）“百事可乐”企业名称设计采用的是（　　）。

A.吉利法　B.寓意法　C.联想法　D.引申法

（3）“太阳神”企业标准字采用的设计方法是（　　）。

A.重构法　B.联想法　C.寓意法　D.以上选项都对

3.多项选择题

（1）CIS对外发布应针对不同媒体采取不同策略，可供选择的媒体主要有（　　）。

A.新闻类媒体　B.广告类媒体

C.公关类媒体　D.电视、广播媒体

（2）CIS对外发布的主要对象是（　　）。

A.政府及有关机构　　　　　　　　B.社会公众

C.企业直接经济关系者　　　　　　D.大众媒体

（3）CIS工程实施效果的测评方法分为（　　）两种。

A.内部测试　　B.外部测试　　C.定量测试法　　D.定性测量法

（4）企业精神的设计表达形式主要有（　　）。

A.条例　　B.标语　　C.广告

D.歌曲　　E.座右铭

（5）企业理念识别系统设计的原则是（　　）。

A.个性化原则　　B.民族化原则　　C.多样化原则　　D.以上都是

4.简答题

（1）如何理解CIS工程的内涵？

（2）简述CIS的构成要素及其相互关系。

（3）CIS的功能有哪些？

（4）CIS是按照什么程序设计的？

（5）CIS设计的项目有哪些？

（6）CIS委员会的组建原则是什么？

（7）CIS实施的流程是怎样的？

5.材料分析题

金利来的CIS策划

"金利来"作为爱国人士曾宪梓先生20世纪60年代在香港创立的中国名牌，自从问世那天起就与CIS融为一体。

金利来的CIS堪称"中国型CIS"的典范。其规范统一的视觉系统，"勤、俭、诚、信"的经营理念，"四爱"（爱国家、爱公司、爱家庭、爱自己）的行为规范以及那句经典的广告语——"金利来，男人的世界"所表达出来的准确市场定位，均是CIS后来者学习的典范。其更深一层CIS推进的意义则在于，"金利来"成为众所周知的中国名牌、国际名牌之后，企业应该如何发展？金利来用"文化经商、形象经商、情感经商——金利来品牌的文化提升"非常准确地回答了这个问题。

资料来源　杨俊. 新型实用公共关系［M］. 北京：高等教育出版社，2008.

问题：请用所学的CIS理论知识分析金利来成功的原因。

6.实践训练

尝试为学校导入CIS提出自己的建议。

第8章

公共关系技巧

学习目标

知识目标：了解公共关系广告的相关知识，熟练掌握公共关系谈判过程及公共关系常用的专题活动和适用范围，掌握危机事件的处理办法。

技能目标：能够熟练地掌握宴请活动中的席位安排，学会写柬帖、函件。

能力目标：能够根据公关专题活动的相关知识，运用危机事件的处理办法，不断提高组织能力、应变能力；熟悉新闻稿的写作技巧，提高写作能力。

引例

公共危机管理中的政府公共关系——以汶川地震为例

中国政府在汶川地震的公共危机处理中措施有力，激发了全国人民强烈的爱国热情，也赢得了全世界人民的高度赞赏。

汶川地震发生后，党中央、国务院立即投入应急处理，国家领导人、武警和消防官兵、公安干警、各兵种部队、各救援队、医疗队等，均在第一时间到达地震灾区，快速及时的行动使无数受灾群众得以脱险，也让中国的应急救援能力赢得了国际社会的高度评价。

以人为本的价值导向，是应急管理机制中重要的一环。政府在危机管理中表现出的悲悯情怀和人道主义精神最能缓解危机给人们造成的超乎寻常的压力，赢得民心。党中央、国务院始终坚持人民的利益高于一切，把“救人是第一位的”作为贯穿抗震救灾全过程的一个最根本的价值取向。

“灾情就是命令，时间就是生命”“只要有一线希望，就要尽百倍努力，我们绝不会放弃”，这些平实而温暖的话语、党和国家领导人亲赴灾区的感人情景、快速有效的救援行动，都是我们党以人为本的执政理念在抗震救灾过程中的具体体现。以人为本，表现为与时间赛跑、创造生命的奇迹；以人为本，表现为对逝者的哀悼，让人们感受到自己与同胞之间虽然素昧平生却又血脉相连，体现了一个政党和政府对生命的无比尊重和万分珍惜；以人为本，表现在对生者的关怀，让那些受灾群众更好地生活下去，关心他们的身体、心理健康。

（1）公共危机问题责任的落实

与美国政府应对飓风公共危机相比较，就会发现我国政府在应对公共危机方面具有独特的体制优势，同时也与我国一直贯彻和坚持以人为本的科学发展观紧密联系，即把人民群众的利益放在首位。

（2）政府公共危机信息的公开

应对汶川地震公共危机，政府的最大成功之处在于及时公开信息。灾难发生后几个小时，政府通过新闻媒体就把汶川地震发生的情况向公众及时公开，让人民了解真实情况，同时也带动了许多富有爱心的人士共同参与救援工作。

（3）国家领导人亲临现场指挥

亲临现场指挥，充分体现出国家最高领导人亲民、爱民的思想，赢得了群众的爱戴，同时也树立了政府在危机管理中良好的公众形象。

资料来源　文忠长，王义英．公共危机管理中的政府公共关系——以汶川地震为例［J］．天津市财贸管理干部学院学报，2009（11）．

公共关系技巧是指按照公共关系职能的要求，在完成公共关系任务、实现公共关系目标的过程中所具备的各种有效的方法和技能。要完成和实现公共关系的主要任务和根本目标，公共关系人员必须按照公共关系职能的要求掌握和运用各种不同的技能。本章主要阐述公共关系广告技巧、公共关系人际交往技巧、公共关系演讲技巧、公共关系文书写作技巧、公共关系专题活动技巧、公共关系危机事件处理技巧。

8.1　公共关系广告

广告是伴随着商品经济发展起来的一种重要的信息传播形式。在商品经济社会里，广告进入了生产经营领域，也进入了人们的生活，对促进生产、搞活流通、引导消费起着重要的作用。公共关系广告与商品广告相比，具有自身的特点。

8.1.1　广告与公关广告

广告就是广而告之，即向广大公众告知某事。广告一般分为两类：一类是以推销产品、服务为内容，其目的主要是劝说顾客购买产品，这一类是商品广告；另一类是公共关系广告。**公共关系广告**指组织借助一定的媒体公开向公众传递组织、商品或服务信息的一种传播手段。它是以推销组织的观念、形象为内容，目的是增进公众对组织的总体了解，提高组织在公众中的知名度和美誉度，从而得到公众的信任和支持。

公共关系广告与商品广告既有相同之处又有区别。相同之处表现在：二者的总目标是一致的，都是为了促进本组织经济效益和社会效益的提高；传播渠道相同，都要借助大众传播媒介与公众沟通信息；都采取委托性付费宣传方式，需要向有关媒介机构付一定的费用；创作原则和写作技巧相同等。公共关系广告与商品广告的区别如下：

1）二者的直接目的不同

一般商品广告力图通过向公众宣传企业产品和服务方面的信息，引起人们的注意和兴趣，产生购买欲望和行为，促进企业产品销售额的增长；而公共关系广告则试图通过向公众传播本组织的信息同公众相互沟通，与公众建立感情，转变公众的态度，树立良好的组织形象。因此，可以说公共关系广告的直接目的是营造购买的气氛，而一般商品广告的直接目的在于促使人们购买商品。商品广告是推销商品，公共关系广告是推销公司。

2）二者的内容不同

商品广告的主要内容是宣传产品的名称、商标、图案、质量、价格、功能等，而公共关系广告宣传的内容较广泛，它不仅包括上述内容，还包括组织的发展目标和经营计划、经营方针和政策、服务宗旨等。

3）广告业务的主体和对象范围不同

就广告业务的主体来说，做商品广告者往往是生产性、经营性或服务性的经济组织；就广告业务的对象来看，主要是消费者。公共关系广告的对象范围远远大于消费者。任何社会组织都有自己的公共关系事务，都可能利用公共关系广告进行宣传活动。

4）新闻媒介对这两种广告的报道方式不同

商品广告在报道中往往要集中归类，在购物网站上有特定品类宣传，在报刊上有特定的版面，在电视广告中有特定的时间段，公众很清楚地知道这是广告。而公共关系广告往往以新闻报道或某种专题节目的形式出现，或作为专题新闻，或作为专访，或作为市场信息及经验介绍等。因而公共关系广告的商业色彩较淡薄，其广告效果往往比自编印刷物的宣传效果好得多。

问题与思考 8-1

公共关系广告的个性特征及作用有哪些？

分析提示：公共关系广告的个性特征包括：(1) 以特定的思想选题；(2) 以倡导的方式交流；(3) 以情感的手段表达；(4) 以新闻的眼光观察；(5) 以一贯的形象展示。

公关广告的作用包括：(1) 塑造形象；(2) 体现宗旨；(3) 改变观念；(4) 强化实效。

8.1.2 公共关系广告的种类

1）形象广告

此类广告旨在传播社会公众对组织的好评、赞誉，介绍组织各方面的情况，目的在于提高组织的知名度、美誉度，进而树立组织的良好形象。这些情况包括组织的价值观念、组织的经济技术实力、企业文化、管理者及人员素质等。

2）公益广告

公益广告是组织为提倡某种道德风尚、谴责某种习气、提倡某种生活方式、宣传某种观念而做的广告。这种广告主要是显示公共关系主体在精神文明方面的行为，表现其对社会进步、大众生活、自然环境的关心。企业通过公益广告无偿为社会提供服务，义务向公众宣传教育，以博得人们的好感。

这种广告因组织自身性质特点和关注点的不同，在内容上也各不相同。

（1）谴责某种不良习气，提倡某种道德风尚。如金马有限公司策划、创作的保护人类生态环境的“绿满全球”的公益广告：“不要让它变成奢侈的饮品——不要污染水源，否则一杯清洁的水的价格将令人咋舌……”再如2020年主题为“不平凡的普通人”的“战疫”公益广告：世界上，哪有什么超级英雄，不过是一个个平凡的普通人在挺身而出。默默守护在我们身边的平凡的普通人也应该被看见。

（2）提倡某种生活方式，提醒生活中的注意事项。如吉林省保险公司就曾在广播媒体上做过这样的广告：“今天下雪路滑，保险公司提醒市民注意交通安全。”在中央电视台的“广而告之”节目中，也有许多类似的广告。

（3）宣传知识，提供咨询。公益广告可以有效地向社会宣传知识，使人们的思想更健康、行为更规范。如2020北京市国家网络安全宣传周公益广告，说明“网络安全为人民，网络安全靠人民”。

3）赞助广告

赞助广告是塑造组织形象的公共关系广告。赞助广告是利用具有社会轰动效应的各类社会活动，由组织出资赞助，从中取得刊登广告的机会，说明其赞助单位等，以博得公众好感的广告。以这种形式来进行的广告是提高组织声誉强有力的手段。这种广告的对象涵盖面广，形式柔和，手段迂回，效果很好。在各类赞助广告中，对体育和文化娱乐活动的赞助和捐赠是主要形式。如平安保险的《路灯篇》公益广告，其旁白为“平安，有时就是人心里一盏暖暖的灯，平安中国”。旁白中的“平安中国”点明了该广告的赞助商——平安保险公司。

4）祝贺广告

祝贺广告是以向各类公众贺喜为内容的广告。当某组织开业、获奖或取得显著经营业绩等特殊时候，社会组织刊出广告表示祝贺。这样做的好处包括：第一，可以广结良缘，改善自己的社会关系；第二，可以在无意中提高自己的知名度；第三，可以表示对某组织的重视和尊重，显示出愿意和其携手合作；第四，可以表示对正当竞争所持的欢迎态度。

5）致歉广告

致歉广告是组织向外界公开表述本组织工作上的失误并向公众承认错误，表示歉意，向公众陈述事实真相，明确表示组织敢于承担责任，提出改正措施，以求公众的谅解和支持的广告。

6）响应广告

响应广告是组织以广告的形式来响应政府的某项方针、措施或社区组织的某项建议等。如我国某段时间箭竹开花，大熊猫面临没有竹子可吃的局面，政府提出抢救“国宝”大熊猫的号召。南京熊猫电子公司联合全国多家以“熊猫”作为品牌的企业，在《经济日报》上发布了整版广告：“熊猫”厂倍爱“熊猫”，救“国宝”更应尽心。通过这种方式做了熊猫厂与社会同发展的响应广告。再如，2020年一则抗击新冠肺炎疫情公益广告朗朗上口：宅家中，不出行，新型病毒总会停。

7）征询广告

征询广告是指通过征求方式，征询公众的意见和建议，吸引公众的注意力，增强对组织的兴趣，借以提高组织的知名度的广告。如征询组织的商标、厂名、厂歌、厂徽等，通过向公众征集以上内容的设计、构思，以吸引公众。

8.1.3 公共关系广告的创作原则及要求

1）公共关系广告的创作原则

（1）真实性原则。广告的内容要真实。真实是公共关系广告的生命。公共关系广告就是宣传事实，既不能夸张也不能掺假，必须向公众真实地反映组织的精神和特点。内容不实或言过其实的广告都会损害公众利益和企业的声誉。

（2）深刻性原则。广告的创作立意要深刻，这是指创作人员依据广告的目标要求，运用艺术技巧创立一种全新的、富有感染力的意念，将广告主题通过更准确、更深刻、更易于被接受的形式传递给公众，从而树立起组织的良好形象的过程。深刻性还表现在广告的内容和思想内涵必须服从党和国家的方针、政策。

（3）新颖性原则。公共关系广告在创作手法上要特别注意标新立异、独出心裁、具有吸引力。除注意笔法生动活泼、标题口号独特醒目、画面色调和谐外，要不断翻新广告的内容、角度和手法，使公众在看、听广告的时候得到感官的享受。

（4）艺术性原则。广告的语言要优美、风趣、友善、平实，富有艺术感染力；广告创作的技巧要独特；广告的布局结构要醒目、明了和美观；广告的画面要集中、明晰；广告文字图案的外观造型和布局结构要做到中心明确、美观大方。

2）公共关系广告制作的要求

（1）主题鲜明醒目，并注意将主题的一贯性和内容的创新性有机地结合起来。

（2）广告内容要简明扼要，举例要清楚，要用公众的语言表达组织意图。

（3）文字要力求平实简洁，好懂易记，过目不忘，少用或不用晦涩的文字和语言，切忌使用华而不实、故弄玄虚的语言。

（4）尽量避免商业化的痕迹，要让人觉得不像广告并乐于接受。

8.1.4 公共关系广告策划

公共关系广告策划指在公共关系广告制作前和实施过程中为实现公共关系广告的目标而采取的对策、方法和手段。广告策划适用于公共关系广告活动的各个方面，是实现广告目标的重要谋略思想。

1）目标策划

公关广告目标指一个组织通过公关广告宣传而达到的标准。公关广告目标的策划要通过调查了解公众的文化程度、感兴趣的问题、消费心理动态、对组织的意见或建议，结合组织自身公关活动的总目标，找出组织应该努力的方向。公关广告目标策划可以从四个方面来进行。

（1）争取社会公众对组织的好感和信赖，树立组织形象。公关广告以提高组织知名度和树立组织形象为主要目标，能够定期通过公关广告将组织的目标、政策、产品、技术设备、人员素质、经营管理、服务水平、发展趋势及对社会的贡献报告给公众，从而得到公众好感和信赖。一个组织在组建之初，在公众心目中缺少知名度和美誉度，就更应该努力通过公关广告争取社会公众的理解和支持，树立组织形象。

（2）消除公众误解与成见，重振组织形象。运用公关广告，就组织经营、管理中出现的失误进行道歉和解释，或就社会公众对组织的某种误解和偏见来澄清事实、说明原因、表明态度，能够取得公众的谅解和支持，恢复组织真实形象和良好的信誉。

（3）融洽内部关系，产生员工的自信心和凝聚力。通过公关广告，能够使组织内部的员工了解组织、热爱组织，产生一种自信心和自豪感，将组织与自身视为一体，形成一种凝聚力，把组织建设得更美好。

（4）谋求投资机构的了解与信任，建立和发展合作关系。运用公关广告，能够给顾客和所在社区留下美好印象，向股东和社会公众宣传和扩大组织的知名度，改进或加强与其他行业组织的联系，从而创造出一个有利于组织发展的环境和气氛。

2）创意策划

创意策划就是根据广告主题的要求，策划公关广告的全过程。它包括广告的内容、主题、构思、标题、语言、画面和版面设计。

（1）内容要真实。实事求是的原则，决定了公关广告的内容必须是真实的。

（2）主题要鲜明。为了给公众留下深刻印象，公关广告的主题必须简明而突出地体现组织特点。

（3）构思要创新。在广告无处不在的今天，公众对广告往往易产生求新求异心理，为了能给公众留下较深印象，广告设计就必须有创新。

（4）标题要醒目。标题既要概括内容，又要引人注意。事实上，公众对标题醒目、鲜明的广告的阅读率也高于其他广告。

（5）语言要易记。简练易记的广告语言也易引起公众的注意。广告语言要易记，一要生动新颖、通俗上口，二要以情感人。

（6）画面要达到最佳视觉效果。公关广告运用画面并进行艺术加工，做到图文并茂，可以大大地加强宣传效果，给读者留下深刻印象。

（7）版面设计要和谐。在广告中，文字、图形、标题等要巧妙地组织起来，形成一个有机的整体。

3）公关媒介

公关媒介指广告者用来进行广告活动的物质技术手段，是沟通广告者与公众的信息桥梁。选择广告媒介一般要考虑以下因素：

（1）根据组织的经济实力来选择。广告活动是要受经费限制的，不同媒介的报价也不同，因此在选择广告媒介时应立足于组织的经济实力。

（2）根据公关广告的对象进行选择。选择广告媒介时必须考虑公众的生活方式和习惯、文化程度、经济状况等因素。公众的生活习惯和接触媒介的方式对广告的效果影响很大。

（3）根据传播的信息内容来选择。公关广告的内容有文字的、有画面配以文字的；有的要详细叙述，有的三言两语即可。因此，选择媒介要考虑信息内容的特点。

（4）根据传播媒介的特点来选择。

4）市场策划

树立良好的组织形象是现代广告策划的重要任务之一，它可以影响公众对组织的信心，使组织及其产品获得认同，从而大大提高组织在市场上的地位和竞争力。“灿鸟”是日本一家威士忌制造公司，它的广告宣传在市场策划上发挥了极为重要的作用。“灿鸟”的广告宣传，不只是宣传商品，更注重透过广告的宣传来塑造组织形象，并且通过各种公关广告的宣传使组织的产品牢牢地占领市场，使组织形象深深地烙印在公众心目中。

8.1.5 公关广告效果测定

为了不断提高公关广告效果，必须检验广告发布后所达到的广告目标的程度，这就需要测定广告效果。广告效果的测定可以从广告本身和销售效果两个方面来进行。

1）广告本身效果测定

公关广告的目标是树立组织的良好形象，因而首先是以广告的视听率、知名度和公众态度的变化等为依据来进行测定。

（1）记忆测验。这是一种广告推出之后，随机选择一部分广告对象，了解他们对广告的记忆程度的方法。例如，可请公众说出对哪些广告印象最深、最好。一般来说，公众对哪个广告印象最深、最好，也就说明哪个广告效果最好。其计算公式为：

$$\text{记忆率}=\frac{\text{记忆广告的人数}}{\text{阅读与视听广告的人数}}\times 100\%$$

（2）分类评价。这是一种按照一定的分类标准将各种广告集中在一起，请调查对象对这些广告进行比较并打分的方法。分类标准可根据组织实际情况而定。例如，可以把各种介绍本组织技术力量、质量管理水平的广告集中起来，看谁的广告最有说服力；可以将全国生产同类产品的组织的广告集中起来进行比较。

（3）态度比较。这是一种通过公众态度上的变化来检验广告效果的方法。做法是在广告活动开展之前，先选择一些广告对象，了解对组织的态度。在广告推出之后，再找这些对象进行测试，看其态度是否产生了变化以及产生了哪些变化。如果被调查对象的态度向广告引导的方向变化，则说明广告产生了积极效果；否则，则说明广告产生相反的效果。

2）广告销售效果测定

尽管公关广告的目标不是直接推销产品，但公关广告做得好，也必然会带来良好的经济效益。因此，公关广告效果的测定必须与销售联系起来。公关广告销售效果测定可以使用市场占有率和销售量是否扩大、营业额是否增加作为依据。其计算公式为：

$$\text{广告销售效果}=\frac{\text{市场占有率增加数}}{\text{公关广告费用增加数}}\times100\%$$

$$\text{或}\quad=\frac{\text{销售量增加数}}{\text{公关广告费用增加数}}\times100\%$$

职业观念 8-1

（1）北京印象广告公司曾推出一则以“回家”为主题的广告，以夕阳中母亲孤独的形象为视觉主体，鹅黄色调“慈爱”地表达了母亲对子女的挂念和期盼，红色标题“回家”相当醒目，广告词更是诗意动人：“曾几何时，我们因奔波事业、陶醉爱情、照顾子女而冷落了终身操劳的母亲。回家，看看母亲最欣慰的笑容吧！哪怕只是打个电话。”

（2）美国“Tvimex”进入中国台湾市场前夕，在台湾地区7家报纸上同时刊出一则巨幅广告：“Tvimex表，请大家赐一个中文名字”，并说明设置的奖项及奖品。广告声势浩大，引起了公众广泛的注意，加上奖品的诱惑，应征者如云，收到的应征信有8.7万封之多。结果，Tvimex郑重选定“天美时”三字为中文译名。8.7万封的应征信，表明有将近9万公众对该表有了深刻的印象。有奖征求广告的方式是提高企业知名度的捷径。

分析提示：征询广告是指通过征询公众意见和建议，提高组织知名度、记忆度及熟悉度。征询的内容一般有组织的名称、标志、商标、品牌、口号等。这种方式通过对公众广泛征集组织产品设计、构思和创作，吸引公众的注意力，引起公众对组织的兴趣，从而树立组织形象。对于社会公众来说，这种既可以发挥自己的聪明才智又有获奖机会的活动很有吸引力。

8.2 人际交往中的公共关系

公共关系工作就是处理与公众的关系，开展公共关系活动，在许多正式或非正式场合代表组织同外界交往。公共关系目的、公共关系任务都要通过不同形式的人际交往来实现。人际交往形式包括聊天、书信、会议、协商对话、迎来送往活动等。能否采用适当的社交形式、灵活地运用社交技巧取得社交的成功是衡量公共关系人员能力强弱的一种尺度。因此，公关人员要掌握人际交往技巧。

8.2.1 人际交往中的公共关系技巧

人际交往成功的前提是能给人留下良好印象，树立良好的交际形象。

1）充满自信

公共关系人员面对的是激烈竞争的市场，接触和要结交的是对自己有用而又位于不同层次的公众，若想应变自如，就要有不可动摇的自信。怯懦和自卑是人际交往中最大的心理障碍，自信是交际时必须具备的心理素质。

2）注意交往原则

交际是一门艺术，也有原则可循，遵守人际交往的原则是建立良好人际关系的根本。人际交往的基本原则是“平等、互利、相容、守信”。

每个人都有友爱和受人尊敬的需要，没有平等待人的意识就谈不上建立密切的交际关系。这种平等包括政治平等、法律平等、经济平等和人格平等。

互利也是人们在交往过程中所需要的。互利在形式上有三种：一是物质互利；二是精神互利；三是物质-精神互利。在交往的双方都有利可图的基础上，我们提倡的是有益于社会和他人的互利。

相容就是心胸开阔、忍耐力强。能相容的人则是有自信心、坚强意志和更高理想追求的人。相容是为了团结人，减少不必要的纠缠，主动容忍他人的过程。社会组织公共关系的人际交往就需要公关人员具备相容精神，严于律己，将心比心，宽厚待人，小事不斤斤计较，这样有助于社会组织搞好人际交往。

守信是在交际中讲真话并遵守诺言，实现诺言。守信是言必信，行必果，说话算数，不说大话、不吹牛，言行一致。

3）注意交往中的细节

（1）要礼貌地寒暄。与人首次见面，一定要礼貌地寒暄，体现谦恭礼让的态度。随时说声“您好”，或适时招呼“早安”、“午安”或“晚上好”等。

（2）恰到好处的仪表、修饰，穿着表现个性。穿着可以直接表现人的个性，为了给人留下好印象，服装上要力求整洁、庄重和协调。

（3）交际的过程中要经常面带微笑。微笑是一种无声的语言，它显示出一种力量、涵养和友好的愿望。微笑是交际成功的通行证。

（4）注意倾听。与人交往时，要善于倾听别人的谈话，使对方感到你的尊重与兴趣，否则是很不礼貌的。

（5）记住对方的姓名。无论身处何种场合，当他人将对方介绍给你时，必须马上记住并能叫出对方的姓名，唯有如此，才能显示出你对对方的重视。

4）交谈中的公共关系技巧

交谈的技巧包括选择话题的技巧、发问的技巧和聆听的技巧。在交际的言谈中，首先要让人正确了解、领会自己所表达的语言含义；其次要能引起交谈对方的兴趣，必须有丰富的词汇，做到思路清晰、言简意赅，掌握交谈艺术。

（1）选择话题的技巧。交谈时应选择一些令对方感兴趣的话题，如文学艺术、珍闻异趣、热门话题、世界形势、流行时装、个人爱好、家乡的风物等。交谈时应注意观察，避免令人不愉快的话题。就一般人的认识来讲，应避免的话题有：别人的收入或财产；对方的年龄或婚姻状况；对方的隐私或忌讳；对方以往的过失或隐痛；对他人评头论足；男女之间的特殊关系；自己的成就或得意处等。总之，交谈的话题不胜枚举，对于这些可能引起不快的话题应小心地绕开。

（2）发问的技巧。发问要看对象、看时机。看对象指的是观察对方习惯接受何种提问方式。如对方是工人或农民，就不要咬文嚼字，可以直率、通俗地提问题；对方是知识分子，就可以用理论探讨方式说起。看时机指的是在一个话题结束或告一段落时再提问，时机选择不好，你的提问再有价值也会使对方对你产生不好的印象。

发问时要注意：①语言简练，让人能听出你的问题的核心是什么。②最好只提一个问题。若多个问题一并提出，会造成对方思路混乱。③语言语气不能生硬，不咄咄逼人，平等待人。④注意提问的连续性，不要先讲结论后发问。⑤对方禁忌或双方敏感的问题，可采取迂回的方式探问，如价格、利润分配等。⑥注意交谈距离和发问动作。⑦观察对方的态度。若发问后对方眉头紧蹙，可能有难言之处，应转变发问方式或话题，避免尴尬。

（3）聆听的技巧。在交际中，人们一般都希望别人成为忠实的倾听者。

听别人讲话也要讲究技巧：①注视对方。必须以柔和的目光注视对方，专心倾听。如果目光飘移不定，就表示心不在焉，缺乏诚意。②点头肯定。对方所谈的问题与自己产生共鸣或值得肯定时，不妨点头表示赞同。③有呼有应。倾听中不妨适时地随声附和“是”、“对”或者“有道理”等，以鼓励对方。④不要打断对方，不要贸然地中途给对方的谈话下决断性的评论。

5）与人相处的公共关系技巧

在人的一生中，要与各种人打交道，与各种人相处，每个人都可能遇到三种情况：与下属相处、与同事相处、与领导相处。面对不同的情况，要有不同的处理方法。

（1）领导与下级关系的处理技巧。作为一名领导，要搞好与下级的关系，得到下级的拥护，需要做到：①以身作则，身先士卒。领导的带头作用就是对下级的无声命令，“其身正，不令而行；其身不正，虽令不从”。②说话算数，言信行果。领导说话一定要算数，即使再难也要兑现。说话不算数，会有损领导的形象。③赏罚分明，一视同仁。对待下级，领导者要一碗水端平，有功必奖，有过必罚，公平待人才能服众。④关心下级，善于帮助下级解决实际困难。⑤善于倾听群众意见，主动接受群众监督。⑥为下级的个人发展创造机会、提供条件。

（2）下属与领导关系的处理技巧。作为一名下属，要得到领导的器重和信任，需要做到：①精通业务、忠于职守、尽职尽责，圆满完成上级交办的各项任务。②在组织面临困难时，挺身而出，替领导分忧解愁，克服困难。③在领导决策出现明显失误时，要运用恰当的方式及时给领导提出意见，进行纠正，使领导避免犯错误。④在公开场合不说领导坏话，注意维护领导威信。⑤与领导单独相处要自然大方，亲热而不显得放任随便，尊敬而不表现得胆怯拘谨。

（3）同事之间关系的处理技巧。与同事相处，要注意做到：①工作上主动配合、协作，不计较个人得失。②生活上关心体贴，特别是当同事遇到经济上的困难时，能慷慨相助。③支持同事的事业，关心同事的前途。当同事取得了成绩，要真诚祝贺，不能出于嫉妒，有意拆台，搞小动作。④谦虚待人，主动热情。要善于团结那些和自己意见不同的人一道工作，不背后议论人，不意气用事。⑤注意培养自己的广泛兴趣，以扩大交往范围，争取更多的志同道合、兴趣相投的朋友。

6）赢得争论的公共关系技巧

在交际中往往发生争论，但若能正确处理，反而会加深与对方的交往。为此应做到：

（1）认真倾听对方陈述。不要打断对方，让对方把话讲完。这样对方也能听进自己的意见。

（2）保持理智。应心平气和地交换看法，解决问题，切忌感情冲动，讥讽、斥责甚至谩骂对方。

（3）在回答问题前稍作停顿，表示对方说的话已引起自己的思考。

（4）及时肯定对方发言部分。在争论中，应找到双方观点一致的地方并加以肯定，以换取对方的让步。

（5）为对方准备退路，以使其在退却时不失面子。

（6）让第三者证明自己的论点的正确性。第三者站在局外人立场上，说话客观，其意见容易引发对方反省。

个性品质影响人际吸引。调查表明，那些尊重他人、关心他人、对人一视同仁、富于同情心，稳重、有耐心、热情开朗、喜爱交际以及温文尔雅的人，更容易受到人们的喜爱。

下面几种人的个性品质，则极大地妨碍着人际吸引：

（1）为人虚伪。人们在与虚伪的人打交道时，常担心上当受骗，没有安全感。

（2）自私自利。只关心自己的需要，不关心他人，甚至损人利己。

（3）不尊重人。常常挫伤别人的自尊心，破坏别人社会心理需求的满足。

（4）报复心强。与这种人交往，使人常担心稍有不慎，就会遭到报复。

（5）嫉妒心强。嫉妒别人，实际上是企图剥夺别人已经得到的物质和精神的需求，极易引起别人的反感。

（6）猜疑心重。人们往往感到难以和猜疑心重的人进行真诚坦率的交往，这种人令人感到冤枉和委屈，难以从内心与之亲近。

（7）苛求于人。对别人要求过高，喜欢吹毛求疵，使别人自尊心受挫。

（8）过分自卑。在人们的心目中，过分自卑就是无能的表现。这种人自然缺乏吸引人的能力。

（9）骄傲自满。这种人常常恃才傲物，不把他人放在眼里，或者表现为自吹自擂、自以为是，使人难以接受。

（10）孤独固执。这种人往往易与别人产生心理上的鸿沟。因为人们难以了解其真实心理，难以与之沟通信息、交流思想，也就难以与之和谐共处。

8.2.2 社交中的公共关系礼仪

社交礼仪是在社交活动中人们所共同遵守的行为规范与准则。简而言之，就是要求人们互相尊重、互相关心，使言行举止合乎人情事理、合乎礼节与仪式的要求。社交礼仪包括的内容有：

1）握手

握手是日常交往的一般礼节，多用于见面时的问候与致意和告别时的致谢与祝愿。这是世界通行的礼节。握手有许多规矩，握手的姿势、方式、顺序、力度、时间等常常代表不同的态度和礼遇。

握手时应站立相握，除非是年老体弱者或身有残疾者，否则不能坐着握手。手伸出时应使手掌处于垂直状态，这是一种自然平等的姿势。握手时应脱去手套（有身份的妇女有时可以不脱）用右手相握，即使习惯使用左手者也不能用左手与人相握。

握手有先后顺序，应由主人、年长者、身份高者、妇女先伸手；客人、年轻者、身份低者、男性见面先问候，待对方伸手再握；多人同时握手不要交叉，待别人握完再伸手。

握手时双目注视对方，微笑致意，切忌漫不经心、东张西望、边握手边张望，或者对方早已把手伸过来，而你却迟迟不伸手相握，这都是冷淡、傲慢、极不礼貌的表现。

握手时要注意力度，既不能有气无力，也不能握得太紧，甚至握痛了对方的手。握得轻或只触到对方的手尖，不握住整只手，对方会觉得你傲慢或缺乏诚意；握得太紧，对方则会感到你热情过火，不善掩饰内心的喜悦，或觉得你粗鲁、轻佻而不庄重。

握手应注意时间。握手时，既不宜轻轻一碰就放下，也不要久久握住不放，要适度掌握。

2）介绍

介绍是促进沟通对象间相互认识的媒介。介绍的方法不外乎自我介绍和为他人介绍两种。

（1）自我介绍。自我介绍即向对方介绍自己。介绍时，先问候，待对方将注意力集中到自己身上时，再简洁明了地介绍自己的姓名、工作单位和其他情况，切忌啰唆，并应注意对方的反应，若对方并无深谈之意，便要就此打住。

自我介绍的内容很多，一般来说有姓名、籍贯、年龄、职业、工作单位、毕业学校等，必要时还要介绍家庭情况、工作经历、特长、爱好等，总之，自我介绍的内容要根据需要进行选择。比如到外单位联系工作、演讲或参加聚会等的自我介绍应简明扼要，只需介绍单位、姓名、职务和来意即可。但是如果是求职、应聘、参加投标等，你就得进行详细的介绍，使对方对你有个比较全面的了解。

（2）为他人介绍。为他人介绍指把自己的熟人、家人等介绍给他们不熟悉的人。

为他人介绍的基本原则包括：把年轻人介绍给年长的人；把下级介绍给上级；把职务低的人介绍给职务高的人；把未婚者向已婚者介绍；把年龄、职务相当的男性介绍给女性；把宾客介绍给主人；把个人介绍给集体。在介绍过程中，先提某人的名字是对此人的一种敬意，这是世界各地的通则。例如，要把一位姓李的男同志介绍给一位姓张的女同志，可以这样介绍："张××，让我把李××介绍给你，好吗？"然后对双方进行介绍："这位是李××，在教育厅工作；这位是张××，在文化局工作。"

另外，当别人为你介绍完毕，与对方握手时，可问候"您好，认识您很高兴"或"久仰，久仰"等，也可递上名片说声"请多关照"或"请多指教"等。介绍过程中如递出名片，也要注意以下几点：

① 要把自己名片放在易于拿出的地方。一般来说，名片应专门放在名片夹中，身着西装时，宜将名片放在左上方口袋里。名片若放置于手提包或文件袋内，也应放在伸手即得的位置。

② 出示名片时，眼光要正视对方，用双手或用右手递交，并把文字方向向着对方，同时说些"请多关照"或"请多指教"之类的寒暄语。此时，切忌目光游移、漫不经心。

③ 出示名片应选择时机，在彼此交谈较为融洽时、介绍见面后或握手告辞时出示名片，表示愿意继续交往。

④ 接受名片时，应该看一下，然后郑重地放在自己的口袋、名片夹或其他稳妥的地方，使对方感到你对他重视。切忌接过名片看也不看，随意扔到桌子上或其他地方，这样做会伤害对方的自尊心，从而影响彼此的交往。接到名片后，如自己带有名片，可马上回送一张；如没有，可向对方说明情况并主动进行自我介绍。

3）接待

接待客人应起立，请客人坐下并倒水、寒暄，问清对方来意、单位、身份。对重大问题的接待要验看证件并报上级部门。客人陈述时要注意倾听，对重要的内容应做好记录，对客人提出的意见和要求，可以答复的应尽快答复，不合理的应给予推辞或推托，需请示领导解决的应和主管领导研究如何妥善解决。客人告辞时，应起身相送并欢迎其下次再来。送客时，应让客人走在前面，替客人开门并送其出门。对稀客、长辈要送下楼或送到院外并目送客人离去。切忌客人刚出门未走远就把门"哐"地一声关上，这会把因热情接待而建立起来的情谊冲淡，甚至还会发生误会。

职业观念8-2

礼仪助赢总统竞选

美国著名的政治公关专家——罗杰·埃尔斯为美国总统竞选人效力了20多个春秋，美国人称其为"利用媒介塑造形象的奇才"。

1968年，尼克松同约翰逊竞选总统时，埃尔斯指导尼克松在一次电视竞选中讲述自卑心理，为赢得竞选发挥了连尼克松自己也没想到的奇效。

1984年，里根参加总统竞选。起初公众对他的印象不佳，觉得他年龄大，又当过演员，对其有轻浮、年迈无力之感。但他在政治公关顾问埃尔斯的协助下，在竞选演讲时注意穿着适当的服装，表现得庄重、经验丰富，样子看上去精力充沛，这就改变了公众对他的固有印象，最终赢得了选举。

1988年美国总统竞选时，8月份以前，美国民主党总统候选人杜卡斯基猛烈攻击布什是里根的影子，嘲笑他没有独立的政见与主张。当时布什的形象是灰溜溜的，全美的舆论都在称赞杜卡斯基。在民意测验中，布什落后于杜卡斯基10多个百分点。布什请来了埃尔斯出谋划策。埃尔斯从公共关系的角度指出了布什的两个缺点：①演讲不能引人入胜、呆板；②姿态动作不雅，风格不佳，缺乏独立和新颖的魅力。这些缺点导致公众觉得其摆脱不了里根的影子。埃尔斯帮助布什着重纠正尖细的声音、生硬的手势和不够有力的手臂摆动动作，并让布什讲话时要果断、自信，体现出强烈的自我表现意识，因为这样的言谈举止才能成为千万人瞩目的中心。在1988年8月举行的共和党新奥尔良全国大会上，布什做了生动的、有吸引力的接受提名演讲，这几乎成了他同杜卡斯基较量的转折点。经过此后一系列的争夺，布什获得了胜利。

资料来源　徐白．公关礼仪教程［M］．上海：同济大学出版社，2013.

4）服饰

在正式社交场合要特别注意自己的衣着和服饰。国外关于衣着穿戴有所谓的“TPO”原则：T代表时间；P代表地点、环境；O代表目的。就是说人的衣着穿戴必须与时间、地点、目的相适应。俗语说得好：“视其装而知其人。”因此，接待者的着装打扮将直接关系到其社交形象。

接待时无论是统一着装，还是自由着装，都要保持服饰清洁，经常洗熨，按正确方法穿着。衣扣、裤扣要扣整齐，衣袋内不要放太多东西，衬衣袖口和领口要干净，下摆应扎进裤内，内衣、内裤不能外露。

一般来说，男性服装色彩要灰、暗、重一些，款式以西装或中山装为主，以纯色套装为宜。女性服装要艳一些，色彩丰富一些，款式力求新颖多样，图案花式也应多一些，以西装、民族装、旗袍、连衣裙、套裙等为宜。

具体来说，接待工作中的着装打扮应注意以下几个方面：

（1）整洁。整洁、卫生、干净、利索的着装，会给人留下一个精干、文明的印象。衣着虽好，但不洗熨，不按正确的方法穿着，必然使人感到不振作、不健康、邋遢、窝囊，因此，也就可能让你的社交、接待工作失败。

（2）新颖。着装应体现个性，应善于运用服装来美化自己的形象、衬托自己的形象。社交场合中，新颖、别致的服装，洒脱、高雅的气质，会引起人们的好感和注意。

（3）合体。穿衣要合体，这是最基本的要求。应根据每个人的自身条件选择最合适的服装，肥大无比或短小箍身都是不适宜的。

（4）合适。着装既是生活、工作的基本需要，也是一种修养，要分场合、地点，分情境、季节，使自己的着装和当时、当地的情境相适应。

（5）适度。着装只有掌握分寸、恰到好处，才能显示出一个人的审美观和涵养。不能以奇为美和过分怪异招摇，不可盲目追求和模仿别人穿着美的服装，因为自己穿上并不一定美，着装不适度，就会弄巧成拙，反而降低了自己的格调，有损自己的形象。

（6）服饰的其他细节要求。

① 西装上衣应长过臀部，袖子刚过腕部，领子紧贴后颈部，衬衫衣领稍露出外衣领，衬衫袖口长出些。西装裙和一般裙子长至膝盖。

② 女子穿裙子时，一定要穿长筒丝袜，且丝袜一定不能有破洞。

③ 除了西装上衣左口袋放一些装饰手帕外，所有外部口袋包括裤子的后口袋都不宜放任何东西。皮夹、钢笔等均宜放入外衣里侧口袋。

④ 室内不能穿大衣、风衣。

⑤ 正式场合不能穿凉鞋。男子要穿系带皮鞋。

⑥ 运动鞋或布鞋不能与西装搭配。中山装可与布鞋一起穿。

⑦ 一般场合着装可随便大方，富有独特风格，但不可破坏和谐，更不可穿着奇装异服。

⑧ 注意服装的色彩搭配。一般来说，黑、白、灰是配色中的安全色，它们最容易与其他色彩搭配并取得良好效果；比较难配的是一些混合色。深蓝与茶色、红色与绿色、红色与茶色、蓝色与绿色或三种以上颜色混杂搭配会让人觉得怪异。

5）宴请

宴请指盛情邀请贵宾赴宴的聚会，是人际、礼仪乃至国际交往中最常见的交往活动之一。宴请的目的通常是应酬答谢、祝贺共勉、联络感情、结交朋友、增加接触机会、讨论共同感兴趣的问题等。

宴请的形式有宴会、招待会、茶会、工作餐等，每种形式均有特定的规格和要求。宴会指比较正式、隆重的设宴招待，宾主在一起饮酒、吃饭的聚会，按其规格又有国宴、正式宴会、便宴之分。招待会可分为冷餐会和酒会。茶会一般在上午10时至下午4时左右，以请客人品茶为主。工作餐分为早、中、晚餐，是现代国际交往中一种非正式宴请的形式。

筹备宴请活动，首先要确定好宴请的时间、地点以及邀请的对象、范围、规模，然后发出请柬。宴请选定的酒菜，主要应考虑主宾的喜好与禁忌。

正式宴会一般均排席位，礼宾次序是排席的主要依据。入席前应通知每一位出席者，入席时最好有服务员领座。桌次的安排以主桌位置为准。桌位排列图如图8-1所示。

席位的安排，我国习惯于按职务高低排列，如夫人及女士出席，通常将女方排在一起，即以男主人为准，男主宾在男主人右手方，女主宾在女主人右手方。外国习惯男女参差安排，以女主人为准，男主宾在女主人右手方，女主宾在男主人右手方。只要安排席位，就应提前在座前桌上摆放名签。图8-2为席位排列参考图。

宴会入场时，应在宴会厅门口迎接客人。客人到达时，要表示欢迎。在客人脱去衣帽后，将其迎入休息厅，并招呼客人坐下，随即上茶、递毛巾等。

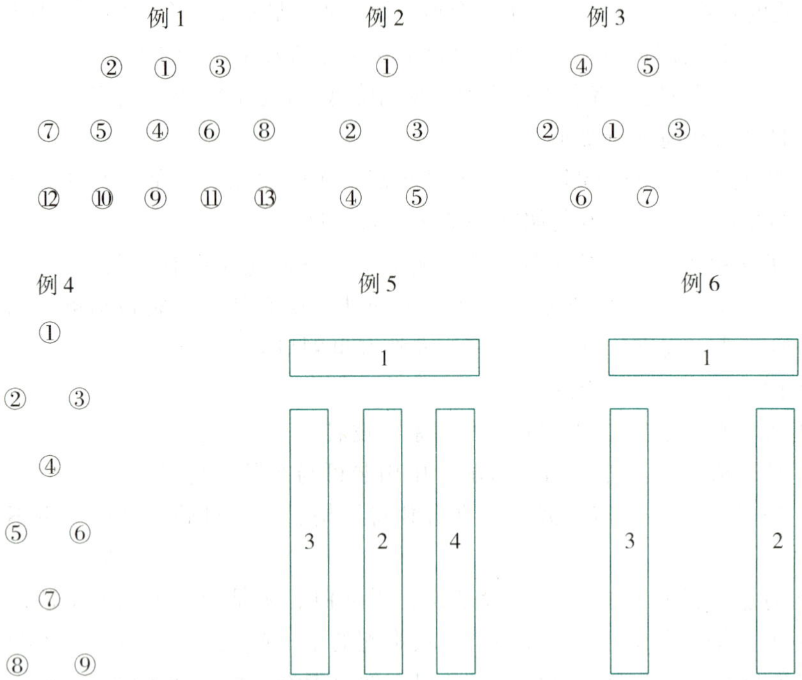

图8-1　桌位排列图

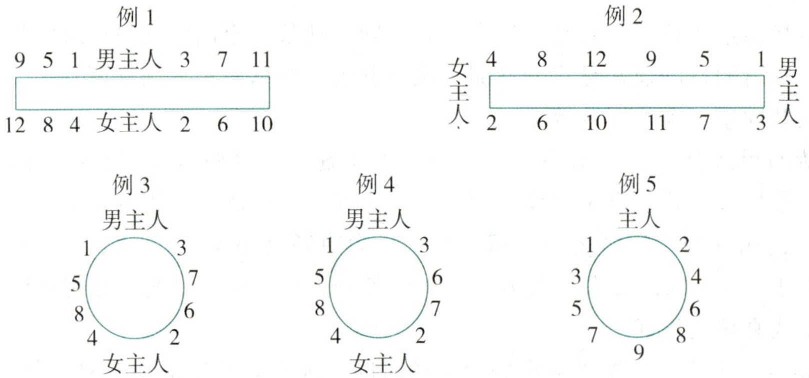

图8-2　席位排列参考图

客人入席时，应面带微笑，引请客人入座。照顾客人入座时，要用双手和右脚尖将椅子稍微后撤，然后向前轻推，使客人安然落座。

斟酒时，应当走到客人的右侧，斟酒量约占酒杯的3/4或4/5。斟酒时，瓶口不应紧靠酒杯，酒杯不必拿起来。

上菜按顺序，一般是先凉后热，最后上甜食、水果等。

席间如客人不慎将餐具碰落在地，不要大惊小怪，应及时为客人换上干净餐具，不使客人难堪。

宴会结束时，客人起身离座，要为其将椅子拉开，疏通过道，并将客人送出宴会厅。送客时，主人必须站在门口和客人握手告别。

职业观念8-3

请记住客人的名字

有一次，广东省佛山市某宾馆来了一批客人，看样子是一位客人宴请他的朋友。第一位客人刚一进门，宾馆的服务员小姐就迈着轻盈的步子走上前去，满面春风地和他打招呼："王先生，您好！"这位被称为王先生的人又惊又喜，连声说："谢谢，谢谢，请小姐多多关照。"应邀的客人也顿时对主人肃然起敬。

资料来源　韩建立. 公关策略100法［M］. 大连：大连理工大学出版社，1993.

分析提示：熟记交往过的人的名字，会让人感到亲切，在公共关系活动中意义重大。这是公共关系人员应具备的起码素质，体现了公关人员的细心，也体现了公关人员职业道德水平。这对于一般的人际交往也是大有益处的。

职业观念8-4

小芳的主动出击

某星级宾馆的公关部经理小芳得知一家日本公司驻上海办事处正在预订300人的大型宴会。该公司驻上海办事处的代表已经在上海的另一家著名饭店预订了席位，但是他们对该饭店不怎么满意，想寻找更好的宴会场所。这一信息被小芳知悉，她决定主动与之交往，做成这笔生意。为此，她托人从无锡带来一对包装精美的泥龟，将其作为礼物和宾馆的有关资料一起交给了对方。最终小芳做成了这笔生意，对方爽快地将宴会举办地改在了小芳所在的宾馆。

资料来源　满福喜，关雅杰. 公关制胜100术［M］. 北京：中国国际广播出版社，1993.

分析提示：原来小芳对日本文化甚为了解。日本人特别喜爱乌龟，把它当作长寿的象征。所以，这个礼物被对方视作善意之举。小芳完全凭着自己的经验和才智做成了这笔生意，这反映了公关人员的社交能力非常重要。公关需要社交，社交推动公关。

8.3　公共关系演讲

演讲又称讲演或演说，是人们为阐明事理、说服听众而进行的一种针对性很强的传播活动。演讲在公共关系活动中能激发公众形成某种意识，鼓励公众的某种行为。西方有人将演讲、原子弹和金钱并称为当代三大武器。因此，公共关系人员必须掌握和善于运用演讲技巧。

8.3.1　演讲的种类与特点

1）演讲的种类

按照演讲的内容，演讲可分为政治演讲、军事演讲、外交演讲、公关演讲、学术演讲、宗教演讲、法律演讲、社会生活演讲等。其中，每一种演讲还可再细分，如政治演讲还可以分为传达汇报演讲、开幕闭幕演讲、欢迎欢送演讲、纪念凭吊演讲、祝贺答谢演讲等。

2）演讲的特点

演讲是一种高级语言表达形式，它与讲课、交谈、朗读、报告、戏剧、曲艺等既有联系，又有区别。演讲有自身的特点，可以归纳如下：

（1）说理性。演讲具有说理性，无论何种演讲都以说理为主。生动活泼的演讲总是以雄辩的事实使人折服。由于演讲有着严密的逻辑性并有形象亲切的事例，更有理中带情的魅力，所以能动之以情，晓之以理。

（2）针对性。演讲大都是有感而发，针对某一个问题、某一个倾向、某种事情而表明自己的看法和态度，抒发自己的情感，而且演讲中所涉及的人和事大都发生在自己身边，使人感到可信，容易接受。

（3）鼓动性。演讲有很强的鼓动性。首先，演讲者能旗帜鲜明地说出广大听众想说的话、想听并爱听的话，尤其是当听众对演讲的内容已经有了某种期望时，演讲的内容又和听众的期望一致，那么，听众就会接受演讲者。其次，演讲者大都有一种激情，能感召和振奋听众。演讲者总是褒贬分明，歌颂时总是怀着激情，讽刺时总是带着辛辣，赞扬时总是带着亲切，鞭挞时总是带着愤怒。这种演讲的激情，常常会使听众被吸引、被感染，从而也被激情所鼓舞。最后，演讲者所显示的演讲风采、运用的修辞方法、语音的高低变化、语调的抑扬顿挫以及一些有感召力的手势、表情，都能对听众起到鼓舞作用。

（4）艺术性。演讲，顾名思义，既演又讲，既需要有声语言，又需要无声语言，这样才能使演讲生动活泼，充分发挥作用。讲，要求发音准确，咬字清楚，要求充分运用语音、语调和节奏的变化来提高讲的水平。演，要求表情自然，举止大方，双目有神。各种姿态包括站相、手势、表情，其要配合演讲内容，恰到好处，优雅美观，这样才能以情动人。

8.3.2 演讲的要素

1）正确的立场

演讲是人们用来表达感情的一种工具。既然是一种工具，就要看它为谁服务。如果用演讲来为人民、为公众、为组织、为国家服务，它就可以起到积极作用；否则，它就起到破坏作用。演讲应该成为宣传公众、组织和鼓舞公众的工具，这就要求演讲者必须树立坚定正确的立场。

2）丰富的内容

丰富的内容是成功演讲的决定因素，主要体现在三个方面。

（1）知识性强。知识是人类社会历史经验的概括和总结。当知识以思想、观念等内容呈现形式被人们认识、领会、理解和掌握时，就变成人们的意识和知识系统，从而有利于人们去完成改造现实的某些活动，从这个意义上说，“知识就是力量”。所以，只有蕴含丰富知识内容的演讲才能获得公众的欢迎。

（2）主题鲜明，思想新颖。主题指要有一个明确的思想观点，要有一个中心。中心要突出，演讲稿的材料组成、语言特色、文章的结构等都要为这一中心服务。中心思想明确是演讲的生命。演讲赞成什么、反对什么都应当明白清楚、旗帜鲜明，从而给听众留下深刻的印象。演讲中的思想观点还要做到新鲜、不陈旧，富有时代感，要讲听众普遍关心和迫切要解决的问题。只有这样的演讲才能产生巨大的说服力。

（3）趣味性，哲理性。趣味性就是要求演讲者要恰当使用一些诙谐幽默、妙趣横生、既语带双关又不失犀利的语言，让听众在轻松愉快的气氛中倾听演讲的内容；哲理性指演讲者给听众以人生哲理的启示。如果演讲者在演讲中没有新的、富有趣味性和哲理性的内容，就会使听众感到失望并产生一种厌烦心理。

3）生动的语言

语言是演讲的主要工具，因此生动的语言对于演讲的成功至关重要。一般来说，演讲中的语言要做到以下几个方面。

（1）准确。准确有两层含义：一是"音准"，让听众听清、听懂；二是"意准"，即准确地表达自己的意思，不含糊，不似是而非，也不能模棱两可，不会使听众产生异议或歧义。

（2）严密。演讲语言要能吸引听众、折服听众，就要有严密的逻辑性。

（3）鲜明。演讲必须做到理论联系实际，否则必然空洞无味，使听众兴致索然。而要联系现实，就必须态度鲜明，给公众以正确的灌输和引导，引起听众共鸣。

（4）生动。演讲时要注意运用时代语言和群众语言，这些语言生动深刻，为听众所喜闻乐见。

（5）简练。演讲的语言忌讳啰唆、重复、乏味、冗长，应言简意赅、寓意深刻。

4）恰当的动作

演讲中的动作又称态势语言或身体语言，它是演讲中不可缺少的直观性要素。它不仅可以积极补充或强化口语表达的理性内容和感情色彩，还可以能动地起到口语表达所不能起到的显现视觉形象的生动、鲜明、具体的直观作用。有一位心理学家提出过这样一个表达式：一个信息的表达=7%的语言+38%的声音+55%的表情。由此可见演讲时动作的重要性。

演讲中的动作主要有眼神、手势、姿势。演讲中恰当的动作要注意三个方面。

（1）动作要有用。演讲中无论眼神、手势、姿势都要为演讲整体服务，即演讲中的各种动作都应该有辅助作用、促进作用，无用的动作必须避免。

（2）动作要适度。演讲中的动作必须用得恰到好处，动作幅度的大小、动作数量的多少都应因人、因时、因地而定，切不可过分地故弄玄虚、喧宾夺主。

（3）动作要自然。演讲中的动作表现应自然得体、恰如其分、潇洒自如、收放得体，而不是生搬硬套、故作姿态、矫揉造作。

5）真挚的感情

充满情感的演讲可以感染听众，使听众产生同样的情感，从而达成演讲者与听众情感上的共鸣，进而左右听众的观念乃至行为。晓之以理，动之以情，道理讲清，听众自明。但仅讲道理还远远不够，重要的在于调动听众的情感。

8.3.3 演讲稿的写法

演讲稿是演讲者在特定场合通过语言表达向听众直接传达信息的一种实用文体。

演讲稿一般由引言、正文和结尾三部分构成。

1）引言要引人入胜

在演讲时，演讲者带给听众的第一印象很重要，它往往直接影响甚至决定着自此而后的一系列印象，直至最后的总体印象，直接影响着听众的情绪及其对整个演讲的总体评价。怎样写好引言，即所谓的开场白呢？就是用最简洁、生动的语言，最经济的时间把听众的注意力和兴奋点吸引过来，达到出奇制胜的效果。如开门见山，点明主题；引人思考；引用名言，借题发挥；介绍情况，说明理由等。切忌陈词滥调，要废弃一切庸俗的谦虚、繁杂的交代、无用的解释。

2）正文要入情入理

演讲稿的正文部分主要是把抒情、叙事与说理融为一体。公关演讲旨在说服公众。因此，语言要通俗，要以理服人、以情动人，引用事例、典故和哲言要注意恰当、真实、准确，并要加以精选，做到论理充分自然。

3）结尾要含蓄深刻

演讲稿的结尾必须韵味无穷、妙趣横生，让人听了以后能产生荡气回肠、发人深省之效。具体结尾形式可不拘一格，如概括全文、画龙点睛，给听众留下难以忘怀的印象；抒情议论、深化主题，给人留下一个强化了的主题思想；引用警句、振聋发聩，使人产生言已尽而意无穷的感觉；提出问题、留下悬念，给人留下一个深入思考的广阔天地等。这些都是很好的结尾方法。

8.3.4 演讲成功的条件

1）演讲前的准备

首先要了解听众。了解听众的心理、愿望和要求；了解听众的文化层次、年龄、职业等。其次是选择适当的主题。每次演讲，都必然有一定的目的，为达此目的，就必须确定演讲的主题，演讲的主题确定后，组织演讲内容的工作就基本完成了。最后是准备演讲稿。演讲稿的完成过程一般分为三个阶段：第一阶段是构思阶段。演讲者要思考清楚这次演讲的主题，提出问题，考虑演讲的风格、结构及形式。第二阶段是写作阶段。此阶段主要是具体确定演讲的形式和内容，做好文字加工。第三阶段是直接创作阶段。演讲者要用生动、具体、中肯的语言，配合必要的感情色彩和表情动作，力求尽量准确地向公众传达信息，实现自己的演讲目的。

2）演讲的开头

良好的开头是成功的一半。开头在演讲中具有加深第一印象的作用，因此开头在演讲中很重要。演讲的开头没有固定的格式，应视演讲的内容、对象和场景而定。常用的演讲开头有提问式、悬念式、幽默式和赞扬式等。

3）演讲的节奏

演讲也是一门艺术，成功的演讲会给人以节奏美的享受。因此，在演讲中要掌握好节奏感，使之增强演讲的感染力。演讲的节奏有四种：时间节奏，指在演讲中合理科学地分配时间；内容节奏，指对演讲的内容要合理布局、繁简分明、疏密得当；语言节奏，指演讲语音的强弱、语调的高低和语速的缓急快慢；动作节奏，指身体语言的运用要恰如其分、配合得当。

4）演讲的结尾

演讲的结尾要圆满，这就要求：一是演讲结束语恰到好处；二是离场尽显风度。结束语应有力、简洁，给人以激情和回味，使之耐人寻味。演讲的结尾可不拘一格，其形式大致有以下几种：

（1）总结全篇式。这种结尾就是用极其精练的语言，总结、收拢全篇的主要内容，概括和强化主题思想。

（2）号召呼吁式。这种结尾就是运用一些情感激昂，富有鼓动性、号召性的语言，激起听众的情绪、信念，鼓起干劲，促进行动。

（3）引用名言式。演讲结束时适当引用名人的话、名人的轶事、名人的优美诗句比一般性的结尾对人心理控制度可提高21%~37%。恰当地结合演讲内容及要求，运用名言警句结尾，可借助名人效应，使通篇演讲内容得以升华，给人以深刻的启迪和印象。

（4）重申重点式。成功的演讲者往往在演讲结尾重申此次演讲的重点，以加强听众的记忆。

（5）赞颂式结尾。用赞颂的话语结束演讲是与听众沟通情感的行之有效的方法。通过赞颂的话可以使会场的活跃气氛达到一个新的高潮。

8.4 公共关系谈判

谈判是社会政治生活和经济生活中不可缺少的活动，它既是一场心理攻坚战，也是一场知识、信息、修养、口才和风度的较量。**公共关系谈判**是社会组织与公众通过洽谈、商谈的形式，沟通思想，消除彼此之间的分歧，解决问题、矛盾或者冲突，寻求一致的观点和利益的一种行为。

8.4.1 公共关系谈判的原则

1）平等互利的原则

在法律地位上，谈判的双方享有的权利、义务应一律平等。无论是在国内谈判还是在国际谈判中，都应本着平等的原则。不能把谈判作为从对方那里获取自己想得到利益的手段，从而把自我利益的最大限度的满足看成是谈判成功的标志；或把谈判看成是一场“输赢”的竞赛，总抱着强硬的立场去等待对方让步，这些都不是公平对等的态度。对于谈判中出现的不同观点和意见，应该以协商的方法妥善解决，以适当的让步寻求一致。在谈判中，谈判各方在为自己谋取合理利益的同时，又必须让对方获得相应的利益。

2）求同存异的原则

求同指谈判的各方在总体上、原则上应该一致，使参与谈判的各方都成为胜利者。这是谈判成功与否的基础。存异指谈判各方适当进行一定让步，能够容忍并允许与自己利益要求并不完全相符的要求。在谈判中，要善于看到各个方面的共同利益和发现对方利益要求中的合理部分，并以对方的合理要求作为自己让步的依据，这样才能推动双方进行同等程度的让步，才能以存小异求大同，保证双方的基本权利和诉求的实现。

3）求实守信的原则

在谈判的过程中，谈到各方都应抱着求实和守信的原则。求实，就是指自己提出的要求应客观、符合实际，不是强人所难。对谈判对手的要求也应实事求是地分析，把自己放在对方的角度去思考问题。守信，就是指在谈判中，各方是否守信用，是否忠实可靠。

4）依法办事的原则

所谓依法办事的原则就是谈判者在谈判的自始至终，一切行为不可以违背国家法律和政策，尤其是最后的谈判协议中不可以有与国家的政策和法律相抵触的地方。

法律对于谈判者来说并不完全是一种消极的限制，它也是保护谈判者应得利益的社会机制，谈判者应该积极利用法律手段来促进谈判的顺利进行，保证谈判协议能够得到顺利实施。

8.4.2 公共关系谈判的程序

1）谈判准备

细致而科学的谈判准备工作是谈判取胜的基础和关键。

（1）了解谈判对手。不仅要研究对方的预算计划、财政计划、经济实力和生产状况，还要了解对方参加谈判的代表的情况，包括其气质、性格、阅历、资历、专业知识及工作能力等细节。

（2）组建谈判小组。选择谈判人员，确定谈判领导人并明确各自的职务范围，加强配合。参与谈判的人必须熟知双方的情况，懂业务，具有相应的素质和能力。谈判是智慧的较量、能力的竞争。谈判人员要应付各种可能出现的情况，运用各种知识、技巧来争取谈判的胜利，因此，谈判小组的成员必须素质高、能力强。谈判小组人员宜精不宜多，一般以3~5人为宜。

（3）制订谈判计划。谈判计划是谈判之前预先拟定的有关谈判的具体内容和步骤，是谈判活动的依据，在谈判中起着重要作用。制订谈判计划，必须注意把握三个方面：一是明确谈判的目的。根据谈判目的确定谈判计划的主要内容和相关事项。二是把握谈判的程序。谈判的程序指谈判活动的议事日程，是开展谈判的日程准则。三是确定具体的谈判目标。这是谈判总目标的具体化。谈判的具体目标可以分为期望目标和临界目标。所谓期望目标，就是己方在谈判活动中，根据既定的目的和要求，所力争达到的最高基准目标。所谓临界目标，就是己方在谈判活动中，在做出让步的情况下，从自身的利益出发所能接受的最低基准目标。具体目标的确定，必须以客观条件为依据，不可以主观臆断。

（4）收集市场信息。公共关系谈判的内容总是与市场行情和国家宏观调控政策密切地联系在一起，谈判目标受其制约。了解市场要掌握的信息包括市场占有率信息、产品资源信息、价格变动信息和政策变动信息等。要认真对其加以研究，以便谈判时有效利用。

2）谈判过程

一般情况下，谈判过程分为以下几个阶段：

（1）导入阶段。此阶段一般采用自我介绍的形式，也可以在自我介绍的同时向对方递名片，主要是为了相互了解对方参与谈判人员的情况，如对姓名、工作职务、谈判中的地位等。双方通过介绍互相认识，营造一个轻松愉快的谈判气氛。气氛营造得当，对开局有利，而且这也是对谈判人员施加影响的过程。此阶段时间宜短，可通过诙谐、幽默或轻松的话题导入。

（2）概说阶段。概说阶段是双方在导入介绍的基础上正式进入谈判议题。在这一阶段中，双方代表互相试探对方的目的和想法。为了顺利地展开谈判，各方代表要概说己方的谈判目的和要求，从而使对方了解自己的目标和想法。在陈述自己的想法时，一定要注意尺度，注意保密，分清哪些事项是可以让对方知道的，哪些事项是不能让对方知道的。同时，还要注意从对方的陈述中获得更多的与谈判有关的内容。这一阶段要注意：在开始发言时，内容要简短，重点要明确突出；讲完自己的想法后，要留出充分的时间让对方表达意见与要求；阐述己方想法时应心平气和、从容不迫，不应引起对方的焦虑和不满；概说阶段的时间要短，一般不要超过两分钟。

（3）明示阶段。明示指双方公开提出自己的不同意见、观点和要求，并努力求得解决。一般而言，此阶段会出现四种主要问题，即自己所求、对方所求、双方共同所求以及表面上看不出的各自的内蕴要求。为了达成协议，双方应该心平气和地讨论下去。追求自己需求是谈判的立场原则，同时还应适当满足对方需求，这是此阶段谈判能否成功的关键。

（4）交锋阶段。参与谈判的目的是获得自己所需的利益。谈判双方真正对立状态在此阶段会明显展开。由于双方都想占据优势，自然争论激烈，气氛紧张。谈判者既要有坚定的立场，还必须有充分的心理准备，随时机智地回答对方的质询。在交锋阶段，双方都要举事剖理，希望对方了解并且接受自己的意见。当提出一个事实，要求对方接受你的想法时，对方往往马上举出另一个事实来反驳，这是谈判交锋阶段的主要特点。

（5）妥协阶段。经过谈判各方一段时间针锋相对之后，谈判将进入妥协阶段。因为总是针锋相对下去，是不可能真正地解决问题的。妥协是谈判活动不可缺少的重要组成部分，是使双方的激烈争论得以化解并形成一致行为的基础。谁应该先向对方妥协，有时是很棘手的问题。如果己方对于谈判情况很了解，对可能妥协的范围、程度心中有数，对对方要妥协的程度有一定的估计，就可能会妥协得恰如其分，并在某些方面得到妥协的补偿。

（6）协议阶段。协议阶段是经过交锋和妥协，双方认为已基本达到自己的目的，即拍板同意，由双方代表在协议书上签字，握手互贺，谈判即告结束。

问题与思考 8-2

真正赢与感觉赢的区别是什么？

分析提示：人们总是相信谈判是双赢的，但在实际工作中，不过是一方真正赢，而另一方感觉赢而已。这样的谈判只有一个真正的赢家，却能让他的对手感觉到心满意足。例如买房子。倘若售楼代表很轻易地就让价给你，你就会有种上当受骗的感觉；倘若他让你千辛万苦磨破嘴皮子才让价，哪怕只让了一点点儿，你都会感觉占了便宜，欣喜万分。这就是“感觉赢”，而非“真正赢”。让对手感觉赢是谈判中的重要手段，我们可以思考一下如何才能给自己的谈判对手“赢”的感觉。

8.4.3 公共关系的谈判策略

1）忍耐

在谈判的过程中可能有某些因素会刺激到你，促使你一怒之下贸然行事。正是在这个时候，你应该忍耐，要克制住自己的行为，那样才可以得到更大的收获。忍耐的反面是“操之过急”。至于在某一具体条件下，究竟是忍耐还是立即行动更有成功的把握，那只能靠你自己的判断了。

适可而止也是一种忍耐。参加谈判的人员必须具备忍耐的特征，懂得话说到什么时候该收住。

2）出其不意

这种策略表现为手段、观点或方法的突然改变，这种变化往往是急剧的、带有戏剧性的，在谈判中，诸如语调升降之类的并无实际意义的信号，可以作为这种变化的前奏。例如，在谈判过程中，你的声调一直冷静而又平稳，这时突然放大嗓门，就会震惊四座，先声夺人。

3）主动出击

在谈判形势有利于己方的情况下，先发制人、主动出击往往可取得出人意料的成果。反之，在有利形势下，犹豫不决、当断不断，则会先机尽失，使本可到手的成果付之东流。当然，主动出击不是盲目出击，要打有准备之仗。一般来讲，主动出击应具备两个条件：①掌握信息，摸清底牌。在谈判桌上谁掌握的信息多、了解的情况准确，谁就掌握主动权。②时机成熟。时机不成熟时出击，往往会无功而返，甚至会遭到重大损失。在谈判中，时机不成熟时主动出击会过早暴露己方真实意图或把底牌亮给对方。一旦上述两个条件具备，就要毫不迟疑，主动出击。

4）后发制人

参加谈判者在谈判一开始就要注意观察分析，留心倾听对方的陈述，从中捕捉对方语言中透露出的信息，分析对方的观点，领会其真正意图，并从对方的谈话中寻求向对方发问的线索，以明确掌握对方的话中之话和话外之音，并据此提出自己的观点，摆出相应的问题。这样沉着应战可以寻求有利的机会，向对方发起攻势，掌握谈判的主动权。

5）欲擒故纵

在谈判中战胜对手有各种各样的方法。如果对手有备而来且来势汹汹，精明的谈判者一般都不与对手发生正面冲突，而是想方设法避开对手的气势。有时，为了战胜对手则以诱敌深入的方法麻痹对方，使对方在丧失警惕的情况下取得谈判的主动权。

6）声东击西

在谈判过程中，有的时候需要双方坦诚相见，双方经过努力使谈判向着一个预定的方向发展，但更多的情况下是双方都要维护自身的利益。于是，谈判的各方就不得不在谈判中隐藏自己的某些真正意图，而以某种假定的目标作为迷惑对方的诱饵。这就是声东击西。

7）投其所好

投其所好是指在谈判过程中，当对方对某个问题感兴趣时，应极力接近对方，尽可能或最大限度地满足对方的自尊心及需求，从而赢得对方的好感。这种谈判方法并非欺骗对方，而是让对方能够信任你、记住你、帮助你、喜欢你（或你的产品）。这种策略通常运用于推销谈判。

8）投石问路

投石问路是指在谈判中运用各种巧妙的“问”，去发现和掌握对方的“底细”和“秘密”。恰当的投石问路能使你获得所期待的信息量，得到一般情况下得不到的信息资料，驾驭谈判的进度。投石问路又往往是谈判、对话、辩论的方向。它不但关系到谈判者能否在提问中明确地表达自己所要表达的意思，以及对方能否清楚地理解你的问题，还影响对方对你所提的问题的反应。

9）打破僵局

由于谈判双方各自的利益和目的有差异，并且都想在谈判中取得尽可能大的利益和成功，加之谈判背景、条件、气氛等的影响，所以在谈判中出现僵局是常见的情况。它对谈判双方都是不利的。如果处理不当，僵局会成为“死局”，最后导致整个谈判破裂。因此，如果能够运用一定的策略，打破僵局，不仅有利于谈判的顺利进行，还可能取得谈判的主动权。一般来说，在谈判中出现僵局时，可采取以下策略：

（1）首先要头脑冷静，切不可言语冲动，刺激对方。言辞尖刻会形成感情对立，对打破僵局甚为不利。

（2）对双方已谈成的议题进行回顾总结，消除僵局造成的沮丧情绪或者先谈双方较易达成一致的议题，待双方都有一定满足感后再谈难度大的议题。

（3）采取暂时休会的方式可使双方头脑冷静，理清思路，积极寻求解决策略。对己方来说，在休会前最好对自己的方案再进行一次详尽的解释，提请对方在休会时进一步考虑。

职业观念 8-5

成功的谈判

我国某冶金公司要向美国一家公司购买一套先进的组合炉，派一位高级工程师与美商进行谈判。为了不负使命，这位高工进行了充分的准备工作，他查找了大量有关冶炼组合炉的资料，花了很大的精力对国际市场上组合炉的行情进行研判，并将美国这家公司的历史和现状了解得一清二楚。

谈判伊始，美商一开口要价150万美元。中方工程师列举各国成交价格，让美商目瞪口呆，终于以80万美元达成协议。当谈判购买冶炼自动设备时，美商报价230万美元，双方经过讨价还价压到130万美元，中方仍然不同意，坚持出价100万美元。美商表示不愿继续谈下去了，把合同往中方工程师面前一扔，说：“我们已经作了这么大的让步，贵公司仍不能合作，看来你们没有诚意，这笔生意就算了，明天我们回国了。”中方工程师闻言轻轻一笑，把手一伸，做了一个优雅的“请”的动作。美商真的走了，冶金公司的其他人有些着急，甚至埋怨工程师不该抠得这么紧。工程师说：“放心吧，他们会回来的。同样的设备，去年他们卖给法国只有95万美元，国际市场上这种设备的正常价格就是100万美元。”果然不出所料，一个星期后美商又回来继续谈判了。看到中国的工程师如此精明，美商不敢再报虚价，只得说：“现在物价上涨利害，比不了去年。”工程师说：“每年物价上涨指数没有超过6%。一年时间，你们算算，该涨多少？”美商被问得哑口无言，在事实面前，不得不让步，最终以101万美元达成了这笔交易。

分析提示：以上案例的成功之处在于：对产品市场进行深入细致的调查，准确了解市场行情；充分的准备工作是对谈判成功抱有信心的基础；耐心和忍耐是这次谈判成功的条件；巧妙地运用后发制人的谈判技巧，掌握了谈判的主动权，美商不得不同意中方报价。

8.5　公共关系文书写作

公共关系文书是组织用于开展公共关系工作和社会交往而使用的文字信息载体的总称。公共关系文书是传播信息的一种重要手段，也是公关人员必备的一种职业技能。作为公关人员，应熟练掌握各种公关文书的写作。

公共关系文书的种类有很多。从组织内部来讲，有告知类公关文书，如通知、总结等；有计划、决议、公约、讲话等规定类公共关系文书。从组织外部来讲，有向上级机关发出的请示、函等求助类公共关系文书；有简报、新闻稿、调查报告等宣传说明类公共关系文书；有合同、协议书、会议纪要等协约类公共关系文书；有贺信、请柬、唁电、书信等社交礼仪类公共关系文书。在此，只介绍几种文书，即柬帖、书信、函、简报、新闻稿。

8.5.1　柬帖

公关柬帖是一种礼仪性的请客信函，是在各种不同社交场合中经常使用的传播媒介。机关、企业或个人往往通过柬帖的形式表达情感、意向或某方面事务。

1）柬帖的种类与制作格式

柬帖的种类有很多，常见的有请柬和通知书等。

（1）请柬。请柬又称请帖，是邀请宾客或单位团体参加某项活动的专用礼仪性文书。其多用于纪念日、喜庆日、联谊活动和友好交往，或特别性的集会、聚会等。国家机关、社会团体、企事业单位可以发请柬，家庭和个人也可以发请柬。

请柬一般由四部分组成：一是请柬的封面要以大写的美术体、手写体或烫金字写明“请柬”二字，再配以图案装饰；二是开头顶格写被邀请者姓名（或单位名称）；三是正文，交代活动内容、活动时间和地点，如开联谊会、座谈会、庆典、节目、寿庆等；四是要用问候的礼貌用语结尾，如“此致、敬礼”、“敬请光临”或“敬请出席”等。要写明邀请者姓名（或单位名称），注明发出请柬的时间。

专题活动请柬。其主要用于组织某种专题活动，如报告会、研讨会、鉴定会、演讲会、典礼、开幕、学术交流等，邀请相关人员参加。其形式如下：

请　柬

谨定于×月×日上午×时在人民剧场由本学会会长××先生做“公关礼仪”专题报告，敬请光临。

××省公共关系协会

×年×月×日

（2）通知书。通知书一般用于公共关系活动，面向较多的公众，所邀请的对象不

是特定的。凡收到通知书的人均可参加，故通知书印刷制作不必特别精美，写明通知的内容即可。

2）请柬的书写要求

（1）明显的感情色彩。一般“庆”或“贺”类请柬要采用气氛热烈的图案，用红色、黄色、烫金等；“吊”类请柬要用黑色正楷写上“悼念”、“哀”或者“奠”等，显得庄重、肃穆。正文的用色应一致。

（2）文字简练、严肃、得体。请柬的正文语言要严肃，措辞得体典雅，所写的内容必须准确、清晰、直叙，而且宜用书面语言。请柬中不能把“赴宴”写成“吃饭”或者“喝酒”；把“敬备茶点”写成“有茶点招待”；把“恭请光临”写成“准时光临”；“讣告”中不能把“逝世”写成“死亡”等。

（3）纸面讲究，书写美观。请柬的用纸要讲究。无论手写或印刷，版面都必须美观、悦目，字迹清楚，书写端正。

8.5.2 书信

公关书信与一般书信不同，是组织为了树立形象、维系友谊、传递感情和信息广泛采用的交际方式。公关书信具有注重实用、内容单一、格式固定、用途广泛、篇幅短小等特点。

书信的种类有很多，主要有慰问信、感谢信、祝贺信等。

1）慰问信

慰问信是组织对特定人员（同事、下属、领导或亲朋好友）表示关怀慰问的专用书信。慰问信要表示同情、安慰，但语气不能低沉，言词不应有悲观、失望之感，而要给收信人带去慰藉和勇气。慰问信的语气要亲切诚挚，文字要朴实精练，篇幅要长短相宜。

2）感谢信

感谢信是对对方给予的支持、帮助、关照或接受礼物后向对方写信表示感谢的专用书信。感谢信要写得及时、真诚、有礼，要简明叙述事情的过程，表现出事迹的感人之处、自己的感激之情，要给予对方足够的赞扬和恰当的评价。

3）祝贺信

祝贺信是对人对事表示祝贺而写的书信。它可以用于祝贺国家与国家、政党与政党、组织与组织、组织与个人、个人与个人之间所取得卓越成就和巨大贡献，或是用于祝贺重大会议、庆典的举行，或是对个人的就任、晋级、寿诞表示祝贺。祝贺信的主要作用是沟通情感、增进友谊，在发展人际、厂际等关系方面也具有重要作用。

8.5.3 函件

在社交活动中，函件是不可缺少的传播媒介。

函件，即信件的别称，可分为公函和便函两种。公函是国家机关、企事业单位、社会团体彼此之间洽谈工作、询问或答复某种事项而使用的行政公文。公函是与平行或无隶属关系单位之间联系业务、交流情况的信件，属正式公文。函件就其内容又分为四种：

（1）函请，希望对方办理某件事情的要求。

（2）函知，通知对方知晓的事情。

（3）函送，写出要报送对方的物件。

（4）函复，答复对方某个事项。

便函是各单位之间商洽事情、联系工作的一种简便函件，是公关工作的常用文件，在行文上没有公函那样严格，使用起来更为方便。

公函一般分为五部分：标题、发文字号、主送单位、正文、署名。

书写函件时应注意的问题：

（1）突出目的性。每封函件都有其目的，或报告事件，或阐述观点，或商定事宜，所以起草时一定要突出目的性，写得直截了当、开门见山。

（2）为对方设想。要使受函者感到你在关心他，为他着想。

（3）文笔应轻松自如、朴实明快，力避矫揉造作。

例8-1

中国大酒店公关部给所有宾客的一封便函

亲爱的宾客：

欢迎阁下光临中国大酒店！

广州不仅有中国“南大门”之称，亦被喻为美食者之天堂。中国大酒店提供各式各样的中西美食。无论是驰名中外的地道广州菜，还是正宗的欧美佳肴，应有尽有。

敝店为让宾客尝遍世界风味，二楼西餐厅正举行“美国食品双周”。牛排阁备有美式牛排，配以烤马铃薯和香甜玉米，十足之美国口味，更有青翠诱人的沙拉及各种醇香加州美酒，任君选择。

若阁下钟情于汉堡包，不要错过丽廊餐厅及逸致轩推出的各款汉堡包，均为纯正美国风味，夏威夷式至纽约式必有一款合您心意。

谨祝阁下有一舒适居停！

公共关系部谨上

20××年×月×日

8.5.4　简报

简报是汇报工作，传递信息，介绍、沟通情况和反映问题的一种载体。简报的名称有多种，如“情况汇报”、“××动态”、“××简讯”和“内部参考”等都是比较常见的。

简报的作用：迅速向上级反映日常工作和业务活动情况，反映公众的意图和要求，以便于上级了解下情，各单位了解新情况，及时进行指示和应对；与平级、下级之间沟通情况，交流经验，扩大影响，以利于开展与推动工作。

1）简报的种类

从其内容上看，简报主要分为三类。

（1）会议简报。其主要是通报会议情况，可以报道普通会议的议题、发言要点、会议决议、会议花絮等。

（2）工作简报。这是向组织内部员工反映工作情况和问题、交流工作经验的一种简报。

（3）综合简报。这种简报较全面反映组织内部的情况和问题，内容范围较广，如生产进度、员工生活、合理建议、党团活动、工会事务等。

2）简报的特点

简报的特点体现在以下几个方面。

（1）简明扼要。篇幅短，扼要反映客观情况，内容简洁。

（2）快速及时。快速及时反映单位内部或某一特定活动的情况。

（3）真实准确。简报的内容要真实反映各方面情况，这样才能为决策者提供借鉴参考。

3）简报的格式

简报一般由三部分构成。

（1）报头。其占简报首页1/4~1/3，包括：简报名称，字体较大；期号，在简报名称下面；印发单位，在期号左下方；印发日期，在期号右下方，与印发单位同行。

（2）正文。正文与报头之间用一条较粗的横线隔开。正文的标题与新闻标题相似，应力求简明、准确、扼要地概括正文的内容。正文的内容要抓住关键问题。

（3）报尾。报尾在简报末页。报尾与正文之间也用一条横线隔开，写明简报的发送单位和印发份数。

8.5.5 新闻稿

在公共关系工作中，新闻稿的撰写是一项经常性的工作。新闻稿在公关实务中的作用包括：借助新闻媒介可以扩大宣传范围，提高公关主体的知名度，加速组织与公众之间的信息沟通，争取公众的理解、信任和支持，在公众心目中树立起良好的形象。作为公关人员，一方面要与新闻媒介经常联系，向他们提供自己所代表的公关主体的有关信息；另一方面要能熟练撰写新闻稿。

新闻稿的特点是篇幅短小，用最简洁的语言记叙事件；讲究时效，能及时报道瞬息万变的事实；内容真实，实事求是地反映客观事实。概括地说，就是“要快、要短、要实”。

知识链接8-1

新闻稿的六要素是when（何时）、where（何地）、who（何人）、what（何事）、why（何用）以及how（过程怎样）。公共关系新闻稿的七要素是主题、组织机构、地点、优点、应用、细节和消息来源。

1）消息

消息是以简要的文字迅速报道新闻事实的一种载体。在新闻稿中消息是主体。

消息的结构多用倒金字塔式。这种结构的特点是头重脚轻，越重要的材料越放在首篇，越不重要的材料越靠后。这种结构便于读者阅读。消息的结构形式还有自由式、回答式、提要式等。

消息通常可分为动态消息、经验消息、综合消息和述评消息四类。

消息的写作格式为：

（1）标题。标题是新闻的“眼睛”，是对消息内涵的高度概括和浓缩。标题的形式有两种：单行标题和多行标题。单行标题只用一句话提示消息的内容。多行标题是除正题之外，另有引题或者副题，也可以三者都写。

（2）导语。导语的写作方式有以下几种：

① 叙述式导语。叙述式导语就是用叙述的语言把消息的主要内容表达出来。

② 提问式导语。这种导语是先提出某个尖锐的、受众所关心的问题，引起受众的思考和兴趣，然后再加以回答。

③ 描写式导语。它对新闻所处的特定环境进行描写，或者从现场情景、气氛写起，或者选取报道中某个有意义的侧面，进行富有特色的描写。

④ 结论式导语。结论式导语就是把事情的结论写在开头，然后再进行具体阐述。

（3）正文。正文是消息的主体，是所要报道内容的详细叙述。

正文部分常用三种方法来安排材料。第一，按新闻事件发生、发展的顺序表达。第二，并列顺序。有的事件较为复杂，头绪较多，需要分别叙述。第三，逻辑顺序。这是按事物的内在联系以及逻辑层次安排正文的一种方法。

（4）结尾。结尾通常是消息的最后一段，是整篇消息的收笔之处，可以采用小结式、启发式、评论式、展望式等多种形式。

2）通讯

通讯，又称通讯报道，它是以叙述、描写为主要表达手段，迅速、生动、形象地反映现实生活，报道典型人物、事件或问题的一种新闻文体。

通讯的特点：从内容上，它报道客观事实，描写人物性格、情感、思想，分析事件的性质、意义；从表现手法上，其运用记叙、描写、说明、抒情和议论等手法；从结构上，通讯比较自由灵活，可长可短。

常用的通讯包括以下几种：

（1）人物通讯。报道的对象是各条战线上的典型人物。人物通讯要反映的是典型人物精神境界和时代风貌，要求具体、生动、形象。

（2）事件通讯。报道的对象是现实生活中发生的振奋人心的新思想、新风貌。具有教育意义的重大典型事件的通讯要揭示事件的深刻意义。

（3）工作通讯。报道的对象是实际工作中的经验和问题，要求从中提出某些带有规律性的东西，借以指导实际工作。

（4）概貌通讯。报道的对象是一个地区、一条战线或一个单位发展变化的面貌。概貌通讯亦称风貌通讯，如“见闻录”、“纪行”、“纪实”、“巡礼”、“散记”或者“侧记”等。

通讯的写作要提炼主题、精选材料、合理布局。

职业观念 8-6

“保灵密”之所以走俏

美国一家公司生产的天然花粉食品“保灵密”销路不畅。正当公司经理愁眉不展的时候，该公司的一位公关人员带来喜讯：美国总统里根长期食用该产品。这家公司在证实了这一信息并征得里根同意后，马上发动宣传攻势，通过新闻稿让美国人都知道，美国历史上年纪最大的总统之所以健壮、精力充沛是因为常服用天然花粉的结果，从此之后“保灵密”开始走俏美国市场。

资料来源　满福喜，关雅杰. 公关制胜100术［M］. 北京：中国国际广播出版社，1993.

分析提示：“保灵密”由原来销路不畅到后来走俏美国市场，说明公关人员要撰写出高质量、受媒介欢迎的新闻稿，关键是要培养敏锐的新闻感觉，抓住新闻特点，选择新闻素材并加以修饰，以提高新闻的见报率。

8.6　公共关系专题活动

公共关系专题活动是社会组织为了达到预期的公关目标，以一个明确的主题为中心，采用特定的形式，有计划开展的各种社会活动。公共关系专题活动能把组织与广大社会公众紧密地联系在一起，增强公众对组织的亲近感，吸引社会舆论对组织的注意力，能够形成积极的宣传效果。它也是一种有效的传播形式。公共关系专题活动有很多种，本节着重讨论几种常见的公共关系专题活动。

8.6.1　记者招待会

记者招待会又称新闻发布会，是社会组织或公民把新闻机构的记者邀请到一起，由组织的有关负责人宣布有关信息，记者们就此进行提问，然后由召集者回答记者们的提问的一种公共关系专题活动。通过这种形式，社会组织实现了和新闻媒介的沟通，进而实现和广大公众之间的沟通。

1）记者招待会的筹备工作

召开记者招待会，筹备工作非常重要，它关系到记者招待会能否成功，能否取得预期效果。一般来说，在召开记者招待会之前应做好以下准备工作：

（1）确定主题。主题是记者招待会的中心议题，记者招待会就是围绕主题而展开的。主题要围绕组织发生的事件和进行的决策来确定。记者招待会是要公布新的信息，还是要就某一事件进行解释，还是要介绍新产品等，召开会议的公关人员对此必须做到心中有数。

（2）确定邀请对象。会议的主题决定记者的邀请范围，记者名单要事前拟定好。如果事件涉及全国，则要邀请中央新闻记者出席；若仅限于某地区，就没必要邀请更大范围的记者参加。对记者要一视同仁，应照顾到各方面的有关记者。

（3）挑选主持人和发言人。主持人和发言人必须对将要发布的信息有较全面、较深刻的了解，对将要发布信息的重要性和社会价值有清醒的认识。此外，由于记者的职业要求和习惯，他们一般会提出一些尖锐、深刻甚至很棘手的问题。这就对主持人和发言人提出了很高的要求。他们必须对问题比较敏感、思维敏捷、反应迅速、口齿清楚，并且有较高的文化修养和专业水平等。

（4）准备有关的资料。召开记者招待会需要准备的材料有：一是发言人的发言提纲和报道提纲，二是有关的辅助材料。发言提纲和报道提纲要由熟悉情况的人组成专门的起草小组，根据会议主题撰写，供发言人参考；列出报道提纲，提供给与会记者，供他们撰写新闻稿时参考。

关于会议的宣传辅助材料，则要围绕主题尽量做到全面、详细、具体和形象。它包括发给与会者的文字资料，会场内外的图片、实物或模型，也包括在会议进行中播放的音像资料等。

（5）选择地点。记者招待会的地点应根据会议的主题择定。在地点的选择上要考虑给记者创造各种方便条件，如录像拍摄的辅助灯光、视听辅助工具以及交通是否便利等。

（6）选定日期。记者招待会是一种较大型的公关活动，因此，召开会议在时间的确定上不仅应考虑组织自身方便，还要考虑当时的环境因素和条件。一般来说，应尽量避开节假日或有重大社会活动的日子，以防记者脱不开身，不能前往。此外，还要考虑会议举行的时机与社会环境的关系。比如在大型运动会举行期间，体育活动成为社会关注的热点，可以发布有关体育器材或者营养保健食品的信息、本组织对某项体育活动的赞助信息等。日期选定后要尽快发请柬。

（7）编制招待会费用预算。要结合财务情况，合理有效地编制招待会的费用预算。

2）记者招待会的程序

（1）签到。参加招待会的人员在进入会场前要到签到处签到。

（2）发资料。将资料发给与会者或将资料放在每个座位上。

（3）会议开始。由会议主持者宣布会议开始，说明组织召开记者招待会的目的，宣传招待会的主题，发布重要信息或讲述事件发生的简单经过，再由组织发言人详细发言。

（4）回答记者提问。对记者提出的各种问题给予回答。发言人在回答记者提问时，态度应诚恳，语言要精练，对要保密的问题应委婉回绝。

（5）会议结束后，组织领导人和主持人应礼貌相送。

（6）会后可配合主题需要，组织记者参观考察，给记者实地采访、拍摄、录像的机会。

3）记者招待会的会后工作

记者招待会结束后，要检验招待会的效果是否达到了预期目的。

（1）尽快整理出记者招待会的记录材料，从中总结此次招待会在组织、布置、主持和回答问题等过程中的成功和失误之处。

（2）尽量收集到会记者在媒介上所进行的报道，进行归类分析，检查是否达到举办记者招待会的预定目标，是否由于组织工作的失误而造成错误。对检查出的问题，要分析原因，设法弥补失误。

（3）认真收集与会记者对招待会的反应，若是不正确或歪曲事实的报道，应立即采取行动，说明真相，向报道单位提出更正要求；若报道的虽然是事实，但不利于本组织，应通过该报道机构表示虚心接受并致歉意，以挽回声誉。

（4）会后应审核招待会的各类账目并结清账目。

4）举办记者招待会应注意的事项

（1）会议主持人应充分发挥其主持与组织作用，维持好招待会的秩序，自始至终保持活跃的气氛。会议主持人言谈要庄重、有幽默感，切实把握招待会的主题，防止离题太远；要及时引导记者提问，控制发言时间，严格掌握好招待会的时间；当会议出现紧张气氛时，能及时缓和气氛，使招待会顺利进行。

（2）发言人的讲话不宜长篇大论，应简明扼要。对记者的提问应随问随答，不能答非所问，也不能离题太远。对不能答复的问题，要婉转地解释或表示歉意，但不能简单地说“不清楚”、“不知道”或使用“无可奉告”等外交术语，更不能反唇相讥、嘲弄对方，应采用灵活的办法给予回答。

（3）不要随便打断记者的发言和提问，也不要采取任何动作阻止他们。即使记者的提问带有很强的偏见或挑衅性，也不能激动、发怒，应表现出足够的涵养，以平静的话语和确凿的事实给予纠正和反驳。

问题与思考8-3

新闻发布会与记者招待会有什么区别？

分析提示：新闻发布会往往是例行的，记者招待会一般是专题性的；新闻发布会侧重于发布新闻，不一定需要回答记者的问题，记者招待会则以“答记者问”为主要特色，要具有双向沟通的特点；新闻发布会可以采用公告等书面形式取代口头发布，记者招待会则必须有口头的交流；新闻发布会可以由普通身份的人士主持，而记者招待会则需要较高身份的人士出面。

8.6.2 庆典活动

庆典是隆重的庆祝典礼。典礼是郑重举行的仪式。搞好庆典活动是组织与其内外公众广结善缘、振奋组织成员的士气、扩大组织的社会影响力的较好机会。庆典活动的主要形式有奠基、落成、开幕、节庆、纪念、开业仪式等。

（1）拟定出席庆典仪式的宾客名单。宾客一般包括政府部门领导、主管部门负责人、社区负责人、同行和协作单位的负责人、社会团体负责人、公关专家、新闻记者、顾客、公众代表及员工代表等。

（2）按照宾客名单发出请柬。请柬要写清庆典仪式的时间、地点、采取的形式等。请柬写好要提前几天送到出席人手中，并保证准确无误。

（3）确定主持人、致贺词的来宾并准备好答词。贺词和答词要热情洋溢、言简意赅，切忌冗长。

（4）拟定程序和接待事宜。典礼的程序依据具体的形式要求来确定。一般程序为：宣布典礼开始，宣读重要来宾名单，致贺词，致答词，鸣炮剪彩。在接待事宜的准备中，主要是安排负责签到、接待、剪彩、放鞭炮、摄影、录像等有关的服务人员，使他们各负其责，准时到岗。

（5）确定剪彩人员。参加剪彩的除单位负责人外，还应邀请来宾中地位较高、有一定声望的知名人士共同剪彩。

（6）安排助兴节目。典礼可安排锣鼓、歌舞等，营造热烈欢快的气氛。可由本单位员工展演节目，这样可以培养员工的归属感和职业自豪感。

（7）组织参观。在庆祝典礼的基本程序结束时，可以组织宾客参观本组织的工作现场、服务设施、生产设施、商品陈列等。这是让公众了解组织的好机会，也是展示自我、传递信息的一条重要途径。

（8）通过座谈会、留言簿的形式广泛征求意见与建议，使组织与公众的关系更为密切，改进工作中出现的失误，达到更好的发展目标。

8.6.3 举办展览会

展览会是以实物、文字、图表、照片等形式传播组织或商品信息，展现组织成就的活动形式。展览会是树立组织形象的一种重要的公关活动。通过展览会，组织可以了解市场需求信息，强化产品的吸引力和自身的竞争力。

1）展览会的类型

（1）从展览的性质看，有贸易展览会和宣传性展览会。贸易展览会展出的主要是实物产品，目的是做实物广告，树立组织形象。而宣传性展览会的目的是宣传某一观点、思想和信仰或者让人们了解某段史实，通常展出照片、图表资料和有关的实物。

（2）从所展出的商品种类多少看，有单一的商品展览会和混合商品展览会。前者展出的商品品种单一，例如电脑展览会、汽车展览会等。后者展出的商品种类较多，参展商品及厂家来自不同行业，广交会就属于这种类型的展览会。

（3）从举办展览会的地点看，分为室内展览会和露天展览会。室内展览会较为隆重，不受天气的影响，举办的时间可长可短，但其布置工作较为复杂，所花的费用也大；而露天展览会的最大特点是设计布置较为简单，场地较大，可以放置大型展品，所需费用不多，但受天气影响较大。

（4）从展品的规模上看，分为大型展览会、小型展览会和袖珍展览。大型展览会一般由专门的单位举办，有产品展览意向的企业通过报名参加。这种展览会规模很大，参展的项目很多，需要主办方具有较高的运作管理水平，如世界性的博览会。小型展览会的规模较小，一般由企业自己举办，展出自己的产品。袖珍展览指商店的橱窗展览和流动的展览等。

2）展览会是一种高度集中和高效率的沟通方式

展览会可以集中同行业或不同行业的各种型号、品牌的产品，对于采购方而言选择的余地大，成交的机会大大增加。另外，展览会给新企业和新产品提供了一个脱颖而出的机会。

3）展览会是一种综合性的大型活动

展览会往往能成为新闻媒介跟踪报道的对象，是新闻报道的好题材。参展单位可以利用展览会这一机会扩大影响，与新闻媒介搞好关系。

4）展览会的组织工作

成功举办展览会需要公关人员做大量而细致的准备工作。具体地说，展览会的组织工作包括以下内容：

（1）明确展览主题。主题是展览的目的，明确展览的目的才能提纲挈领，开展工作就有了针对性。有了明确的主题，才能确定展览会的规模、传播方式、沟通方式、接待方式，才能使展品排列有序、主次分明、重点突出；否则，就会造成展品结构混乱，给人以毫无头绪之感。

（2）明确参观者的类型。要明确展览会针对的公众，明确展览会的范围。参观者的类型将影响信息传播的有效性。

（3）选择展览地点。选择地点首先应该考虑方便参观者，如选择交通便利、容易找到的地方；其次是考虑展览会的地点应与周围环境协调；最后要考虑水电设施容易配套。

（4）准备各种资料。展览会的资料包括嘉宾的致辞、企业生产经营情况的介绍、产品的技术资料，以及为办展览会而编写的各种宣传材料等。

（5）成立新闻发布机构。要成立一个专门对外发布新闻的机构，负责和新闻界进行联系，制订新闻发布计划，确定新闻发布的内容、发布的时间和发布的形式等。

（6）培训展览会的工作人员。展览会的成功举办离不开展览会工作人员的高素质，因此必须对所有参加展览会的工作人员进行培训。培训的内容包括展览技巧、接待礼仪等。

（7）布置展厅。布置展厅时，要突出展品的特点，显出个性。另外，可考虑在展厅的入口处设立咨询台和签到处，并贴出展厅的平面图，为参观者进行引导。

（8）编制展览会的预算。费用预算一般包括场地租金、水电费、设计陈列装修费、接待人员劳务费、交通运输费、保险费等项目。要有计划地分配展览会所需的各项资金，做到心中有数。

8.6.4　赞助活动

赞助活动是指组织以不计报酬的捐赠方式，出资或出力支持某项社会活动、某种社会事业。现代组织不但要盈利，还需要承担一定的社会责任和社会义务。通过承担义务可以得到政府、社区和公众的支持，树立良好的社会形象。开展赞助活动是组织承担社会责任和义务有效的方式之一。

1）赞助的作用

（1）通过赞助来做广告，增强广告的说服力和影响力。

（2）追求社会效益，树立良好形象。

（3）吸引公众，培养感情。赞助活动通常是将组织与公众关心的社会问题联系起来，通过对一些社会团体等特殊公众的赞助，联络与他们之间的感情，取得他们对组织及产品的支持。

2）赞助的对象

（1）赞助体育活动和文化生活。

（2）赞助教育事业。

（3）赞助社会慈善和福利事业。

（4）赞助宣传用品的制作。例如，赞助旅游手册、日历、地图和各种技术手册的制作。

（5）建立某职业奖励基金，推动这一职业的发展。例如，建立优秀新闻工作奖、优秀作家奖等。

（6）赞助学术理论活动。

（7）赞助社会公益事业。例如，赞助美化环境、修建公路、架设桥梁等。

（8）赞助专业竞赛活动。例如，赞助服务能手竞赛、服装设计比赛等。

3）赞助活动的实施

（1）赞助的前期研究。首先，要明确赞助的目的。要从分析社会的需求与组织的需求入手，在此基础上确定赞助方向和赞助政策，以保证社会和组织双方受益。其次，无论是企业主动选择赞助对象，还是接到赞助请求，都要论证赞助的价值、赞助方向的准确性、赞助形式的合理性。最后，为了保证赞助活动成功，一般要成立专门的机构，负责研究各项赞助事宜。

（2）制订赞助计划。在赞助研究的基础上，制订年度赞助计划。它一般包括赞助对象的范围、赞助形式、赞助宗旨和费用预算。赞助计划是赞助研究的具体体现，可以控制赞助的范围，防止赞助的规模超过组织的承受能力，做到量力而行。

（3）赞助活动的组织实施。在上面这些工作的基础上，赞助者应派出专门的公共关系人员负责落实各项具体赞助的子计划。在实施赞助子计划的过程中，要运用各种有效的公共关系技巧尽力扩大该项活动的社会影响及组织的社会影响。

（4）赞助项目的效果测定。每次赞助活动完成后，都应对赞助效果进行测定。将实施结果与赞助计划进行对照，查看预定指标的完厉情况，分析总结，为以后的赞助活动开展提供参考资料。

4）赞助活动应注意的问题

（1）赞助对象的选择要恰当。要优先选择各种慈善和福利部门、公共设施及教育事业。这样既表明企业对社会的责任和义务，又比较容易获得社会各界的好感。

（2）赞助费用要量力而行。要充分考虑企业的负担能力、赞助的目的和赞助的效果，量力而行。

职业观念 8-7

慈善组织之壹基金

2007年4月，李连杰与中国红十字总会合作设立“中国红十字会李连杰壹基金计划”，这是一个以独立运作的慈善计划和专案的形式在中国大陆开展公益事业的非营利组织。最初“每人每月捐1元钱”的口号是它的标志，接受每个人一点一滴的诚意的积累。平民慈善的筹资理念，加上李连杰的明星光环，让壹基金获得了不少人的关注和捐款。

2010年9月，李连杰做客央视《面对面》，谈到了壹基金的生死存亡。作为民间慈善组织的壹基金，挂靠在中国红十字会名下，3年协议即将到期，续约前景不容乐观。壹基金一直在打擦边球，在很多场合，它的一些做法违反了现行规定，比如在出租车后车窗打公益广告，并未标注中国红十字会，严格说来，不把中国红十字会打出来，壹基金是无权做这种公益广告的。此话题一出，引发了全社会对于民间、草根慈善组织境遇的讨论，壹基金被越来越多的人所了解，其形象在人们心中被定位。壹基金2013年共收到捐款518 843 411.29元；2014年获得捐款168 181 333.5l元；截至2015年7月31日，获得捐款69 970 405.44元。当下，壹基金以“尽善人人公益”为愿景，搭建专业透明的公益平台，专注于灾害救助、儿童关怀、公益支持与创新三大领域，致力于成为中国公益的开拓者、创新者和推动者。

8.6.5 开放参观活动

开放参观是组织为了让外界公众更好地了解自己，组织各界公众有组织地到组织的工作场地进行实地参观、考察。

搞好对外开放参观活动应注意以下事项：

（1）明确目的。每次参观活动都要有明确的目的，明确提出参观活动要达到什么样的效果——给公众留下什么印象、解决公众的哪些疑问。

（2）确定开放参观的主题。开放参观的主题应围绕目的来确定。常见的主题有：强调企业优良的环境；强调组织机构存在的价值，表明它可以为社会公众造福，是优秀的社会成员等。

（3）成立专门机构。为了使参观活动搞得有声有色，收到良好的效果，组织应成立一个专门组织。在这个组织里应包括企业领导、公关人员、行政和人事部门人员等。

（4）合理安排时间。开放参观的时间最好安排在一些特殊的日子，如企业开业周年纪念日、节假日。在富有纪念意义的日子参观，可以增添公众的兴趣，获得更好的开放效果。

（5）做好宣传准备工作。要宣传开放参观的社会意义，编写解说词，准备宣传小册子、图片、音视频资料、模型、产品陈列等，让公众了解组织的主要概况。

（6）做好接待服务工作。对参观者应热情周到地做好接待工作，安排合适的休息场所并备足茶饮。

（7）确定参观范围和路线。事先确定开放的范围，即本组织中哪些地方对外开放，哪些地方暂时不能开放，并且拟定参观的顺序和路线，绘制参观路线图。

开放参观的程序包括：

① 举行欢迎仪式；

② 介绍组织机构的历史沿革与现状；

③ 分发参观资料

④ 说明参观路线及注意事项；

⑤ 由向导带队组织参观；

⑥ 举行联欢联谊会；

⑦ 合影留念。

职业观念 8-8

伊利工厂全年持续开放，重塑乳业公信力

“能亲眼看见伊利牛奶严格的生产过程，我们以后喝伊利牛奶就更踏实了。放心品质不是喊口号，不是靠广告，现在市场上奶产品很多，但咱们以后只认伊利。”随着2013年“伊利工厂开放之旅”在全国范围内持续开展，很多走进伊利工厂的普通

消费者都发出了类似的感慨。

伊利诚邀消费者走进工厂，接受来自社会各界的审视和监督。作为企业，伊利充分保证消费者的知情权和监督权。活动相关负责人表示，“在伊利工厂，人人都是监督员。”

记者了解到，“伊利工厂开放之旅”有三大亮点，即“全年”“全国”“全民”。

“全年”——从时间上看，参观活动自4月6日起启动，将持续2013年全年；“全国”——从地域上看，北至黑龙江肇东，南至广东佛山，西起宁夏吴忠，东到江南苏州，本次开放的伊利工厂基本实现了全国性覆盖；“全民”——全国各地的消费者只要上网搜索“参观伊利”或登录伊利官网，按照页面提示选择距离最近的伊利工厂，简单几步即可完成预约。

2013年，结合“态度决定品质”的年度传播主题，“伊利工厂开放之旅”将为每一位愿意走进伊利的消费者提供免费接送班车及全程专业讲解服务，打造更好的消费体验。

记者在实地参观过程中了解到，伊利在产品的生产过程中，引进了国际领先的设备，采用先进的机械化挤奶技术。在原奶运输环节，全程采用GPS（全球定位系统）监控，确保牛奶安全到厂。整个生产环节采用真空灌装技术，确保全程无菌、密闭。

资料来源　编者根据相关资料整理。

分析提示：伊利举办“伊利工厂开放之旅”活动的目的何在？百闻不如一见，把公众请进来，让事实说话，往往具有极强的说服力。因此，公众参观访问是让外界了解企业实际状况的绝好机会，也是效果较好的公关专题活方式。“伊利工厂开放之旅”活动让公众亲临现场参观，表达了企业对社会各界人士的善意和诚意，能够促进企业搞好同外部公众之间的关系，也树立了伊利负责任的企业形象。

由上例可以看出，开放参观活动的作用主要体现在：（1）提高社会组织的透明度。（2）为组织与公众直接沟通提供机会。（3）形成一种压力，促使组织总体素质不断提高。（4）消除公众对组织的误解或疑虑。

8.7　危机事件的处理

危机事件是指在正常的工作之外突然发生的事件。所有的危机事件都具有意外性、不利性、严重性的特点，因此，危机事件的出现对组织自身十分不利，影响重大而又波及面广，严重影响组织的正常工作，使组织形象受到严重损害，甚至会危及组织的生存。危机处理是公共关系工作中的一项重要内容。

8.7.1　危机的种类

1）组织的行为不当引起的危机

这是由于组织不讲信誉，危害公众利益，或由于领导决策失误、管理不当等造成的危机。例如，不履行合同、产品质量低劣、投资不当、内部关系紧张引起纠纷等都可能引发危机。

2）突发事件引起的危机

这是难以预见的自然灾害或社会性灾难造成的危机，如地震、水灾、风灾以及工伤、爆炸和中毒等。

3）失实报道引起的危机

由于组织对自己的宣传夸大其词，致使报道失实，在公众中产生“名不副实”“掺假浮夸”的印象，使其形象受到严重损害。

问题与思考 8-4

危机管理的金科玉律

福莱国际传播资讯公司发明了一个简单的公式：（3W+4R）或 V2。它并不像看上去那么复杂。3 W 是指在任何一场危机中，沟通者需要尽快知道三件事：了解发生了什么（What did we know），什么时候知道的（When we know about it），对此做了什么（What did we do about it）。

这些问题的答案和一个组织作出反应之间间隔的时间，将决定这个反应是成功还是失败。

如果一个组织对于它面临的危机认识太晚或是反应太慢，那它就处在一个滑坡上，掌控全局会变得很困难；如果不能迅速地完成3W，它将无力回天。

4R是指在收集正确的信息以后，给组织在这场危机中的态度定位。危机给组织带来了遗憾（Regret）、改革（Reform）、赔偿（Restitution）、恢复（Recovery）。换句话说，与危机打交道，一个组织要表达遗憾、保证解决措施到位、防止未来发生相同事件并提供赔偿，直到安全摆脱这次危机。很明显，4R需要组织采取一系列措施。

8F则是沟通时应该遵循的8大原则：

（1）事实原则（Factual）：向公众解释事实的真相；

（2）第一原则（First）：率先对问题作出反应；

（3）迅速原则（Fast）：处理危机要果断迅速；

（4）坦率原则（Frank）：沟通情况时不要躲躲闪闪；

（5）感觉原则（Feeling）：与公众分享组织的感受；

（6）信息沟通原则（Forum）：组织内部要建立一个最可靠的准确信息来源，获取尽可能全面的信息；

（7）灵活性原则（F1exibility）：对外沟通的内容不是一成不变的，应关注事态的变化；

（8）反馈原则（Feedback）：对外界有关危机的信息进行及时反馈。

如果 3W、4R 和 8F 做得正确，组织在危机中会成为 V1，即“勇于承担责任者

（Victim）”，这个结果很不错。公众会认为组织很负责任，会想尽办法解决问题并且让他们满意。如果组织不能做好3W、4R和8F，组织很可能会被当成V2，也就是“恶棍（Villain）”。公众将认为组织的行为和言词避重就轻、不上心和不负责任。这会导致雇员意志消沉、股东抗议、顾客投诉、管理层动荡等不良后果。

资料来源　赵铁．公共关系实务［M］．北京：人民邮电出版社，2013.

8.7.2　处理危机事件的原则

1）保持镇定，判明情况

危机事件发生后，公关人员不能头脑发热、盲目冲动，应冷静分析、查明真实情况。

2）真实报道，争取主动

在开展危机公关过程中，要据实报道，以诚取信，真实才能争取公众的谅解和配合。如果采取欺骗的手段愚弄公众，一旦真相大白，组织的形象将一落千丈。

3）稳住各方，挽回影响

当危机事件发生后，新闻界、与事件有关的公众、同行等都会对事件保持关注。在开展危机公关时，要秉公办事，不能有所偏向，更要注重对公众利益的保护、对组织形象的维护，要与新闻界保持良好关系，控制事态的发展，尽快恢复组织的社会声誉。

8.7.3　危机事件的处理

处理危机事件要从以下几个方面入手：

（1）平时要对组织所有活动中潜在的危机事件进行预测，包括对各种生产事故、生产经营困境等的预测。然后对各类危机分别制定应对办法，设计出当危机事件发生时能进行的有效反应的措施。要适当地组织危机事件演习，检验公共关系工作者应对突发情况的能力。

（2）危机事件一旦发生，要立即成立危机公关机构，防止事件的扩大并及时向社会开放必要的信息传播渠道，准确地将情况公布于众，让公众了解真实情况，以便争取公众的谅解和支持。

（3）立即着手进行调查。查明事件的性质与状况、后果和影响，查明事件涉及的公众对象。同时，应配合管理部门，积极引导内外部公众度过这一非常时期。

（4）要协助新闻媒介尽快介入，要为新闻媒介的采访提供便利条件。

（5）争取支持。争取支持是处理危机事件和再造组织形象的关键，因此要努力争取内外公众的援助和支持。只有获得了社会各界的了解、信任和支持，才能处置好危机事件。

职业观念8-9

马航MH370事件：新媒体环境下的失败公关

2014年3月8日，马航宣布MH370飞机失联。之后相当长的一段时间里，当乘客家属从马航那里得不到关于亲人朋友的最新消息时，纷纷转而关注电视和互联网等新闻媒体的报道。

媒体理论认为，任何危机处理都是在媒体环境中完成的，当马航从一开始就刻意隐瞒MH370航班的某些重要信息，一直以“挤牙膏”的方式应付媒介的质问，并且忙于否定外界种种猜测而无法提供有价值的正面消息时，其媒体策略就早已偏离了正确轨道。

马航在危机管理上表现出的消极姿态带来的是完全负面的媒体效果：①大量的媒体尤其是以法新社、路透社和CNN为代表的西方主流媒体不再援引马航方面发布的信息作为主要消息来源，各路媒体主动充当消息来源，彻底打乱了马航进行危机管理的节奏，使其疲于应对；②包括马来西亚本土、中国和西方主流媒体对马航的危机管理的反应几乎都是抱怨、无法理解和负面评价；③大量的媒体记者和普通网友纷纷对马航的危机管理能力提出了质疑和批评。

3月11日，一个叫琼迪的澳大利亚女子爆料：该机副驾驶员曾在飞行过程中邀请她和她的朋友进入驾驶室玩乐。这一爆料成为整个马航危机公关事件的转折点——在此之前，马航一直把自己精心打扮成一个“受害者”的形象（在马航MH370飞机失联事件中，与乘客及机组人员一样，马航把自己也塑造成一个意外事件的受害者），采用的是找替罪羊的“否认策略”——否定一切外界指控，马航之外的人、团体或者其他因素（气流等）才是需要对这次危机负责的对象。

马航MH370飞机的副驾驶员的不当行为被曝光后，马航事件急转直下。马航不仅披露了此前马军方、政府一直刻意隐瞒的相关信息（如飞机折返、最后的失联时间、总飞行时长等），而且将危机根源指向马航内部，宣布将危机管理转交政府，并对两名机师进行司法调查。

在此之前，马航一直将事故责任导向组织外部。从四本失窃的护照到几位未登机的乘客等，一系列刻意安排的信息发布纷纷指向可能发生的恐怖事件，马航这些带有倾向性的信息发布，试图将危机责任转嫁到第三方，而对于最后失联时间、飞机有无折返和总飞行时长等航班的关键信息，马航方面的表态一直前后不一致。混乱的信息来源进一步加深了马航的危机。

马航的做法，忽视了新媒体技术环境下的危机管理创新：在马航MH370事件上，无论是马航这样的马来西亚“国有企业”、CNN这样的大众媒体，还是每个普通的网友，在传播和演绎这一危机事件中，几乎都扮演着同样重要的角色，尤其是被网络技术赋权的每个普通网友。且不论普通网友在微博或者微信中传播的信息真实与否，在缺乏主流渠道正面消息的前提下，全球网络上每一条关于马航事件的负面评价对于马航的声誉管理而言，都具有一定的破坏力。

资料来源　编者根据相关资料整理而成。

分析提示：新闻媒体为企业危机公关带来种种机遇的同时，也潜藏着各种挑战。在新媒体时代，企业必须转变原有的公关意识，否则不仅得不到技术进步所带来的各种好处，反而会成为技术进步的牺牲品。

8.8 公共关系网络宣传

随着互联网的普及，网络日益成为企业日常公共关系活动、扩大对外宣传、塑造企业形象的主阵地。

8.8.1 互联网传播的特点

与报纸、广播、电视等传统媒体相比，互联网传播具有以下特点：

（1）范围广泛，超越时空。网络无边界，不受地域的限制，网络信息可以传递到世界各地，互联网成为现代媒介中覆盖面最广的媒体。同时，网络可以超越时空限制，24小时不间断地提供信息。

（2）实时高速。一旦组织需要向公众传达信息，可即刻发布，不用在信息传递上花费时间成本。

（3）效率高，成本低。企业可以在网络上储存大量信息，以便人们搜索，完全不受篇幅的限制。互联网传播的费用也较为低廉。

（4）个性化，互动性。互联网使得企业和公众在公共关系活动中具有双向互动性。网络上各种论坛为组织及其目标公众、首要公众提供了直接交流的虚拟场所，便于实现公共关系的信息收集和监测。同时，电子邮件、即时通信工具更是提供了与公众“一对一”的交流机会，方便组织与其保持良好沟通。

（5）多形式，多媒体。组织可以利用互联网为公众提供多种形式的信息，比如电子刊物、网络直播、网络电视节目等。

8.8.2 互联网公共关系内涵

公共关系是传播行业，互联网又是当下也是未来最重要的传播手段之一，因此公共关系与“互联网+”的重要性不言而喻。互联网公共关系又叫线上公共关系或e公共关系，它利用互联网的高科技表达手段塑造企业形象，为现代公共关系提供了新的思维方式、策划思路和传播媒介。

1）网络时代公共关系的变化

（1）公共关系对象的变化。在互联网的影响下，公共关系对象实现了从群体向个体的转变。公共关系对象具有个性化特征，借助互联网，公共关系组织可以将未知的、模拟的个体转变为已知的、明确的公共关系对象。

（2）公共关系部门的变化。互联网的运用，一方面使得公共关系部门与公众的信息交流处于不对称的状态，这不利于公共关系的发展；另一方面，互联网的运用也为公共关系部门了解公众的信息提供了便利，使得公共关系部门与公众在交流时处于平等地位，有利于公共关系部门发布、收集和分析信息，这为公共关系部门的发展提供了广阔的天地。

（3）公共关系运作方式的变化。互联网为公共关系的具体运作带来了变化，如企业可以运用互联网召开新闻发布会，开设网上展厅，组织专题活动，这些都要求企业熟练运用电子传播手段。

2）网络对组织公共关系活动的影响

（1）组织可利用互联网不受时空限制的优势，用极少的成本增强公共关系活动的时效性、推动公共关系实践的全球化。

（2）网络突破了许多传统媒体地域性传播的局限性，用极小的成本极大地推动了公共关系实施的全球化。

（3）网络"多对多"的沟通机制保证了传播的双向互动，有利于组织与公众建立长久关系。

（4）网络也使公共关系面临前所未有的不确定性与复杂性，大大增加了公共关系业务的难度和风险及环境监测的难度。

（5）网络时代对公共关系人员提出了更高的技术要求，同时也加剧了当前公共关系行业人才短缺的问题。

3）互联网公共关系的内容

互联网公共关系的内容主要包括：

（1）利用组织网页树立组织形象。

（2）利用网络新闻公告拓展公共关系业务。

（3）通过网络舆论创造良好的社会舆论氛围。

（4）进行电子商务，追求公共关系整合效益。

8.8.3 网络时代公共关系应该注意的问题

1）综合运用网络媒介和传统媒介

网络媒介虽然具有巨大的优越性，但也存在着局限性，因此，在公共关系工作中要综合运用网络媒介和传统媒介，使媒介的运用多样化，充分发挥各种媒介的优势，共同为公共关系服务。

2）坚持诚实信用原则

坚持诚实信用原则是指组织应把诚信作为工作的重中之重，树立组织良好的信用形象。

3）选择恰当的方法

建立长期有效的公共关系需要使用恰当的方法，比如建立QQ群、微信群、网上论坛等，这样既可以为扩展交往搭建平台，也可以提高人们的参与度，增进彼此的交流与了解。

4）关注网络安全问题

随着互联网的快速发展，网络安全问题逐渐凸显出来，成为制约互联网发展的重要因素。互联网公共关系的安全问题不容忽视。

8.8.4 互联网公共关系的方式

1）网络媒体新闻、网上新闻发布会

企业有重大信息发布，或者举行线下新闻发布会邀请相关媒体参与，或者是在与相关媒体合作的同时举办网上新闻发布会，向更广泛的受众传达企业信息。相关的信息发布平台一般包括综合性门户网站、行业性门户网站、新闻媒体的网络版、网络出版物等。

2）BBS论坛或社区网站

其具体包括综合性门户网站或行业性门户网站的BBS论坛、专业社区网站、网络媒体开设的专门网站等。

3）互联网公共关系的新媒体工具

常见的新媒体工具包括微信、博客、微博、微视频分享平台、第三方应用程序（App）、百度百科等。

本章小结

❀ 公共关系技巧是搞好公共关系实务工作的保证。不同的公关实务有不同的技巧。这些技巧不是一成不变的，要灵活运用，并且在具体的公关工作中不断总结、创新。

❀ 公共广告技巧包括公关广告的创作、公关广告的策划和公关广告的效果测定。

❀ 人际交往的技巧包括注意交往的形式、善于运用交往的技巧、注意社交礼仪。

❀ 公关演讲的技巧包括掌握演讲的要素和演讲稿的写法、善于把握演讲成功的条件。

❀ 公关谈判的技巧包括注意谈判的程序、灵活运用谈判的策略。

❀ 公关文书写作的内容包括柬帖、书信、函件、简报和新闻稿等。

❀ 公关专题活动的主要形式有举办记者招待会、庆典活动、展览会，组织赞助活动、开放参观活动等。

❀ 对危机事件的处理要分析危机事件的特点，掌握危机事件处理的原则和策略。

❀ 网络公共关系宣传具有很大的优势。

主要概念

公共关系广告　公共关系广告策划　社交礼仪　演讲　公共关系谈判　公共关系文书　公共关系专题活动

综合练习

1.选择题

（1）公共关系广告的直接目的是（　　）。

A.引起人们的注意和兴趣　　B.产生购买欲望和行为

C.促进企业产品销售额的增长　　D.树立良好的组织形象

（2）人际交往中的公共关系技巧是（　　）。

A.讨好对方，投其所好　　B.会拉关系，走后门

C.政治上、经济上互相利用　　D.自信、平等、互利

（3）介绍的方法不外乎自我介绍和为他人介绍。为他人介绍的原则方面错误的选项是（　　）。

A.把年轻人介绍给年长者　　B.把平级介绍给上级

C.把职务低的人介绍给职务高的人　　D.把已婚的人向未婚的人介绍

（4）演讲成功的条件包括（　　）。

A.演讲者个儿高、漂亮　　B.按规定的格式准备演讲稿

C.演讲的结尾要圆满　　D.演讲的节奏要稳中有快

2.判断题

（1）公共关系广告与商品广告的总目标是一致的，两者的直接目的也是相同的。（　　）

（2）公共关系中的人际交往的形式就是拉关系，请客送礼。（　　）

（3）介绍是促成沟通对象相互认识的中介。（　　）

（4）演讲的要素是正确的立场，丰富的内容，生动的语言，恰当的动作，真挚的感情。（　　）

（5）危机事件一旦发生应立即大造舆论，让广大公众知道情况。（　　）

3.简答题

（1）试述公关广告与商品广告的区别。

（2）公共关系广告的种类有哪些？

（3）人际交往过程中有哪些技巧？

（4）公共关系演讲的要素是什么？

（5）谈判过程分为哪几个阶段？

（6）自拟题练习写一封祝贺信或者请柬。

（7）简述展览会的组织过程。

（8）什么是危机事件？如何处理危机事件？

（9）网络公关如何实现？

4.材料分析题

法国戴高乐机场坍塌事件

2004年5月23日，位于法国首都巴黎以北的戴高乐国际机场一个新建候机楼2E

的屋顶突然发生坍塌，造成6人死亡，3人受伤。事发时，这个候机楼启用还不到一年。事发后，法国官方立即在现场启动了“红色方案”，就地展开全方位救助，全面动用一切必要条件，确保抢救工作顺利进行。事故发生1小时后，法国总统希拉克就发表了声明，对事故中遇难者的家属表示深切的同情和慰问并对事件的救援和调查情况进行表态。紧接着，法国交通部长就此发布信息，指出没有任何证据表明事故是恐怖袭击。在事故发生后2小时内，戴高乐机场总裁便召开了新闻发布会，详细地介绍了事故并透露了事故详情。2天之后，机场设计师也召开了新闻发布会，从机场设计的角度去解读了事故。

问题：这是一起典型的危机事件成功处理案例，试分析该案例的成功之处。

烛光舞会

某公司为庆祝展销会取得圆满成功，在一家宾馆举办招待舞会。正当来宾们兴致勃勃地起舞时，突然临时停电，舞池里一片漆黑，来宾们怨声四起。几分钟后，舞厅四周的几十支红红的蜡烛同时点亮，主持舞会的公关人员笑着向大家宣布：“今晚就让我们举行一个风格独特的烛光舞会吧！”

问题：该案例反映了舞会组织者哪些方面的公关能力？结合案例思考，没电如何伴曲？

5. 实践训练

（1）到某商场参加社会实践，为该商场制订危机应对计划。

（2）为所在学校设计一则公关广告。

第9章

国际公共关系

学习目标

知识目标：了解国际公共关系常识。

技能目标：掌握处置国际公共关系问题的方法。

能力目标：提高解决国际公共关系问题的能力。

引例

彭丽媛形象引发赞誉 向世界展示中国民族风

习近平主席出访俄罗斯、南非等四国，随行的夫人彭丽媛引发国内外媒体广泛关注。从俄罗斯之行走出机舱门的惊艳亮相，再到之后的端庄优雅民族风着装，无不彰显魅力。不仅如此，彭丽媛亲和温婉的形象更是赢得国际媒体一片赞誉，他们认为，彭丽媛此行标志着中国开始熟练使用国际语言来展现软实力外交。

女性主义国际关系理论专家、上海外国语大学国关与外事研究院研究员胡传荣认为，在国际舞台上，第一夫人带来的效果是增光添彩的。当彭丽媛以母亲的口吻说“代表中国母亲”看望孩子们时，就让人感到非常亲切，展现了一种慈爱的形象，中国作为一个负责任大国的形象一下就显现出来。

中国人民大学国际关系学院副院长金灿荣也认为，第一夫人出访展现比较柔性的一面，会关注孩子、环境、贫困等方面问题，这次彭丽媛探望了一些学校和孩子。

金灿荣还强调，中国“第一夫人”在国际舞台参与公益事业，既是潮流，更是社会需要，不是跟风，而是世界期待的。如果“第一夫人”能多参与公益事业，通过其影响力，就能推动社会关注。

国内外媒体普遍认为，彭丽媛此次随行出访提升了中国的软实力。胡传荣研究员表示，“软实力”主要指一国对其他国家的吸引力和感染力，是一种能抓住民心的力量。彭丽媛的着装和赠送的国礼，能让人更多看到中国的悠久文化，也让人希望去了解中国文化和传统，促进了中国文化的对外传播。

北京外国语大学教授李永成也认为，彭丽媛首次随行出访取得很大成功，特别是传递了民族自信，树立了中国在东道主国民心目中的良好形象，为推动中华文化走出去、提升国家文化软实力锦上添花。

此次出访一些非常具有亲和力的细节也引人关注，彭丽媛挽着习近平主席的手臂走下飞机的一幕给人留下深刻印象。外交学院外交礼仪专家周加李认为，这个举动呈现出一种亲和力、人性化和真实性，无形中有这样的动作，会让人觉得亲切，拉近国家元首与民众距离。

资料来源　邓琦. 彭丽媛形象引发赞誉 向世界展示中国民族风［N］. 新京报，2013-03-30.

9.1　国际公共关系概述

9.1.1　国际公共关系背景（全球化）

1）全球化状况

全球化就在我们身边。对于全球化状况，从微观角度来说，当今世界一流的企业多是跨国公司，其营业额的一半甚至更高的比例来自国外市场。美国的经济发展多依赖于其一些名列前茅的知名企业的支撑，这些知名企业的发展离不开与世界上其他国家的合作。

2）经济全球化

经济全球化指经济活动超越国界，通过对外贸易、资本流动、技术转移、提供服务、相互依存、相互联系而形成的全球范围的有机整体，即物质生产要素、产品甚至劳动力在全球范围内自由配置、自由流通。经济的交融自然会带动各国政治、文化等的接触。

3）全球化的表现

（1）传统的国际性分工向世界性分工转变。

（2）世界多边贸易体制逐渐形成。

（3）各国金融日益融合。

（4）投资活动遍及全球。

（5）跨国公司的作用日益显著。

（6）经济带动文化、人才等的全球化。

9.1.2　国际公共关系概述

国际公共关系指一个国家或国家的组织对其国外公众进行的形象管理活动，其区别于一般公共关系是因为存在国籍差异，但两者的目标是一致的，都是管理组织形象。

国际公共关系可分成三类：第一类是政府的国际公共关系。它是指一个国家的政府运用传播手段协调其与特定国际公众关系的活动。第二类是企业的国际公共关系。它是指在全球化背景下，国内企业运用传播手段协调其与特定国际公众的关系，在国际上进行的企业形象策划和产品形象树立活动。第三类是国际组织的国际公共关系。国际组织是具有国际性行为特征的组织，可以解决国与国之间的各项事务，它是由三个或三个以上国家（或其他国际法主体）为实现共同的政治经济目的，依据其缔结的条约或其他正式法律文件建立的有一定规章制度的常设机构。国际组织也需要借助公共关系活动扩大其影响力。

9.1.3 国际公共关系的特点

国际公共关系与一般公共关系在基本原理、目标等方面一致，但两者的差异性还是很大的，表现在以下方面：

1）对象不同

两者最主要的区别在于公关对象不同。国际公共关系的对象是国外公众，可以是外国的企业、顾客、中间商、金融机构、新闻媒体等。

2）文化背景不同

由于地区环境的差异，各地人们的生活方式、思维方式、宗教信仰、审美情趣等存在很大差异，也会使得人们的衣食住行、风俗习惯、教育程度、语言文字、价值观不同。

3）跨度不同

首先是环境的跨度，其次是语言跨度，最后是技能跨度。

国际公共关系的三个特点中，最根本的是文化背景的差异，它是导致一切差异的根源。

职业观念9-1

2020年刚开局，在中国市场一直顺风顺水的特斯拉，因为“减配”事件陷入舆论漩涡。

3月初，有中国车主发现，特斯拉国产Model 3所配置的FSD Computer（完全自动驾驶电脑）为Hardwar 2.5版，并非环保信息随车清单上的3.0版，不少车主认为特斯拉产品与宣传不一致，涉嫌欺诈。减配事件曝光后，特斯拉给出的说法是，基于供应链的状况，一部分中国制造Model 3安装的是Hardware 2.5版本，随着产能和供应链的恢复，公司将会为所有2.5版本的车主更新至3.0版本。

不过，部分特斯拉车主发现，去年购买的进口Model 3同样存在减配情况。

工信部装备工业一司针对此事约谈了特斯拉（上海）有限公司，并责令其按照《道路机动车辆生产企业及产品准入管理办法》有关规定立即整改，切实履行企业主体责任，确保生产一致性和产品质量安全。

汽车分析师任万付向记者表示，减配事件会造成一段时间内的信任危机，对销量也会产生一定的负面影响，特斯拉需要认真对待。他认为，随着中国经济和汽车保有量的提升，以及中国法治的逐步完善，消费者的法律意识和维权意识也大幅提升。

资料来源 陆一夫. 特斯拉首批国产Model 3“减配门”始末［N］. 新京报，2020-03-11.

9.1.4 国际公共关系对我国的意义

经济全球化、全球一体化是当今世界的发展趋势，世界逐渐成为一个整体，人们沟通交流已不再局限于国内，而是走向世界。改革开放以来，对外开放并逐步扩大开放已经成为我国的基本国策。政府部门、国内企业等都需要与国外公众进行交流与沟通，这就要求发展国际公共关系，需要运用国际公关手段向国外的公共舆论和市场传播自己的信息，树立自己的形象。

我国近些年的外交和经济的成就离不开国际公关。国际公共关系对我国的对外贸易、国家形象管理等方面有巨大的意义，具体表现在：国际公共关系有助于促进国际贸易交流；有助于推动民间科技、文化的传播；有助于增进相互了解；有助于掌握信息；有利于吸引投资。跨国活动的本质在于交流，决策的重要依据之一是形象。国际公共关系在交流沟通、管理形象方面均发挥着重要的作用。新冠肺炎疫情的暴发是一场具有时代影响的重大事件，而中国在克服疫情方面的成功表现，中国与日韩意等国家的相互驰援经历，也在改进各国民众的“中国观”，推动各国对“人类命运共同体”理念的理解。

国际公共关系对我国企业走向国际市场也有着巨大的意义。企业从事市场经营，不仅需要营销上所谓的“4P”，而且离不开形象的支持，即公共关系活动。企业在国际市场同样需要面对顾客、员工、政府、媒体、社区等复杂的关系网络，应当争取各类别公众的支持，这是企业国际公共关系的目标。

职业观念 9-2

近年来，非洲国家积极响应中国“一带一路”倡议，一个个项目在非洲落地，技术经济和文化交流次第展开。真诚友好、平等互利、团结合作、共同发展是中非交往与合作的原则，也是中非关系长盛不衰的动力。

我国已经成功举办了1990年的第11届亚洲运动会、2008年的第29届夏季奥林匹克运动会、2010年的上海世博会，2014—2020年连续举办七届世界互联网大会，这些国际性活动之所以能够获得广泛的支持，离不开我国在国际上形象的提升。

9.2 国际公共关系工作

9.2.1 国际公共关系工作的内容

国际公共关系工作的主要内容是通过与广大国外公众的沟通来管理国际公共关系

主体的形象，将国际公共关系主体成功推广出去。具体来说，国际公共关系的主要工作包括以下几项内容。

1）收集信息

因为国际公共关系活动与国内公共关系活动存在环境的差异，甚至在不同的国家其公共关系活动的背景都是不同的，所以对于国际公共关系工作来说，收集信息就显得异常重要。一方面，收集信息可以了解对方；另一方面，只有在收集信息的基础上才能准确地传播信息。一般来说，收集的是政治、经济、社会文化、技术、法律、自然环境等方面的背景信息。除此之外，公众信息、市场信息、竞争信息等也是必不可少的。收集组织自身信息也是国际公共关系人员的日常工作。

2）传播信息

国家想要在国外树立起自己的形象，就必须将自己国家的政治、经济、文化等信息传播给受众；企业想要在国外立足，也必须将企业的文化、理念等传播给国外政府或者国外消费者。传播信息是公共关系的基础，传播信息也是信息选择、甄别的过程。选择有利于主体形象的信息内容进行组合、传播，以达到树立和管理主体形象的目标。

3）情感交往

除了国际公共关系的信息工作之外，还需要国际公关人员掌握与公众进行情感交往的公关技巧。公关人员需要本着热心服务、以诚相待的态度与公众进行互动沟通。通过与公众建立和维护良好的情感关系，使公众更好地接受主体信息。这类似在谈判中利用感情牌轻巧获胜。

9.2.2　国际公共关系工作的原则

由于进行国际公共关系活动是与国外公众进行交流，受制于巨大的文化差异，所以在开展国际公共关系活动时需要遵循以下原则：

1）针对性原则

由于国际公共关系的公众是国外人士，对象与国内一般的公共关系活动完全不同，可能会有独属于他们的思维方式、价值观念、语言习惯，所以如果想要与公众顺利地完成国际公关活动，就必须了解他们的思维方式、价值观念甚至是他们习惯接触的传播媒体。在了解的基础上制订传播信息的具体方案，这样才能达到最好的传播效果。

2）互相尊重原则

这里的相互尊重主要是指公共关系主体之间、公共关系主体与公共关系客体之间相互尊重。事实上，无论是国内的一般公关关系还是国际公关关系，都需要彼此尊重。这就要求在追求自身利益的同时，也要尊重国外公众的政治观点、风俗习惯、宗教信仰等。

3）平等对待原则

与相互尊重一样，平等对待是国际交往中需要遵守的最基本的原则。虽然会存在经济发展状况、文化水平程度不同的现象，但国际公关人员要能够在交流的过程中平等对待一切国外公众，一视同仁，这是最基本的礼仪要求。

4）互惠互利原则

在开展国际公共关系活动时，需要在照顾自己利益的同时考虑对方利益。公共关系本质上就是充分考虑对方利益。所以，在进行国际公共关系活动时需要双方努力达成互相都满意的方案，力争双方利益互补，共同发展。

5）实事求是原则

进行国际公共关系活动需要讲究职业道德，讲究实事求是，以事实为理论依据开展公共关系活动，这也是艾维·李的“说真话”原则在国际市场的运用。

9.2.3 国际公共关系的工作方式

国际公共关系的工作更多的是信息传播活动，其包括以下几个信息传播的渠道。

1）大众传播媒介

大众传播媒介的传播能力在国际公共关系活动中相当强，这是受众日常生活中经常接触的传播媒介，比如说我国对外的大众媒介有《人民日报》(海外版)、中央广播电视总台等。除了本国的一些传播媒介以外，如果能将国外的传播媒介运用得当，传播效果会更佳。随着网络的发展，网络媒介传播打破了地理区域的各种界限，加上其成本低、传播速度快，因此备受国际公关人员的喜爱。

2）国际组织

国际组织包括全球性和区域性的国际组织，这些国际组织掌握其成员的所有资料信息，各公关机构可以通过这些国际组织获取相关资料，并且可以将自己的相关信息存储于国际组织，方便其他成员浏览与了解，以达到信息传播的效果。

3）民间渠道与政府渠道

民间渠道是国际公共关系信息传播的重要途径，主要有商会、协会等，以前我国引进国外的资金或者技术设备，许多都是通过民间人士或组织牵线达成的。政府，尤其是对外经济管理部门，带有权威性的同时还掌握着大量的信息，这对社会组织尤其是工商企业的对外交流颇有作用。我国常见的政府渠道主要有驻外使领馆、新华社驻外分社等，如果能与相关政府部门搞好关系，对国际公关人员来说就减少了不少信息收集工作。

4）华人社团

我国在海外有8 000万到1亿的华裔。华裔，尤其是华人华侨，作为我国与世界各国发展政治、经济、文化关系的桥梁，扩大了我国的对外影响，促进了中外和平友好事业的发展。许多国家的华人组织机构发挥了民间外交的独特优势，其主动与当地政府沟通、联系，增进了华人与当地其他民族的了解互信，一些华人政治家的活动也极大地推动了中国与世界各国的联系和交往。

5）其他渠道

进行国际公共关系活动还有很多其他渠道，比如利用国际公关广告媒介、影视媒介等。相对来说，影视媒介的成本更低，可以在制作影视作品之前了解公众的兴趣所在，投其所好，将国家形象或者企业形象的宣传植入影视作品之中，并且将影视作品配上多国语言，适用于多国宣传。

职业观念 9-3

2015年8月12日23点30分左右，天津滨海新区发生大爆炸，一声巨响让很多人以为是地震，都跑下楼去了。更多的人通过智能手机记录下关键一刻，通过微博、微信上传视频。这些内容瞬间刷爆朋友圈。相比之下，传统媒介的反应却相对滞后，即使最为迅速的几家媒体也是8月13日凌晨才介入报道，信息来源及资料素材多来自网络中的微博和微信。通过这件事情可以看出，当代网络媒体与传统媒体在信息传播方面存在巨大差异。在传播速度和敏感性等方面，网络媒体明显占优。因此，在网络媒体上进行公共关系传播是公关工作的新课题。

资料来源　编者根据相关时事新闻编写。

9.3　国际公共关系的操作技巧

国际公共关系的操作技巧在很大程度上和国内公共关系的操作技巧相类似。但由于各个国家、各个民族之间的风俗习惯、价值观念、社会制度等相差甚远，所以国际公共关系的操作技巧又具有很大的特殊性。本节重点介绍国际公共关系与国内公共关系不同方面的操作技巧。

9.3.1　国际公共关系的调查研究

虽然国际公共关系活动与一般公共关系活动在操作程序和方法上无太大的差别，同样也要经历调查、策划、实施和评估四个阶段，但是这些问题在国际公共关系中具有其特定的内涵。

国际公共关系的调查研究指收集、分析和研究与组织有关的各种国际信息，为制订科学、合理的国际公共关系活动方案提供依据。它侧重于调查研究国际公众和国际社会的情况，帮助组织清醒地认识国际环境的种种变化，以便更有成效地开展国际公共关系活动。国际公共关系调查研究与一般公共关系调查研究的区别在于，国际公共关系活动中的调查研究更复杂、难度更大。国际公共关系调查研究的内容广泛、公众类型复杂、费用开支大，再加上各国不同的政治、经济和文化背景因素的影响，因此国际公共关系调查研究工作的进行需要国际公共关系从业人员的精心组织和周密安排。

1）国际公共关系调查研究的内容

国际公共关系调查研究的内容指与组织有关的各种国际信息。它主要包括：

（1）组织的国际环境，如国际上直接或间接影响组织所有活动的政治、经济和文化因素。

（2）组织面对的国际公众的情况，如他们的需求、利益和态度等，应寻找组织与他国公众双方利益的共同点。

（3）组织自身的状况，如组织的涉外性质、特点和发展方向，组织的国际形象，组织在国际上的知名度、信誉度等。

2）国际公共关系调查研究的步骤

进行国际公共关系调查研究要按照一般公共关系调查研究的步骤来进行。

（1）做好调查前的准备工作，如确定调查目的、设计调查计划、确定调查方式及收集有关资料。

（2）实施具体调查。在初步调查的基础上，制订并实施更详细的调查计划，对调查资料进行整理，撰写专题调查报告。

（3）开展调查后的分析研究。应以去粗取精、去伪存真的原则，从纷繁复杂的信息中提炼出对组织有价值的材料。

3）国际公共关系调查研究的手段

国际公共关系调查研究的手段可以灵活多样，常用的有资料分析法、面谈访问法、现场调查法、问卷调查法等。公共关系人员要学会根据调查研究工作的需要，有侧重或综合地运用各类调查研究方法，以达到最佳调查研究效果。

国际公共关系调查研究工作需要足够的人力、物力、财力。开展国际公共关系调查研究工作不仅需要专业的公共关系人员，还需要对国际领域的问题有专门研究的行家里手，以及翻译、统计员、计算机操作员这样的一般工作人员。只有在国际公共关系调查研究工作所需的人力、物力、财力得到相应满足的条件下，才能确保国际公共关系调查研究工作获得圆满成功。

9.3.2 国际公共关系的策划与实施

国际公共关系的调查研究为国际公共关系项目的开展奠定了基础。那么，如何成功地组织国际公共关系活动呢？首先必须对整个项目进行周密策划。国际公共关系策划指对组织的国际公共关系形象和国际公共关系活动方案进行构思和设计。其实质是为了树立组织在国际公众中的良好形象。科学的策划方案有利于合理地、有计划地安排时间、资金和人力。它直接关系到国际公共关系工作的成败。

1）国际公共关系策划的内容

国际公共关系策划一般包括四个方面的内容。

（1）明确国际公共关系活动的具体目标。任何公共关系活动的目标一定要清晰。目标含糊不清，工作就会无的放矢，并因此浪费人力、物力、财力。一个精彩的公共关系策划源于一个合理、可行、有吸引力的目标设定。

（2）制定传播战略。传播是将组织与国际公众联结起来的中介和纽带。组织要想有效地把信息传递给特定的目标公众，就要有战略上的考虑和安排，制定恰当的传播步骤，选择合适的传播渠道，围绕公共关系活动目标展开各项传播工作。

（3）进行经费预算。组织要按照确定的目标，将完成目标各个环节所需支付的费用一一列出来，编制一个详细的预算方案，做到量力而行，提高资金的使用效率。

（4）做好时间安排。组织要根据战略，列出公共关系活动的时间表，有条不紊、前后衔接、环环相扣地开展各项工作，以求取得最佳活动效果。

2）国际公共关系计划的制订

国际公共关系计划的制订一般要经过准备、草拟、论证和审定四个步骤。

（1）前期准备工作。其主要是搞好调查研究，掌握国际公众的详细资料，并准备必要的物质条件。

（2）草拟书面报告。将酝酿中的计划见诸文字，包括背景概述、目标体系、传播渠道、费用预算、时间安排、人力分配等。

（3）计划论证。这主要是对计划的可行性进行论证。

（4）计划审定。计划要经过组织或客户高层管理人员的审核和批准，以确保公共关系计划目标与组织或客户的总体目标一致。

3）国际公共关系计划的实施

要在周密策划的基础上实施国际公共关系计划。国际公共关系计划的实施是把计划中的目标内容变成现实的过程。它需要着重抓好三个环节。

（1）正确选择公众对象和传播媒介，对计划进行必要的补充和调整。采取一定的保证措施，以便及时排除计划实施中的障碍。

（2）精心设计和制作国际公共关系信息。要根据国际公众的特点，提供符合他们国情和习惯的信息，以便于他们理解和接受。

（3）国际公共关系计划在实施时常会有与实际脱节的情况发生，这就要求公关人员能立即分析产生问题的原因，采取措施，清除障碍，以保证计划的顺利实施。

9.3.3　国际公共关系活动中的礼宾、礼仪、礼节

1）国际公共关系活动中礼宾、礼仪、礼节的含义

国际公共关系中的礼宾、礼仪、礼节指不同国家、民族之间开展国际公共关系活动的一种行为规范。人们相互往来要讲究礼节，注意礼貌，遵循一定的礼仪规范，使国际公关事务更有秩序、和谐地进行。礼仪具体表现为礼节、仪表、仪式等。礼貌指人们在相互交往过程中表示敬重友好的行为规范。礼节指人们在社会交往过程中表示致意、问候、祝愿、慰问等惯用形式。仪表指人的外表，如容貌、服饰、姿势等。仪式指一定场合举行的专门化、规范化的活动。礼仪体现在人的口头语言、书面语言、形体语言、表情语言、服饰语言等诸多方面，作用于人们的感官。礼仪的含义是精神的、意识的。它反映不同的意识形态，并随着生产力的发展而发展，随着经济基础的变化而变化，不断由低级向高级发展。

2）国际公共关系活动中礼宾、礼仪、礼节的原则

礼宾、礼仪、礼节作为国际交往中的行为准则与润滑剂，涉及国际公关活动的各个方面。人们在长期的国际公关活动实践中总结出八项原则。

（1）礼仪的系统整体原则。礼仪作为一种文化现象，是风俗、习惯、禁忌的综合体现，同时与社会制度、社会体制、人民文化素质以及社会物质文明、精神文明的程度等都有关系。此外，它还必须符合特定历史条件下道德规范和传统的文化习惯。礼仪是一个完整的体系，在开展国际公关活动中不能忽视它的整体性。要注意全面地采集信息，对每个来宾都应根据其性别、年龄、国籍、民族、宗教、职业等来进行礼仪接待。涉外公关人员在交流中必须注意每一个环节，因为搞错一个环节都可能导致“100-1=0”的后果。

（2）外事礼宾序列的原则。外事礼宾序列的原则指在多边外事活动中，根据礼宾列出的排名顺序规范。这一原则要充分体现各国“主权平等”“相互尊重”的精神。在开展国际公共关系活动中，谁先谁后都要符合礼仪规范，每个涉外公关人员均要掌握《维也纳外交关系公约》中的规定，既按照基本准则，又结合当时当地的实际情况，恰当地加以运用。

（3）女士优先的原则。女士优先是国际礼仪中的重要原则。女士优先原则的核心是要求男士在任何场合、任何情况下，都要在行动上从各个方面尊重女性、帮助女性、保护女性。

女士优先是西方体现教养的重要标志。为女士开门、让座、引路，行走时让出安全的一边等，都能够显示绅士风度。

（4）文化差异性的原则。由于历史、文化、政治、经济的不同，各个国家、民族在交往中会有许多差异。主要的差异有：价值观念不同，行为准则不同，崇拜方式不同，招待方式不同，民族心态、习俗不同，审美情趣与标准不同等。从事国际公共关系工作的人员必须有充分的心理和技术的准备，因人施礼，这样才能达到预期的目的。

（5）公平对等的原则。对外交往中，不论国家大小强弱，主权一律平等。应该遵照公平对等的原则，充分尊重对方。如果有亲有疏，表现出傲慢、冷漠或曲意逢迎，都会被视为失礼。

从事国际公共关系工作人员的态度应该公平大方、不卑不亢、主动友好、热情有礼。

（6）遵时守约的原则。中国传统文化提倡人际交往中要以信义为本，崇尚“一诺千金”。现代社会生活节奏加快，在国际公关活动中遵时守约尤为重要。无论什么理由，不遵时守约都是不礼貌的。失约后，理由再正当也应该道歉。

（7）尊重民族风俗的原则。“十里不同风，百里不同俗。”“进门见礼，出门问忌。”这些民谚都说明了尊重民族风俗的重要性。在国际公关活动中，如果不了解民族风俗和礼仪禁忌，就会造成令人啼笑皆非、无知失礼的结果。

（8）和谐适度的原则。陌生人初次见面，适宜的礼仪能表现教养、气质和人格魅

力。但若不分场合、亲疏，乱用礼仪，又反过来会表现出不懂教养，令人难以相处，甚至弄巧成拙。因此，礼仪一定要因人、因事、因时、因地而异。

职业观念9-4

不卑不亢的中国外交部长

20世纪50年代，美国对中国实行禁运、封锁，两国关系紧张，双方唯一保持对话和接触的渠道就是在华沙举行的中美大使级会谈。起初会谈的气氛很紧张，每次双方一见面，便问："今天谁先发言？"于是双方先后依据各自的讲稿阐述一番自己的立场。讲完后便问："下次会谈什么时间？"然后各走各路。

1963年12月，外交部长陈毅应邀参加肯尼亚的独立大典。在一次肯尼亚举行的国家舞会上，中国代表团和美国代表团的位置刚好排在一起。在中美关系长期僵持时期，这无疑是个极其微妙的场面。陈毅既没主动凑过去套近乎，也没有生气地掉头而去，而是坐下慢慢喝起了咖啡。

美国代表团有3个人坐在旁边，分别是部长夫妇和美国劳联副主席。那位部长夫人首先搭话："你们是中国代表团吗？""是的。""我是否可以与你们谈谈天气呢？""可以谈。怎么不能谈？"双方就开始聊了起来。那位部长一看夫人已开了头，便也凑过来，要与陈毅部长干杯，但又故作姿态地说："过去米高扬访问美国，到我家做客，与我夫人谈了天气。我为此受到了腊斯克的责备，希望我们这次干杯不要引起麻烦。"

听了此话，陈毅不是破口大骂、猛烈抨击，而是不软不硬地回了句："你怕麻烦，可以不要跟我干杯，就不会有什么麻烦了。"那位部长又匆匆地说："我提议，为中美两国有一天能够改善关系干杯！"

陈毅端起酒杯彬彬有礼地说："我希望，我相信，中美两国的关系总有一天能够前进一步的，但条件是美国国务院要取消对中国的敌视侵略政策，只有这样才可能！"

资料来源　金正昆．交际礼仪［M］．北京：中国人民大学出版社，2015.

交往活动越个性化，其交往态度越情感化。在个人与个人的交往过程中，交往者的态度主要取决于他本人对对方的认识与情感。而在组织与组织的来往中，公共关系人员的交往态度主要取决于他所代表的组织与对方组织之间的友好关系和利益关系。

3）国际公共关系活动中的日常礼仪、礼节

国际公共关系活动中的日常礼仪、礼节主要表现在五个方面。

（1）介绍与交流。介绍是进行国际公关活动中不可缺少的过程和途径，是人与人相互认识的桥梁，也是交流的第一步。通过介绍可以了解他人，展示自己。介绍通常有三种方式：自我介绍、他人介绍和介绍他人。

① 自我介绍。国际公关中常常需要自我介绍。例如，去拜会未曾见过的人或在宴会上和不认识的人坐在一起，都需要自我介绍。自我介绍时，应该主动将自己的姓名、身份、工作单位、国籍告诉对方，表示愿意结识对方，并准备交谈，还可以同时

递上自己的名片。自我介绍时，表情、态度、姿势要自然大方，要有自信，善于用眼神、微笑和自然亲切的面部表情与对方交流。这样既体现了自身的魅力，又能增强对方的信任感。

② 他人介绍。这是指由别人将你介绍给他人。介绍人们互相认识时所使用的语言，以简洁、清楚、有礼貌为好。当你被介绍给他人后，通常要做的是面露笑容，并说一声“您好”。在需要表示庄严郑重或特别客气时，还可略鞠一躬。例如，见到某人特别高兴，就可以说：“见到你很高兴。”

③ 介绍他人。为他人进行介绍时，一定要注意双方是否有认识的愿望，有没有不愉快的交往背景，不要贸然行事。另外，介绍次序也是重要的社交礼仪，应该把客人中年轻的人士和身份低的人介绍给年长的人士和身份高的人。

有政治、经济、文化、商务等使命的涉外场合，把中方人员介绍给外方人员时，介绍人由接待人员或中方人员身份最高者充任。如果双方需介绍的人都比较多，那么在介绍各自人员时，应不考虑年龄大小而以职位高低为顺序，首先介绍职位高者。介绍相识后，通常应有的礼仪反应是握手、微笑、点头、致问候。除此以外，常见的礼节还有拥抱、鞠躬、作揖、抱拳等。由于各个民族的习俗迥异，所以在交往中应尊重对方的礼仪习惯。拥抱常见于欧美人士。日本人喜欢鞠躬，见面时行鞠躬礼。佛教国家多用合十礼。作揖也称拱手礼，常用于华人世界。

握手是国际上通用的见面礼仪。握手时，应该面向对方，以右手轻重适度地握对方的手。男女握手，一般由女子先伸手。如果女子不愿握手，可以微微欠身问好。双方年龄差别明显时，则由年长者先伸手。男子握手，应摘去手套；女子握手，不必脱手套，也不必站起。客人多时，握手不要与他人交叉，要让别人握完后再握。握手时，不可目光转向他处或与第三者谈话。

介绍后的交谈中有许多礼仪的内容。在涉外场合谈话时，一般不应涉及疾病、死亡、挫折等不愉快的事情，也不宜直接询问对方的家庭财产、个人收入、衣饰价格、女士的年龄和婚姻状况、个人习惯等问题。属于对方不愿触及的问题，应该回避。一般谈话中不应批评长者或身份高的人。要注意尊重不同的宗教习俗。

交谈时，只顾自己侃侃而谈，滔滔不绝，容易引起他人反感。所以，交谈时应该相互交流，面向对方，注意倾听，不要轻易打断别人的发言，也不要左顾右盼，目视他处，显出心不在焉的失礼状态。谈话现场超过三人时，应该适当照顾所有在场的人员，不要只同其中一两个人攀谈，而冷落了他人。

要注意提高自己的谈话技巧，既能善开话题，又能善叙内容。这取决于谈话者各方面的水平。因此，只有不断学习提高，加强知识修养，提高文化素质，才能谈吐不俗，言之有物，语言生动有趣，获得最佳效果。

（2）称呼与姓名。在开展国际公关活动中，礼貌的称呼十分重要。每个国家都非常重视这个问题。

在涉外交流中，一般对男子称先生，对女子称夫人、女士、小姐。已婚女子称夫人，未婚女子统称小姐。对不了解情况的女子可称小姐，对戴结婚戒指、年纪稍大的女子可称夫人。这些称呼均可冠以姓名、职称、衔称等。

对地位高的官方人士，例如主席、总统、总理、部长、大使等均称阁下，对女部长、女大使等也称阁下。但是，美国、墨西哥、德国等国没有称阁下的习惯，因此在这些国家可以称先生。对有地位的女士可称夫人，对有高级官衔的妇女也可称阁下。

君主制国家按习惯称国王、皇后为陛下，称王子、公主、亲王等为殿下。对有公、侯、伯、子等爵位的人士可称爵位，也可称阁下，一般也称先生。

对于有学衔、军衔、技术职称的人士，可以称呼他们的头衔，例如教授、博士、将军等。对于参议员、律师、医生等，也可以在姓名后冠以职务，如“格林医生”“福特律师”等。

在开展国际公关活动中，记住对方的姓名是一个起码的要求，通常可以借助交换名片记住姓名。为此，要将名片整理、保存好，以便查阅。掌握姓名的规律也有助于记忆。

一般西方人名在前，姓在后。而日本人、朝鲜人、越南人则与中国人相同，即姓在前，名在后。日本人的姓有复姓，即两个字，也有三个字的姓。在正式场合应把姓与名分开写。

有些国家的人的姓名很长，分三节或四节。英美人士的姓名中第一节是本人的正式名字（教名），最后一节为姓，中间一节是母亲的姓或家庭关系亲密者的名字，有的是尊敬的好友或名人的名字。对于多节的姓名，主要记住第一节的名和最后一节的姓。

（3）言行与举止。国际公关活动中的言行举止反映一个人的内在素质和修养。它给人的第一印象往往成为相互间进一步了解和交往的重要依据。

从事国际公关活动的工作人员应当稳重自如、彬彬有礼、不卑不亢、落落大方、风度翩翩。举止轻浮、狂妄自大会被人讥笑为浅薄无知。不修边幅、懒懒散散、卑躬屈膝、唯唯诺诺也会受到对方的鄙视。

在国际交往中，见面要打招呼，早晚相见时要互致问候，为他人送行时要说“一路平安”“一路顺风”等表示祝愿的话。在日常交往中，应该多用礼貌用语，例如“请”“麻烦您”“劳驾”“谢谢”“对不起”“请原谅”等。别人道歉后可说“没关系”“不要紧”。在相互交谈时，声音的大小以对方听得清楚为宜。不要放开嗓门大声喧哗，也不要高谈阔论、旁若无人。说话时，手势不宜太多，不要手舞足蹈。与谈话人的距离要适当，目光要注视讲话人，不要手中玩弄物件、伸懒腰、看手表、心不在焉。

俗话说“站有站相，坐有坐相”。站立时，应全身站直，精神饱满，不要歪着身子或倚靠在墙上。正式场合不宜将手插进口袋或交叉在胸前。坐下时，上身坐正，腿不摇抖，不跷二郎腿。在餐桌、会议桌旁，膝盖不要顶桌子，更不要将膝盖抬得高于桌子。女士坐下时应注意先把裙子抚平，坐下时双腿并拢。

走路时上身要正直，脚步要轻，不要晃来晃去。遇急事时可以加快步伐，但不要慌张奔跑。不要在别人交谈时从中间穿越而过。在剧场或者电影院里，如果必须从别人的座位前穿过时，必须说声“对不起”，侧身而过。

在国际公关活动中，个人的言行举止更能体现一个人文化素质的高低。在社交场合乱扔果皮纸屑、随地吐痰、打喷嚏、用手指抠鼻孔、掏耳朵、剔牙等都是极不礼貌的。个人应该养成良好的卫生习惯，注意自备卫生纸或手绢，以应不时之需。如果未带卫生纸等物品，可去洗手间。一般人参加对外活动，也应该注意活动前不要吃葱、蒜、韭菜。如吃了葱、蒜等而临时有活动，可嚼茶叶去味或使用“口洁素”。

吸烟对身体有害并污染环境。很多地方都张贴了“No Smoking”的标志，对此应该自觉遵守。现在一般的交际场合，均不应拿香烟招待客人。即使自备香烟要吸，也应该先征得主人或周围人的同意，或自觉去指定的吸烟地点。吸烟后，一定要熄灭烟头，将其放进烟灰缸或垃圾筒。

（4）仪表与着装。人的仪表与着装是人体的伴随语言，在国际公关中起着重要的作用。因为第一印象一般基于着装、仪容、体态等外在表现，而这些外在表现又总是跟人的内在气质和个人风度紧密联系成一个整体，从而产生礼仪功能。一个人的容貌、身体、服饰可能存在一些缺陷，但是如果他气质优雅、风度不凡，就会在国际公关中产生较强的吸引力，给人以愉悦感、尊敬感；即使一个人天生漂亮，但言行举止粗俗浅薄，也会给人以厌恶感、鄙弃感，会导致国际公关的失败。着装穿戴是一门艺术。它一方面满足人们的生理与心理需要，另一方面反映了人的文化修养水平。在国际公关活动中，服饰还应符合国际礼仪的要求，符合本人的身份；否则，就会有失体面，显得愚昧无知。

衬衣下摆应束在裤子里面，领子、袖口应露在西服外边1厘米。男西服如果是双排扣，要将扣子一一扣上，单排扣的西装，若有两个扣子，只扣上边一个，三个扣子的扣中间一个。穿西装时，不可将手插在西装的上衣口袋里。

女士的服装比男士更加丰富多彩，新颖别致。因此，可借助服饰显示自己美好的体态，同时也可以表现自己的修养和风格。女士在服饰方面比男士更为讲究，除了衣服外，还要从头到脚进行协调搭配，包括帽子、披肩、手提包、皮鞋、袜子等。

在国际公关场合，女士一般可穿旗袍、连衣裙或裙套装。夏季可穿短袖衫配长裙或过膝裙。在国际公关正式场合，一般要穿裙子，而且这种裙子至少要长过膝盖。穿长裤被认为是过于随便，超短裙、紧身裤、短裤、牛仔裤均不应在社交场合穿着。女士穿旗袍时，旗袍的开叉不要开得太高，一般在膝盖以上1~2寸为宜。穿着的内衣不要露在外衣外面，穿裙子应该穿高筒袜或连裤袜，袜口不可露在裙外。

从事国际公共关系活动的人员只要能衣着得体，仪态庄重，面容亲切、和善，谈吐从容、潇洒，举止高雅、沉着，就会给对方留下美好的印象，从而为国际公关的顺利展开奠定基础。

（5）风俗与禁忌。在开展国际公关活动中，公关人员不仅应做到尊重国际公众、礼貌待人，而且应了解国外的种种禁忌，避免不礼貌情况的发生，这是非常重要的礼仪内容。

① 数字的忌讳。西方人认为13是不吉利的，应当尽量避开，甚至每个月的13日，有些人也会感到忐忑不安。有的外国人还认为星期五是不吉利的，尤其是逢13日又是星期五时，最好不举办任何活动。在日常生活中的编号，如门牌、旅馆、房号、屋号、宴会桌次编号、汽车编号等也尽量避开13这个数字。有些人会因此闭门不出，唯恐发生不吉利的事情。“4”在中文和日文中的发音与“死”是相似的，所以在日本与朝鲜等国家将它视为不吉利的数字。因此，这些国家的医院里没有4号病床和病房。在日语中，“九”发音与“苦”相近似，因而也属忌讳之列。

② 食品的忌讳。伊斯兰国家和地区的居民不吃猪肉和无鳞鱼；日本人一般不吃羊肉；东欧一些国家的人不爱吃海味，忌吃各种动物的内脏；叙利亚、埃及、伊拉克、黎巴嫩、约旦、也门、苏丹等国的人除忌食猪肉外，还不吃海味及各种动物内脏（肝脏除外）；在阿拉伯国家做客不能要酒喝。

③ 颜色的忌讳。日本人认为绿色是不吉利的象征，所以忌用绿色；巴西人以棕黄色为凶丧之色；欧美许多国家以黑色为丧礼的颜色，表示对死者的深切哀悼；叙利亚人将黄色视为死亡之色；巴基斯坦忌黄色，因为那是僧侣的专用服色；委内瑞拉用黄色作医务的标志；蓝色在埃及人眼里是恶魔的象征；比利时人最忌蓝色，如遇有不吉利的事，都穿蓝色衣服；土耳其人认为花色是凶兆，因此在布置房间、客厅时，绝对禁用花色，好用素色。

④ 花卉的忌讳。德国人认为郁金香是没有感情的花；日本人认为荷花是不吉祥之物，意味着祭奠；菊花在意大利和南美洲各国被认为是“妖花”，只能用于墓地和灵前；在法国，黄色的花被认为是不忠诚的表示；绛紫色的花在巴西一般用于葬礼。在国际场合，忌用菊花、杜鹃花、石竹花、黄色的花献给客人已成为惯例；在欧美，我们被邀请到朋友家去做客，献花给夫人是件愉快的事，但在阿拉伯国家则是违反礼仪的。

⑤ 其他忌讳。在使用筷子进食的国家，不可将筷子垂直插在饭中。在日本，不能穿白色鞋子进房间，这会被认为是不吉利之举。在佛教国家，不能随便摸小孩的头顶，尤其在泰国，因为他们认为人的头是神圣不可侵犯的，头部被人触摸是一种极大的侮辱；住宅门口上禁止悬挂衣服，特别是内衣内裤；脚被认为是低下的，忌用脚示意东西给人看或把脚伸到别人眼前，更不能把东西踢给别人，这些均是失礼的行为。在欧洲国家，新娘在婚礼前是不试穿结婚礼服的，因为害怕幸福的婚姻破裂。还有些西方人将打破镜子视为运气变坏的预兆。另外，西方人不会随便用手折断柳枝，他们认为这是要承受失恋的痛苦的。在匈牙利，打破玻璃器皿就会被认为是厄运的预兆。中东人不用左手递东西给别人，因为他们认为这是不礼貌的。英美两国人认为在大庭广众下，节哀是知礼；而印度人则相反，丧礼中如不大哭，便有悖于传统礼仪。

4）国际公关活动中常见的礼宾活动

国际公关活动中常见的礼宾活动主要有三种。

（1）国际公关中的宴请礼仪。宴请是国际公关活动中最常见的交际活动形式之一。各个国家和民族往往根据自己的特点与习惯、活动的目的、邀请对象以及经费开支等要素举办不同形式的宴会。

①常见的宴请形式如下：

A.国宴。国宴是最隆重、最正式的宴会，逢国家庆典或欢迎外国元首、政府首脑时举行，由国家元首或政府首脑出面主持。宴会厅内悬挂国旗，乐队奏国歌及席间乐，席间致辞或祝酒。

B.正式宴会。正式宴会除不挂国旗、不奏国歌以及出席者规格不同外，其余安排大体与国宴相同。许多国家对正式宴会十分讲究排场，通常在请柬上注明对客人服饰的要求。

C.便宴，即非正式宴会。它较为随便、亲切，气氛轻松，宜用于日常友好交往。一般分为午宴、晚宴、早餐。通常不排座次，不进行正式讲话，菜肴道数亦可酌减。非官方宴会多为便宴，但官方有时也用这种形式，因而其是国际交往中最常见的一种宴会形式。便宴一般不用发请柬，可进行电话或口头邀请，通常在餐馆举行。

D.家宴，即在家中设宴招待客人。各国人士都有举行家宴的习惯。即使政府官员有时候也在家里设宴招待外国宾客，以示亲切友好。家宴往往由主人下厨烹调，家人共同招待。

E.招待会。招待会指不备正餐、不安排座次的一种较为灵活而简便的宴请方式。其有以下几种形式：

a.冷餐会（自助餐）。这种形式常用于官方正式活动，宴请众多的宾客。这种宴会不排席位，菜肴以冷食为主，也可用热菜，连同餐具陈设在菜桌上，供客人自取。客人可自由活动，可以多次取食。酒水可放在桌上，也可由招待员端送。冷餐会可不设桌椅，站立就餐，也可设桌椅自由入座；可设在室内，也可设在室外，如花园里。冷餐会自由选取食物时，应该注意按顺序自动取食，不要抢先；取食后可找适当的位置坐下慢慢进食，也可站着与人边交谈边进食；所取的食物最好吃完。

西餐宴席上使用的餐具如图9-1所示。

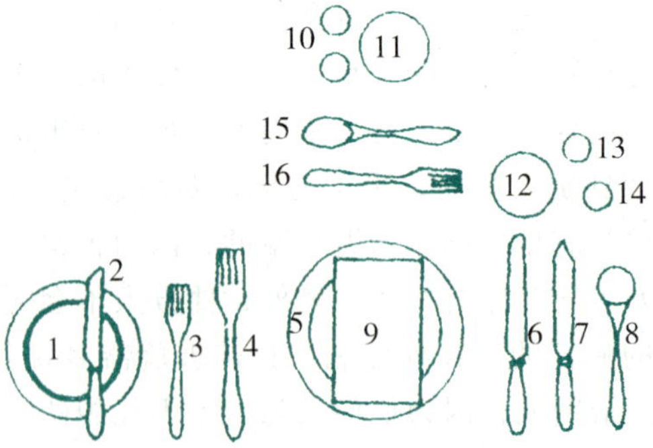

1.面包黄油盘　2.黄油刀　3.鱼叉　4.叉　5.餐盘　6.猪牛排刀
7.鱼刀　8.清汤匙　9.口布　10.盐和胡椒瓶　11.烟灰缸　12.水杯
13.红酒杯　14.白酒杯　15.甜点匙　16.甜点叉

图9-1　西餐宴席上使用的餐具

b.酒会，又称鸡尾酒会。这种招待形式便于广泛接触、交谈。酒会一般不设座椅，仅置小桌（或茶几），以便客人随意走动。酒会以酒水为主，略备小吃。酒会上常用的酒类品种较多，并配有各种果汁，不用或少用烈性酒。酒会举行的时间也较灵活，中午、下午、晚上均可。请柬上往往注明整个活动延续的时间，客人可在任何时候到达和退席，来去自由，不受约束。

c.茶会。这是一种简便的招待形式，即请客人品茶交谈。一般在下午4点左右（也可在上午10点）举行。通常设在客厅，内设茶几、椅子，不排席位；若为贵宾举行的活动，入座时要有意识地将主宾同主人安排到一起，其他人随意就座。茶会对茶叶、茶具的选择比较讲究。一般用陶瓷器皿，不用玻璃杯，也不用热水瓶代替茶壶。外国人一般喝红茶（也可用咖啡），略备点心或地方风味小吃。

d.工作餐。工作餐也是国际公关活动中常用的非正式宴请形式。主宾因日程紧张而利用进餐时间边吃边谈。工作餐可分为工作早餐、工作午餐、工作晚餐。一般只请与工作有关的人员，不请配偶。工作餐往往排席位，为便于谈话，常用长桌。

②有关宴请的组织活动。在开展国际公共关系活动中，由于宴请工作的种类不同、组织工作难易程度不同，所以要进行细致、认真的策划。

第一，确定宴请目的、名义、对象、范围与形式。可以为某个人，也可以为某事件，还可根据需要办一些日常的宴请活动。宴会名义和对象的确定主要依据主客身份对等的原则。宴请范围指请哪方面的人士，请到哪一级别，请多少人，谁来作陪。确定范围的依据包括宴请的性质、主宾身份、国际惯例、与我方关系及政治气候等多重因素。宴请的形式主要视具体情况和当地的习惯而定。一般来说，正式的、规格高的、人数少的宴请，以宴会为宜；人数较多的宴请，以冷餐会或酒会更为合适。

第二，确定宴请的时间、地点。宴请的时间应对主客双方都合适。不要选择对方的重大节假日、有重要活动或有禁忌的日子搞宴请活动。宴请的地点要按活动性质、规模、宴请形式、主人意愿及实际可能而择定。官方正式隆重的活动一般安排在政府、议会大厦或宾馆内。民间宴请可以设在酒店、宾馆，也可以在有独特风味的餐馆内进行。

第三，席位安排。排席位的重要依据是礼宾次序。除此之外，还应考虑客人间的政治关系、语言沟通和专业志趣等因素。

桌次高低以离主桌远近而定，面对主桌左为上。同一桌上，席位高低以离主人座位远近而定。外国习惯男女穿插安排，以女主人为准，主宾在女主人右上方，主宾夫人在男主人右上方。我国习惯按职务排列。如果夫人出席，通常把女方排在一起，译员一般安排在主宾右侧。

无论采取哪种办法，都要事前通知出席人，使之心中有数，现场要有人引导。排座次的宴请应该放置桌次牌和座位卡。

第四，宴请的现场工作。在开展国际公关宴请活动时，宴请前，主人一般在门口迎接客人。如果规格较高，可由少数主要官员陪同主人排列成迎宾线。其位置宜在客人进门存衣以后、进入休息厅之前。相互握手后，由工作人员引进休息厅。主宾到达后，由主人陪同进入休息厅与其他客人见面。如客人尚未到齐，由迎宾线上其他官员代表主人在门口迎接。如果无休息厅，则直接引入宴会厅，但不入座。主人陪同主宾进入宴会厅，全体客人就座，宴会开始。外国人的日常宴请在女主人为第一主人时，往往以她的行动为准。入席时，女主人先坐下，并由女主人招呼客人开始就餐。餐毕，女主人起立，邀请全体女宾与之共同退出宴会厅，男宾尾随其后。主宾告辞，主人送至门口。原迎宾人员按顺序排列，与其他客人握手告别。

（2）国际公关中的礼宾次序。礼宾次序指国际交往中对出席活动的国家、团体、各国人士的位次按某些规则和惯例进行排列的先后次序。礼宾次序往往同一个国家的地位和尊严紧密联系在一起，它体现了东道主对各国宾客所给予的礼遇，在一些国际性的集会上则表示各国主权平等的地位。礼宾次序安排不当或不符合国际惯例，则会引起不必要的争执与交涉，甚至会影响国家关系。所以，在开展国际公共关系活动中，应该充分重视礼宾次序的安排。

在《维也纳外交关系公约》中，对外交代表的位次排列有专门的规定。很多国家对本国各级官员位次的排列也用法律的形式固定下来，明确规定了中央与地方的官方机构、团体和个人参加公共关系活动的位次排列方式。

常见的礼宾次序排列方法有三种。

① 按身份与职务的高低排列。这是礼宾次序排列的主要根据。

② 按字母顺序排列。在多边活动中，按照参加国国名字母的顺序排列礼宾次序。现代国际交往中，以英文字母排列的居多，但在少数情况下，也按其他语种的字母顺序排列。这种排列方法最常见于国际会议、体育比赛等活动。但为了避免一些国家的国名总是居前排列，有时也通过抽签决定席位从哪一个字母排起，从而让各国在应用这一排名原则时有机会排列在前位。

③ 按通知代表团组成的日期先后排列。这是国际交往中经常采用的礼宾次序排列方法之一。做法具体分为以下三种：

第一，东道国对同等身份的外国代表团，按派遣国通知东道国该国代表团组成的日期排列。

第二，按各国代表团抵达活动地点的时间先后排列。

第三，按派遣国决定应邀，派遣代表团参加该活动的答复时间先后排列。

在排列礼宾次序时，还要考虑其他因素，如国家之间的关系，地区所在，活动的性质、内容以及参加活动者的威望、资历等。在具体工作中，应反复考虑研究，设计多种方案，便于选择。

（3）国际公关中的会见和会谈。会见和会谈都是开展国际公关活动的重要方式。通过会见和会谈，能交流信息，洽谈业务，逐步了解，增进友谊，促进公关企业的合作与发展。在国际公关会见和会谈中，公关人员必须重视和做好礼仪工作。

①国际公关会见的礼仪常识。会见在国际上一般有两种情况：其一是接见，指的是身份高的人士会见身份低的人士，或是主人会见客人，又称召见；其二是拜会或拜见，指的是身份低的人士会见身份高的人士，也可称为谒见或觐见。在我国则不进行

细分，统称为会见。接见或拜会后的回访，称为回拜。

从内容来看，会见有礼节性和事务性之分，或者两者兼而有之。礼节性的会见时间相对较短，话题亦广泛；而事务性的会见则时间较长，谈话的内容也较为集中。

会见的礼仪要求主要有以下几个方面：

会见之前，会见双方都应做好准备工作。首先是提出方提出会见要求，必须将要求会见的人的姓名、职务，会见的目的等告知对方。接着是接见方应尽快给予答复。如果遇到特殊情况不能接见，应婉言向对方做好解释工作；如果同意会见，则要约好合适的时间，主动将会见的地点、主方出席人及具体安排等通知对方。做好会见前的沟通工作，是双方礼貌相待的一种体现。

会见时的礼仪包括：会见双方都应遵时守约，尤其作为主方人员应提前到达会见地点，以迎候客人。迎候时，可以站在会见的大楼正门，也可以在会客厅门口等候。当客人到达时，应主动上前行礼表示欢迎，并引导客人入座。因会见是一项对组织具有重要意义的工作，为表示郑重和便于会见时的交谈，一般事先都有一定的座位安排。常见的座位安排如图9-2和图9-3所示。

图9-2　会见座位安排（a）

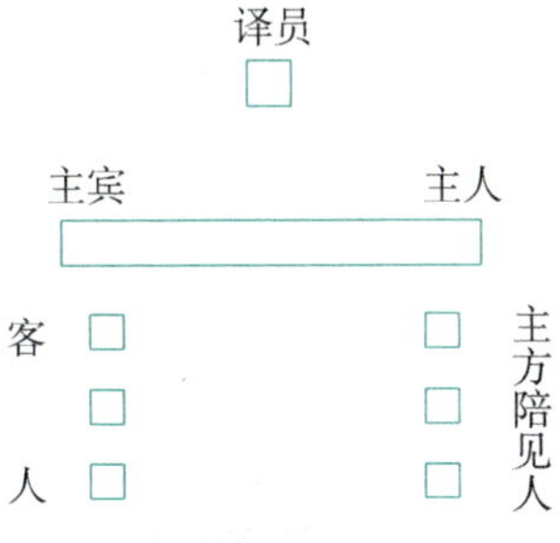

图9-3　会见座位安排（b）

会见场所应安排足够的座位。如果会见人数较多，会见场地也较大，此时最好安装扩音器，主客双方各备一台。

组织领导人之间的会见，除陪见人员、译员、记录员外，其他工作人员安排就绪之后均应退出会场。如果允许记者采访，则应在会见开始前几分钟进行，待会见开始即离开。会见期间，应根据不同的季节以及来访客人的习惯，备有不同的饮品以招待，如准备饮料、茶水。

为表示友好，会见中常准备合影这一项目。合影可安排在会见之前或会见结束之后。摄影时的位置按礼宾顺序排列，一般主人居中，以主人的右手为上，主客双方间隔排列。若人数较多时，可分排排列，第一排为主要的主宾人员。摄影时的排位方法参见图9-4。

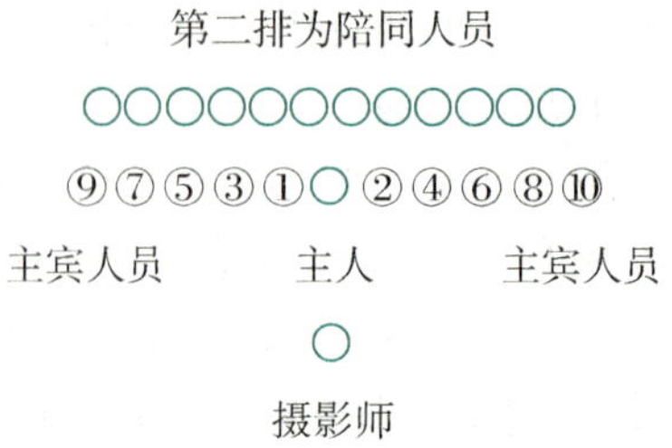

图9-4　摄影时的排位方法

会见结束时，主人应将客人送到车前或门口握手告别，然后目送客人离去。

在一般日常交往中，客人来访后，相隔一段时间应予回访。如果客人是为祝贺节日等来访，则不必回访，应在对方节日时前往拜访，表示祝贺。

②国际公关会谈的礼仪常识。会谈指双方或多方就某些共同关心的问题相互交换意见、交流看法、展露观点的一种会晤。有时，会谈也指公务洽谈或者具体的专业性谈判，其内容比会见更为正式，气氛更为严肃，专业性更强。在具体的礼仪要求上，会谈与会见类似，只是在座位的安排和交谈的方式上有一些不同。

在会谈中，双方一般围桌而坐，通常使用长方形、椭圆形或圆形桌子，宾主相对而坐。座位的排列以门为准，具体如图9-5和图9-6所示，记录员可安排在后排就座，也可安排在会谈桌就座。若多边会谈，座位可摆成圆形桌，按礼宾次序依次就座。

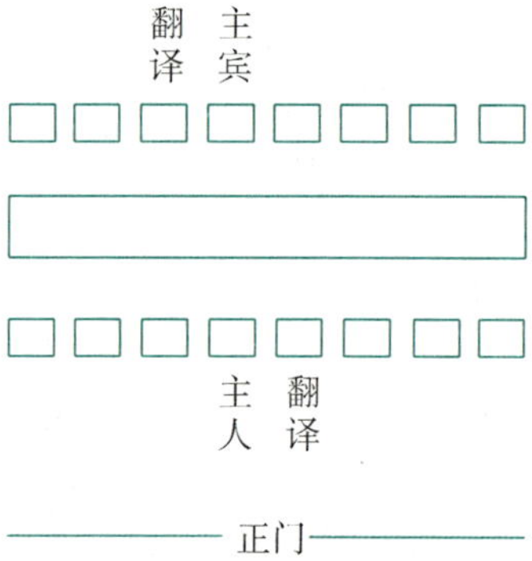

图9-5　会谈的座位安排（a）

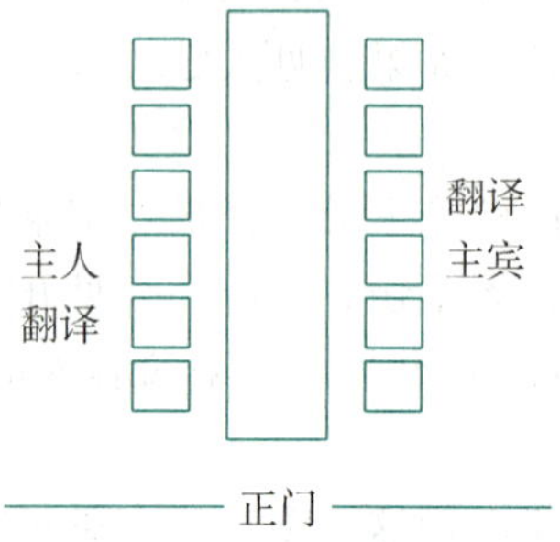

图9-6　会谈的座位安排（b）

在与客人会谈中，谈话时的仪表、语气、话题都显得十分重要。出席谈话的人都是组织的代表，要努力给对方留下一个美好的印象，促使会谈的成功。其间涉及的会谈礼仪包括：第一，注意仪表、仪容。出席会谈的人，衣着要整洁、大方，谈话的表情应自然、诚恳，面带笑容。第二，要注意谈话的内容。因为是涉外活动，尤其要注意使自己的言谈符合我国对外政策，掌握谈话的分寸，内外有别。凡是属于国家机密的内容切勿外泄。第三，谈话的态度要诚恳。谈自己的观点时要谦和。他人发言时要认真聆听，不要随意插话。对原则性问题需要坚持或拒绝时，注意态度上不要激烈，可进行耐心解释或婉拒。交谈中，注意使用礼貌用语，如“请”“谢谢”“对不起”等。

9.3.4 国际公关活动效果的评估

1）国际公关活动效果评估的内容

国际公关活动效果评估的内容很广泛，主要有四个方面。

（1）了解所开展的国际公关活动是否涉及预定的目标公众，是否成功地改变或影响了这些公众的态度、观点、行为，是否对实现组织的总体目标起到了推进作用。

（2）收集各种能说明国际公关活动效果的定量指标。国际公共关系讲求对活动效果的定量分析。

（3）分析各种传播媒介对所开展的国际公关活动的报道情况。要分析其报道是否符合国际公关工作人员原来的设想，其报道有什么负面作用等。

（4）调查所开展的国际公关活动是否完整，国际公关计划是否符合实际，国际公关活动的经费支出是否在预算范围之内，国际公关工作人员从活动中积累了哪些重要的经验等。

2）国际公关活动效果评估的程序

对国际公关活动效果的评估可以分为三个阶段进行。

（1）重温国际公关目标。从目标管理的角度评估国际公关活动最终是否实现了原先设想的目标。

（2）收集与分析资料。国际公关活动效果的评估是在广泛收集各方面反馈信息的基础上进行的。从事国际公关工作的人员可以通过传播媒介的评论和报道、公众来信、专家咨询意见及社会调查来收集反馈信息，从中分析国际公关活动对国际公众的影响。例如，他们在对组织的了解程度和对组织形象的看法上所发生的变化。

（3）提出书面评估报告，交给组织的决策者或客户，为制订下一步国际公关工作计划提供客观依据。

3）国际公共关系活动效果评估的方法

国际公共关系活动效果评估的方法有四种。

（1）民意调查法。通过对国际公众进行民意测验、召开座谈会等方式了解公众态度和行为的变化，并与开展国际公关活动前的情况进行比较，以大致估计工作的成效。

（2）公众反馈分析法。根据国际公众来电、来信、访问、面谈等反馈情况评估工作效果。

（3）新闻媒介分析法。综合分析关于开展国际公关活动新闻报道的角度，媒介的层次、覆盖面，版面的安排及报道的次数、篇幅等。

（4）专家评估法。调查国际组织的各级决策者或客户对开展国际公关活动效果的满意程度。通常，他们对国际公关活动总结报告评价高，则说明国际公关活动的效果好。

本章小结

❀ 国际公共关系是一个双层的概念：首先，它是指国际公关界的交流与合作；其次，它是指跨国的公关实务活动。

❀ 国际公共关系由三大要素构成：（1）国际公关工作的主体——国际社会组织，如大型跨国公司、涉外经济组织等；（2）国际公关工作的客体——国际公众，如国外消费者、国外经销商等；（3）国际公共关系传播。

❀ 国际公共关系的基本原则有三项：（1）遵守国际惯例的原则；（2）具备全球眼光的原则；（3）重视地方特色的原则。

❀ 国际公共关系的调查研究指收集、分析和研究与组织有关的各种国际信息，为制订科学、合理的国际公共关系活动方案提供依据。其主要内容包括：（1）组织的国际社会环境；（2）组织面对的国际公众的情况；（3）组织自身的状况。

❀ 国际公共关系策划指对组织的国际公共关系形象和国际公共关系活动方案进行构思和设计。国际公共关系策划一般包括四个方面的内容：（1）明确国际公共关系活动的具体目标；（2）制定传播战略；（3）进行经费预算；（4）做好时间安排。

❀ 国际公共关系计划的实施是指把计划中的目标内容变成现实的过程。它需要着重抓好三个环节：（1）正确地选择公众对象和传播媒介，对计划进行必要的补充和调整；（2）精心设计和制作国际公共关系信息；（3）公共关系计划在实施时常会有与实际脱节的情况发生，这就要求公关人员能立即采取措施，消除障碍，以保证计划的顺利实施。

❀ 国际公关活动中的礼宾、礼仪、礼节指不同国家、民族之间开展国际公共关系活动的一种行为规范。国际公关活动中的礼宾、礼仪、礼节应遵循的原则主要有：（1）礼仪的系统整体原则；（2）外事礼宾的序列原则；（3）女士优先的原则；（4）文化差异性的原则；（5）公平对等的原则；（6）遵时守约的原则；（7）尊重民族风俗的原则；（8）和谐适度的原则。

❀ 国际公关活动中的日常礼仪、礼节主要表现在五个方面：（1）介绍与交谈；（2）称呼与姓名；（3）言行与举止；（4）仪表与着装；（5）风俗与禁忌。

❀ 国际公关活动中常见的礼宾活动主要有：（1）国际公关中的宴请礼仪；（2）国际公关中的礼宾次序；（3）国际公关中的会见和会谈。

❀ 国际公关活动效果的评估内容有四个方面：（1）了解国际公关活动目标实现

的情况；（2）收集能说明国际公关活动效果的定量指标；（3）分析传播媒介对国际公关活动的报道情况；（4）调查研究国际公关活动的开展情况。

❀ 国际公关活动效果评估的程序可以分为三个步骤：（1）重温国际公关目标；（2）收集与分析资料；（3）提出书面评估报告。

❀ 国际公关活动效果评估的方法有四种：（1）民意调查法；（2）公众反馈分析法；（3）新闻媒介分析法；（4）专家评估法。

主要概念

国际公共关系的调查研究　国际公共关系中的礼宾、礼仪、礼节

综合练习

1.填空题

（1）国际公共关系的基本原则包括：________、________、________。

（2）国际公共关系调研的手段包括：________、________、________、________。

（3）国际公共关系活动中，常见的宴请形式包括：________、________、________。

（4）国际公共关系活动效果评估的方法包括：________、________、________、________。

2.单项选择题

（1）会见在国际上一般有两种情况：其一是接见，其二是（　　）。

A.拜会或拜见　　B.回拜

C.觐见　　D.以上选项都不对

（2）一般情况下，西方人（　　）。

A.名在前、姓在后　　B.姓在前、名在后

C.A、B选项都不对　　D.A、B选项都对

（3）西方人认为（　　）是不吉利的，应尽量避开。

A.14　　B.13　　C.18　　D.4

3.多项选择题

（1）国际公共关系策划的内容包括（　　）。

A.明确国际公共关系活动的具体目标　　B.制定传播战略

C.进行经费预算　　D.做好时间安排

（2）介绍通常可分为（　　）。

A.他人介绍　　B.自我介绍　　C.介绍他人　　D.相互介绍

（3）常见的礼宾次序排列方法有（　　）。

A.按身份与职务的高低排列　　B.按字母顺序排列

C.按通知代表团组成的日期先后排列　　D.以上选项都对

4.简答题

（1）什么叫国际公共关系？

（2）国际公共关系的构成要素有哪些？

（3）开展国际公共关系活动应坚持哪些基本原则？

（4）国际公共关系调查研究的内涵是什么？

（5）如何进行国际公共关系策划？

（6）怎样实施国际公共关系计划？

（7）国际公关活动中的礼宾、礼仪、礼节应遵循哪些原则？

（8）如何进行国际公关活动效果评估工作？

5.材料分析题

称呼老夫人带来的问题

某天，中国留学生在美国中西部的一个城市举行盛大聚会，宾客如云。当地一所名牌大学的校长和他的母亲也光临了盛会。留学生代表在致欢迎词时特别提到："×老夫人的光临使我们全体同学感到荣幸。"不料，"老夫人"这个"老"字却触痛了这位校长的母亲，当时她脸色骤变，十分尴尬，从此再也不在中国留学生的聚会上露面了。

资料来源　佚名．美国的文化生活［EB/OL］．［2020-08-17］．http：//edu.sina.com.cn/l/2004-08-17/79995.html.

问题：这次聚会为什么会使那位校长的母亲乘兴而来败兴而归？

6.实践训练

应用国际公共关系理论并联系实际，绘制会见和会谈时宾主座位安排图。

综合案例

综合案例1

回归价值观，重建诚信

尽管马云一再强调诚信，强调价值观，强调企业文化的作用，但在现实中，在业绩和利益面前，这一切都被一些商户抛在脑后了。

2月份发生的阿里巴巴B2B网站欺诈危机尚未结束，4月份淘宝网就因为出现假货被央视曝光，真可谓“祸不单行”。在危机面前，愤怒的马云只好寄希望借助政府的力量和提高执法力度等方法来打击不法商贩。

2011年3月，时隔11年之后，马云再度成为《福布斯》杂志的封面人物。马云说：“第一次登上《福布斯》杂志封面是‘为眼球而战’，这一次再登《福布斯》封面是‘为诚信而战’。”

诚信是电子商务赖以存活的根基，也是马云用来打天下的法宝。马云刚开始做电子商务的时候，很多投资人试图说服他，“你们中国不可能（做电子商务），你们没有诚信体系，银行信用体系也那么差，你们中国人互相不信任，怎么可能用电子商务？”但马云不信邪。在马云的眼里，互联网商务世界与现实的商务世界除了交易平台不同之外并无其他不同，商务交易最大的“瓶颈”就是信任问题。企业每天能够很容易地从网上数不清的滚动信息中找到合适的信息，但如何判别“可疑的家伙”和“可信的家伙”则成了一道难题，这也是电子商务能否生存和发展的关键，为此马云第一个提出了在电子商务中构建诚信体系的设想。早在2002年，阿里巴巴就给自己制定了两个铁的规定：第一，永远不给客户回扣，谁给回扣一经查出立即开除，否则客户会对阿里巴巴失去信任；第二，永远不说竞争对手的坏话，这涉及一个公司的商业道德。当年有会员要求签单后给回扣，高管们在开过整整一天的会议后作出决定：“不可以”，并在当年年底开除了业绩排名前两名的销售人员，尽管两人完成了高达六成的业务量。当时阿里巴巴此举为其口碑和公关加分不少。在一次业务知识考试中，阿里巴巴发现包括一个广东区域经理在内的几个业务员的试卷答案一模一样，存在明显的舞弊问题。对于一贯强调诚信的阿里巴巴来说，这触碰了“高压线”，阿里巴巴当即将舞弊者全部开除。

2002年3月，“诚信通”在阿里巴巴企业电子商务平台全面推行。马云提出：让诚信的商人先富起来！

2003年，马云把阿里巴巴的价值观体系的“六脉神剑”（即客户第一、团队合作、拥抱文化、诚信、激情、敬业）分解成30小条，每个小条都对应相对的分值，采取递进制，纳入员工考核之中。如果价值观不达标，业绩再好的员工也会被公司淘汰。多年来，每名新人都会在入职培训的时候听马云畅谈阿里巴巴的价值观。同时，员工的每次提升同样需要考核价值观。2007年以前，这种考核方式只限于总监以下级别。从2007年开始，包括总监、副总裁在内的全体员工都需要进行这种考核。

马云曾说过："我们从来不会因为利益而改变自己，我们更不会因为压力而放弃自己的原则。我们将会面对任何挑战，宁可关掉自己的公司，也不放弃自己的原则。"2008年2月10日，在金融危机来临之际，阿里巴巴业绩下降，股价下跌，但在阿里巴巴一年一度的全体员工大会上，马云依然像往常一样用充满激情的语调，向员工宣布了公司新一年的三大主题：第一，诚信建设和知识产权保护；第二，凭借高科技网络技术为社会创造更多就业机会；第三，帮助更多中小企业盈利，让广大农民上网卖农产品。马云提出，从现在起到2009年，将在淘宝网上创造100万个就业机会。其标准是这些会员的月利润达到3 000元。利用现有网络平台，吸引广大农民上网卖农产品的计划也将实施。在此次会议上，马云提出：财富并不只是金钱，诚信才是世界上最大的财富。

在金融危机的非常时期，诚信再次被马云作为公司发展的第一使命，这一次马云更是将诚信落实到了实际业务中。然而谁能想到，这个每天强调诚信和价值观的人，他的公司在创办12年后竟然在诚信面前栽了跟头。

马云认为，他最大的障碍是所创造的公司价值观文化被稀释，使得公司的员工考虑经济利益、考虑自己多过考虑他们的客户。尤其是在业绩压力与金钱诱惑共存的情况下，加上管理上的疏漏以及种种原因，销售人员不顾一切开始走歪门邪道去创造亮丽的业绩。他们置公司的诚信价值观于不顾，昧着良心去走私单、拿黑钱，甚至不惜成为诈骗公司的同谋。

阿里巴巴涉嫌欺诈案表明，阿里巴巴现在面临的最大障碍，就是马云创建公司时所提出的价值观正处在衰败边缘。马云自责地说："公司在金融危机高峰期内雇用了5 000名员工，寄希望于数量庞大的销售队伍能够迅速带来业绩，以抑制逐日下跌的股价，但在另一方面却疏于对这5 000名员工进行价值观方面的培训。"马云当时甚至认为公司实际上不需要，甚至也没有培训如此多员工的能力，导致这些匆忙中雇用来的员工在实际业务中更多地考虑自己，而不是考虑消费者的利益得失。马云曾告诫卫哲，应尽早采取断然措施防止事态蔓延，然而作为CEO的卫哲在这个问题上竟然也疏忽了。

2011年2月22日，在马云发布内部邮件的第二天，他从北京回到杭州，给集团的人开了几天闭门会议，会议的主题：回归价值观，打击阿里巴巴集团内部的官僚主义和腐败主义。马云要用价值观和使命感构建他心中那个102年的企业王国。

2011年4月23日，中央电视台《焦点访谈》栏目播出了《网购——想说爱你不容易》。马云指出："以淘宝为代表的网购行业给中国社会带来三个影响：首先，树立了'诚信就是财富'的理念，信用越好的商家生意越好；其次，让消费者越来越聪明，消费者可以有更多的选择，知道哪些商品货真价实；最后，促使制造业发生改变，让企业有更多的发展空间，让小企业明白不能单纯制造，还需要了解渠道和品牌。”

马云并不是一个逃避问题的人，欺诈事件中，在对受害者的补偿方面，阿里巴巴拿出170万美元来赔付。每宗诈骗个案涉及受骗买家的赔付金额平均为1 200美元。而在更早的2009年下半年，阿里巴巴为了解决与海外买家之间的欺诈纠纷还建立了Fair Play Fund（公平交易基金），用以处罚诈骗者并弥补海外买家的损失。2010年11月，阿里巴巴和国际认证机构天祥集团展开一项合作，推出基于第三方的深度认证服务，意在对其中国供应商进行最大限度的资质认证，从而杜绝诈骗、纠纷等事件。

资料来源 刘世英. 谁认识马云三部曲2［M］. 北京：电子工业出版社，2016.

结合以上案例，请从公关的角度分析诚信对一个企业意味着什么？

综合案例2

企业公关，最需要什么样的人才

近年来，中国企业与国际经济接轨的步伐加快，塑造企业新形象、创建跨国公司、打造世界品牌已成为有志企业家的追求。实践证明，传统的公关人才已无法满足企业的需要，与国际接轨，企业公关迫切需要“新鲜血液”的加盟。

1.企业新闻发言人

企业需要自己的新闻发言人，并通过新闻发言人对外发布信息、传播企业形象。新闻发言人制度是当今世界许多大企业推行的一种基本的信息发布制度，这一制度体现的公开性和透明性，在促进企业由传统封闭型经营方式向现代化经营模式的转变过程中具有重要意义。形象地说，企业新闻发言人是企业和老总的形象包装师，是企业与新闻媒体及社会公众的中介人，是企业公关部门的核心人物，也是企业的高级管理人才。作为企业新闻发言人，要有良好的综合素质，气质涵养要好，仪表形象要佳，交际能力要强，要敏捷善言有口才，知识渊博有思想，遇到问题能沉着冷静善应对。专家认为，一个成功的企业新闻发言人不仅要精通新闻业务，还要有公共关系学、市场营销学、企业管理学、社会学等多方面的知识，而出色的口才、文明的礼仪和灵活的应变能力更是不可缺少的。

2.危机公关人才

企业在进行正常的生产和经营中，事故、意外、灾难的发生总是在所难免。这种危机尤其以工业企业居多。这就要求从事危机公关的人员必须具备下列素质和能力：①危机公关人员要反应敏捷。危机公关人员要在危机发生的第一时刻做出反应，赶赴现场，迅速了解事件的来龙去脉，找出根源，分清责任，找出问题出现的原因，确保企业对危机事件的立场在第一次报道中得到正确描述。②危机公关人员应具有良好的分析、判断和处理能力。危机发生后，危机公关人员通过深入分析公众心理和企业所处特定环境，对危机进行准确定性，采取相应的对策。危机公关人员在对危机进行诊断时，要站在客观、公正的立场上，找出问题症结之所在，运用有效的手段消除公众的误会，争取多方的支持，并根据形象受损的内容和程度，开展弥补形象缺陷的公关活动，重塑企业形象。③危机公关人员要善于与媒体打交道。危机发生后，企业往往会成为公众关注的焦点，媒体也会对事件进行连篇累牍的报道，使企业处于一个冷漠的舆论环境。危机公关人员要积极、主动地配合媒体工作，真实、客观、及时地提供其所需的信息，保证企业与现代公众之间信息传播的及时畅通，引导公众，使各种不利的传闻、猜测、谎言等不攻自破。

资料来源 刘军，李淑华．公共关系学［M］．2版．北京：机械工业出版社，2012.

结合以上案例，分析如何将自己培养成一名合格的公关人才。

综合案例3

忍一时风平浪静，退一步海阔天空

——“拒让门”给民营航空敲响警钟

2011年8月13日下午，上海虹桥机场雨雾弥漫。一架卡塔尔班机称剩油仅够维持飞行5分钟，发出MAYDAY紧急信号要求提前降落，空管部门在7分钟内6次要求前方的吉祥航空班机让开跑道，该班机竟然拒绝让路，这一行为可说是“创造了世界百年航空史上”的“奇迹”。8月29日，民航华东管理局公布调查结果，称“吉祥航空飞机在其他航空飞机宣布遇险的情况下，拒绝按管制指令进行避让是一起严重违章行为，违反了《一般运行和飞行规则》等相关法规规章，当事机组违背了飞行员应有的职业操守”。民航华东管理局开出罚单：吉祥航空公司3个月内将被削减10%的运力，其扩大经营范围、设立分公司、购租飞机等事项的申请被暂停受理。当事韩国籍机长也被吊销中国民航航线运输驾驶员执照。

业内专家指出，这可能是“中国民航史上最严重的处罚令”。8月30日，吉祥航空发表声明向公众致歉，称将坚决执行民航局的处理决定，解除与当事机长的劳动合同。自“拒让门”事件从网上曝光起，吉祥航空的韩国籍机长就一直备受斥责，当时卡塔尔航空飞机已发出MAYDAY的最高级别求救信号宣告遇险，无论是民用航班、军用航班均应立即避让，即使外籍飞行员的准入门槛再怎么低，吉祥航空的韩国籍机长也不可能不知道这一硬性规定，但为什么他还是冒天下之大不韪地在7分钟内6次拒绝避让呢？航班持续增多且航线密集，但降落通道资源有限，引发了航班在降落时的互相竞争。这种竞争已经成了“行规”，为了及早降落宣称油量紧张的情况不在少数。不排除有这样的可能，就是这种恶性竞争的潜规则损害了机组之间的互信，吉祥航空的机长怀疑卡塔尔航班的航油量并未紧张到MAYDAY的程度，所以拒绝避让。与可能造成的卡塔尔航班坠毁、众多乘客失去生命的严重后果相比，吉祥航空的机长失去的只是飞行员资格，这样一比，其付出的代价一点儿也不大。况且，这是在该事件引起国内外航空界广泛关注以及全国范围口诛笔伐的情况下才作出的严厉处罚。

资料来源 编者根据有关资料整理。

结合以上案例，分析吉祥航空的公关危机失误在哪里。

综合案例4

把斧子卖给总统

2001年5月20日，美国推销员乔治·赫伯特成功地将一把斧子卖给了布什总统，布鲁金斯学会把刻有“最伟大的推销员”的一只金靴子颁发给了他。布鲁金斯学会创建于1927年，以培养世界上最杰出的推销员而著称。该学会有一个传统，在每期学员毕业时，其会设计一道最能检验推销员能力的实习题让学员去完成。克林顿当政期间，该学会出了这样一道题：把一条三角裤推销给现任总统。8年间，有无数名学员为此绞尽脑汁，但最终无功而返。克林顿卸任后，布鲁金斯学会将题目换成：请把一把斧子推销给布什总统。

鉴于前8年的失败与教训，多数学员知难而退。有人甚至认为，这道毕业实习题会和克林顿当政期间一样毫无结果，因为总统什么都不缺，即使缺什么，也用不着他亲自购买。退一步说，即使他亲自购买，也不一定正赶上你去推销的时候。然而，乔治·赫伯特却做到了，并且没有花多少精力。一位记者采访他时，他这样说：“我认为，把一斧子推销给布什总统是完全可能的。因为布什总统在德克萨斯州有一个农场，那儿种了许多树。于是我就给他写了一封信：‘有一次，我有幸参观您的农场，发现那里种着许多矢菊树，有些已经死掉，木质已变得松软。我想，您一定需要一把斧头。但是从您现在的体质来看，小斧头显然太轻，因此您仍需要一把不甚锋利的老斧头。现在我这儿正好有一把这样的斧头，这是我祖父留给我的，很适合砍伐枯树。假若您感兴趣的话，请按这封信所留的地址给予回复’……最后，他就给我汇来了15美元。”

布鲁金斯学会在表彰他的时候说，金靴子奖已空缺了26年。26年间，布鲁金斯学会培养了数以万计的推销员，造就了数以百计的百万富翁。这只金靴子之所以没有授予他们，是因为我们一直想寻找这么一个人：这个人从不因别人说某一目标不能实现而放弃，也从不因某件事情难以办到而失去自信。

资料来源 杨俊. 新型实用公共关系教程［M］. 北京：高等教育出版社，2008.

结合以上案例，分析公关人员应该具备哪些知识和素质。

综合案例5

微笑的魅力

飞机起飞前，一位乘客请空姐给他倒一杯水吃药，空姐很有礼貌地说：“先生，为了您的安全，请稍等片刻，等飞机进入平稳飞行后，我会立刻把水给您送过来，好吗？”15分钟后，飞机早已进入平稳飞行状态。突然，乘客服务铃急促地响了起来，空姐猛然意识到：糟了，由于太忙，她忘记给那位乘客倒水了。空姐来到客舱，看见按响服务铃的果然是刚才那位乘客，她小心翼翼地把水送到那位乘客眼前，微笑着说：“先生，实在对不起，由于我的疏忽，延误了您吃药的时间，我感到非常抱歉。”这位乘客抬起左手，指着手表说道：“怎么回事，有你这样服务的吗？你看看，都过了多久了？”空姐手里端着水，心里感到很委屈，但是无论她怎么解释，这位挑剔的乘客都不肯原谅她的疏忽。接下来的飞行途中，为了弥补自己的过失，每次去客舱给乘客服务时，空姐都会特意走到那位乘客面前，面带微笑地询问他是否需要水或者别的什么帮助。然而，那位乘客余怒未消，摆出不合作的样子，并不理会她。在到达目的地前，那位乘客要求空姐把留言本给他送过去，很明显，他要投诉这名空姐。此时这位空姐心里很委屈，但是仍然不失职业道德，显得非常有礼貌，而且面带微笑地说道："先生，请允许我再次向您表示真诚的歉意，无论您提出什么意见，我都会欣然接受您的批评！"那位乘客一脸严肃，嘴巴准备说什么，可是没有开口，他接过留言本，开始在本子上写了起来。等到飞机安全降落，所有的乘客陆续离开后，空姐打开留言本惊奇地发现，那位乘客在本子上写下的并不是投诉，相反，却是一封热情洋溢的表扬信。是什么使得这位挑剔的乘客最终放弃了投诉呢？

在信中，空姐读到这样一句话："在整个过程中，你表现出的真诚的歉意，特别是你的12次微笑深深打动了我，使我最终决定将投诉信写成表扬信。你的服务质量很高，下次如果有机会，我还将乘坐你们的这趟飞机。"

资料来源　晨晖. 十二次微笑［J］. 上海教育，2006（Z2）.

结合以上案例，用公关礼仪知识分析空姐微笑的魅力何在。

综合案例6

加多宝集团的捐款活动

2014年4月20日晚，《情系玉树，大爱无疆——抗震救灾大型募捐活动特别节目》在中央电视台举行。这台经中央批准，由中宣部、民政部、广电总局、中国红十字总会联合主办的大型赈灾晚会，得到了社会各界的大力支持，企业界、文艺界及其他社会各界人士纷纷慷慨解囊，掀起了一波波捐赠热潮。晚会现场，加多宝（中国）饮料有限公司总经理杨爱星郑重表示："加多宝集团和美丽的青海省、伟大的青海省人民早就结下了不解之缘。集团旗下的昆仑山矿泉水就是来自青海昆仑山玉珠峰。此时此刻，我们加多宝集团的每一位员工和灾区人民一样更是感同身受。我们虔诚地祈祷，希望灾区人民能够早日脱离苦海，重建美好家园。"其表示加多宝集团将捐赠1.1亿元人民币。现场掌声雷动，引起了社会各界的强烈反响。

资料来源　编者根据相关资料整理。

（1）将全班同学分为三组，每组分工不同。第一组模拟情境中加多宝公司的公关人员，拟出此次的赞助活动方案；第二组拟出此次赞助活动的程序；第三组负责整个赞助活动的效果测定，并写出该活动操作规范及注意事项。

（2）各组对本次实训进行总结。

（3）指导教师进行点评。

综合案例7

周恩来总理答外国记者问的语言艺术

一位西方记者A问周总理："请问总理先生，现在的中国有没有妓女？"不少人纳问：怎么提这种问题？大家都关注周总理怎样回答。周总理肯定地说："有！"全场哗然，议论纷纷。周总理看出了大家的疑惑，补充说了一句："中国的妓女在我国台湾省。"顿时掌声雷动。

一位西方记者B不怀好意地问周总理："在你们中国，明明是人走的路为什么却要叫'马路'呢？"周总理不假思索地答道："我们走的是马克思主义道路，简称'马路'。"

美国代表团访华时，曾有一名记者C当着周总理的面说："中国人很喜欢低着头走路，而我们美国人却总是抬着头走路。"此话一出，语惊四座。周总理不慌不忙，面带微笑地说："这并不奇怪。因为我们中国人喜欢走上坡路，而你们美国人喜欢走下坡路。"

一位美国记者D在采访周总理的过程中，无意中看到总理桌子上有一支美国产的派克钢笔。那位记者便以几分讥讽的口吻问道："请问总理阁下，你们堂堂的中国人，为什么还要用我们美国产的钢笔呢？"周总理听后风趣地说："谈起这支钢笔，说来话长，这是一位朝鲜朋友的抗美战利品，作为礼物赠送给我的。我无功受禄，就拒收。朝鲜朋友说，留下做个纪念吧。我觉得有意义，就留下了这支贵国的钢笔。"美国记者一听，顿时哑口无言。

一位西方记者E说："请问，中国人民银行有多少资金？"周总理委婉地说："中国人民银行的货币资金嘛，有18元8角8分。"当他看到众人不解的样子时，又解释说："中国人民银行发行的面额为10元、5元、2元、1元、5角、2角、1角、5分、2分、1分的10种主辅人民币，合计为18元8角8分……"

资料来源　佚名．周恩来答外国记者问的语言艺术［EB/OL］．［2020-12-24］．http：//www.math168.com/mjft/723.htm.

结合以上案例，分析周恩来接受采访或回答记者提问时的语言艺术。

综合案例8

小天鹅"12345"的服务模式

一双鞋：上门服务自带专用鞋。两块布：一块垫机布，一块擦机布。三句话：进门服务第一句话"我是小天鹅服务员×××，前来为您服务"；第二句话"非常感谢您对小天鹅的信任"；服务后一句话"今后有问题，随时听候您的召唤"。四不准：不准顶撞用户，不准吃喝用户，不拿用户礼品，不准乱收费。五大件：免费保修三年。小天鹅认为，服务工作不再是过去狭隘的售后服务，而是一个全过程的服务，是一种服务文化。"12345"首次将"用户服务"规范化、流程化，"服务"这一模糊的人为行动第一次得到量化，且"12345"规范贯穿小天鹅为用户提供产品服务的始终。多年来，小天鹅的"12345"规范服务深受消费者的欢迎，为小天鹅带来了巨大的经济效益和社会效益。市场调查证明：60%以上的消费者选购电器产品的首要因素是对服务承诺的认同和信任。

结合以上案例，分析小天鹅"12345"的服务模式对树立企业形象的作用。

综合案例9

北大的形象管理

形象定位是高校希望在公众心目中确定的特定形象。这种形象通常是个体高校与同类高校相比较之后而确定的，因此它总是根据高校自身的特点、同类高校的情况以及目标公众的需求来确定的。

在我国的众多高校中，北大作为一流的综合性大学当之无愧。北大人绝不仅仅满足于成为国内一流的大学，还要进一步将自身的形象定位提升为“具有世界先进水平的一流大学”，并为此进行着不懈的努力。

北大形象管理：管理是一种控制，形象管理就是对组织在社会上的整体形象的控制。任何组织形象的建立和发展都有一个规律性的过程。高校的组织形象也历经了塑造期、巩固期、维系期，随着高校自身目标的不断提高，高校的组织形象也必须进行重新塑造。值得注意的是，形象重塑并不意味着推倒重来，而应当是一种提升。北大在朝世界一流大学目标挺进的时候，运用了行之有效的形象管理策略。

1.构建站在国际前沿的学术梯队

建设世界一流大学，必须要有一流的学者。1998年以来，北大在师资队伍建设上成果卓著，教授、博士生导师、杰出青年基金获得者、中科院院士、“长江学者”数量均居全国高校之首，形成了一批站在国际前沿的学术梯队。北大很多学科都建起了老中青结合的学术梯队，“江山代有才人出”，一批优秀青年学者相继涌现。在年轻的学科带头人当中，既有在国外从事高水平科学研究的优秀人才田刚、佘振苏，也有龚旗煌等北大自己培养的“本土博士”，还有刘忠范、欧阳颀这样的学成回国后在国内生根、开花、结果的“留洋博士”。据统计，北大有13位教授出任“国家重点基础研究发展规划”（973计划）项目首席科学家，是国内首席科学家人数最多和承担子项目最多的单位。这批年轻的站在国际前沿的学术梯队为北大塑造了世界一流的学术形象。

2.推行首开先河的改革措施

“要建设世界一流大学，就必须跨越式发展，办学理念要更新，管理体制要创新。”这是北大领导班子的共识。北大把国家实施的“211工程”和“985工程”视为改革发展的推进器，“借风、借势、借力”，抓住机遇，锐意改革，把创建世界一流大学的目标转化为可操作的行动方案。学科建设是大学安身立命之本。北大借鉴世界一流大学的办学经验，进一步加大院系结构调整的力度，通过合并、调整和新建，基本形成了符合高等教育发展规律、富有时代性和竞争力的学科布局。

一流大学要有一流教学，北大始终把教育和教学改革放在突出位置。学校本着“加强基础、淡化专业、因材施教、分流培养”的方针，发动各系从1 980门本科生课程中确立了372门主干基础课，由校长直接聘任主持人和主讲教师，加强学生专业基础教育。同时，学校打破专业和学科壁垒，把单科化的专才教育转变为整体化的通识教育。

好的学风、校风是一流大学建设不可或缺的条件，学术道德和学术规范建设得到学校高度重视。《北京大学教师学术道德规范》等一系列学术守则和科研管理规定先后出台，坚决反对学术上的不正之风，努力营造健康浓厚的学术空气，促进科研管理步入制度化、规范化轨道。“从我做起，消除赝品，拒绝平庸，树精品意识，创一流成果”已成为全体北大教师的共识和行为准则。强有力的改革措施保证了北大师生共创良好的教风、学风，为北大塑造了世界一流的教学形象。

3.产出具有国际先进水平的成果

在北大，重大科研成果层出不穷。一批批学者、教授将理论与实践相结合，把科技转化成第一生产力。重大科研成果的不断推陈出新为北大塑造了世界一流的科研形象。

北大所取得的成就是国人有目共睹的，北大人敢为天下先、争创世界一流的形象也随着北大的成长受到各界的推崇和关注，北大形象越来越深入人心。

资料来源　魏国英，曾华锋. 北大向世界一流大学稳步迈进［EB/OL］.［2020-06-27］. http：//www.eol.cn/article/20030627/3087664.shtml.

结合以上案例，请用公共关系知识进行分析。

综合案例10

焦头烂额的小李

某公司的新产品发布会即将开始。总经理秘书小李正站在会议大厅入口处，她一边做着最后的检查，一边等着嘉宾的到来。她检查主席台上放置的名签时，发现了问题：一位嘉宾因故不能前来，名签却没有撤掉，而另一位嘉宾刚才来电话说要来参加新产品发布会，名签却没有准备。这时她的手机又响了，原来是接电视台记者的汽车在路上抛锚了，重新派车已经来不及了，同时会议秘书组的人员来报告说宣传材料不够。此时嘉宾已陆续到来。

问题：

（1）如果你是秘书小李，你将如何处理上述工作问题？

（2）根据以上案例，分析如何才能有条不紊地做好发布会中的各项工作。

综合实训

综合实训1

公关活动策划

"情人节"源于西方，近年来却以其浪漫的情调与甜蜜的氛围征服了中国的年轻人。在五彩缤纷的情人节礼品中，鲜花和巧克力是经久不衰的两个黄金选择。这个弥漫着浓情蜜意的节日也因此成为巧克力消费的旺季，成为各种巧克力品牌大显身手的特别时机。为了巩固自身的市场地位，进一步提升品牌的形象，扩大公司的影响，德芙巧克力制造商准备借情人节之际举办一次公共关系宣传活动。

问题：

如果请你替德芙巧克力制造商策划这次活动，你准备怎么做呢？请写出宣传和实施方案。

综合实训2

一次，某外商向我国某企业购买香料油，出价每千克40美元，我方开价48美元。这时，对方急了："不，不，你们怎么能指望我们出45美元以上的价呢？"情急之中，对方露馅了。我方立即抓住他的话，巧妙地反问："这么说，你是愿意以45美元成交吗？"外商见露了底，只得说："可以考虑。"谈判最后以每千克45美元成交。

问题：

从我方人员的成功谈判中，你得到了怎样的启示？

综合实训3

小李要到银行参加面试，请提供着装建议，并告知其需要注意哪些礼节。

综合实训4

作为公司的公共关系人员，在公司总经理要接受记者采访或在电视节目中露面时，你能给他什么建议？

主要参考文献

[1] 何伟祥. 公共关系原理与实务 [M]. 4版. 大连：东北财经大学出社，2013.

[2] 金正昆. 公关礼仪 [M]. 北京：北京联合出版公司，2013.

[3] 蒋楠. 公共关系原理与实务 [M]. 北京：中国人民大学出版社，2013.

[4] 张岩松. 公关与礼仪 [M]. 大连：东北财经大学出版社，2012.

[5] 李兴国. 公共关系实用教程 [M]. 2版. 北京：高等教育出版社，2011.

[6] 李萍，路世云. 公共关系 [M]. 北京：中国水利水电出版社，2011.

[7] 龙志鹤. 公关案例选粹与评析 [M]. 北京：经济管理出版社，2011.

[8] 孟繁荣，冯丽云. 公关策划 [M]. 北京：经济管理出版社，2011.

[9] 彭秦平. 公共关系实务 [M]. 2版. 北京：清华大学出版社，2010.

[10] 岑丽莹. 中外危机公关案例启示录 [M]. 北京：企业管理出版社，2010.

[11] 李秀忠，刘桂莉. 公共关系学 [M]. 武汉：武汉大学出版社，2009.

[12] 姚建平，胡立和. 实用公共关系 [M]. 2版. 重庆：重庆大学出版社，2009.

[13] 付闻君. 卡耐基成功学全书 [M]. 北京：北京工业大学出版社，2005.

[14] 谢文辉. 成功营销：60个经典营销寓言故事 [M]. 北京：民主与建设出版社，2004.

[15] 潘肖钰. 公关语言艺术 [M]. 4版. 上海：同济大学出版社，2015.

[16] 束亚弟，张敏. 公共关系学 [M]. 北京：机械工业出版社，2015.

[17] 孙延敏. 公共关系入门 [M]. 上海：上海交通大学出版社，2013.

[18] 王敏. 公共关系理论与实务 [M]. 合肥：中国科学技术大学出版社，2015.

[19] 何南. 许家印传奇 [M]. 北京：中国言实出版社，2012.

[20] 张芹. 公共关系学 [M]. 武汉：华中科技大学出版社，2014.

[21] 费明胜. 公共关系学 [M]. 2版. 广州：中山大学出版社，2015.

[22] 张乐. 微行为心理学 [M]. 沈阳：辽海出版社，2017.

[23] 陈万彬. 自我管理：如何实现人生终极目标 [M]. 厦门：厦门大学出版社，2018.

[24] 李红，刘学俊. 公共关系学 [M]. 北京：北京理工大学出版社，2019.

[25] 刘金同，夏学明，刘晓晨. 公共关系实务 [M]. 2版. 北京：清华大学出版社，2018.